世界早期文明

ANCIENT EGYPT

尼罗河畔的曙光

古埃及文明探源

温静 黄庆娇 著

北京大学出版社
PEKING UNIVERSITY PRESS

图书在版编目（CIP）数据

尼罗河畔的曙光：古埃及文明探源 / 温静，黄庆娇著 . — 北京：北京大学出版社，2022.3

（世界早期文明）

ISBN 978-7-301-32772-2

Ⅰ.①尼… Ⅱ.①温… ②黄… Ⅲ.①文化史－研究－埃及－古代 Ⅳ.① K411.203

中国版本图书馆 CIP 数据核字 (2021) 第 272455 号

书　　名	尼罗河畔的曙光：古埃及文明探源 NILUOHEPAN DE SHUGUANG: GUAIJI WENMING TANYUAN
著作责任者	温静　黄庆娇 著
责任编辑	曹芷馨　陈万龙
标准书号	ISBN 978-7-301-32772-2
出版发行	北京大学出版社
地　　址	北京市海淀区成府路205号 100871
网　　址	http://www.pup.cn　新浪微博：@北京大学出版社 @阅读培文
电子信箱	pkupw@qq.com
电　　话	邮购部010-62752015　发行部010-62750672　编辑部010-62750883
印刷者	天津光之彩印刷有限公司
经销者	新华书店
	660毫米×960毫米　16开本　19.5印张　204千字 2022年3月第1版　2023年4月第2次印刷
定　　价	62.00元

未经许可，不得以任何方式复制或抄袭本书之部分或全部内容。
版权所有，侵权必究
举报电话：010-62752024　电子信箱：fd@pup.pku.edu.cn
图书如有印装质量问题，请与出版部联系，电话：010-62756370

目 录

绪 论 iii

第一章　古埃及文明的消亡与重现
　　第一节　外族统治与古埃及文明的消亡 1
　　第二节　希腊罗马与阿拉伯人笔下的埃及世界 18
　　第三节　古埃及文明的重现与埃及学的诞生和发展 28

第二章　远古的足迹
　　第一节　古埃及文明诞生的自然地理环境 49
　　第二节　石器时代的埃及 64

第三章　古埃及国家的诞生
　　第一节　涅伽达文化的社会政治经济结构 78
　　第二节　涅伽达文化的扩张 89
　　第三节　早期埃及国家的政治图景 103

第四章　早期国家的发展成形

第一节　早王朝时期的埃及国家 …… 122
第二节　金字塔时代的国家结构 …… 133
第三节　官僚系统的发展 …… 152
第四节　早期古埃及国家的对外交往与远程贸易 …… 163

第五章　早期国家的宗教观念

第一节　古埃及宗教的开端 …… 175
第二节　太阳神崇拜的起源与发展 …… 194
第三节　丧葬信仰与奥赛里斯崇拜的起源 …… 210

第六章　书写与艺术的起源

第一节　埃及文字起源的神话 …… 227
第二节　古埃及文字的起源与演变 …… 242
第三节　古埃及艺术的起源与发展 …… 255

专有名词译名表 …… 275

参考文献 …… 291

绪 论

在非洲大陆的东北隅，有一条绵延近 7000 公里的长河。这条长河就是尼罗河，它从埃塞俄比亚高原流出，将热带地区丰沛的降水，带到了撒哈拉沙漠，赐予那里水源与生命，犹如一朵绿色莲花镶嵌在金黄色的沙漠里。在那片狭长的绿色河谷地带，诞生了地球上最古老的文明——古埃及文明。

古埃及国家的诞生，要追溯到大约公元前 3000 年。而人类在尼罗河河谷地带定居的历史，可以追溯到公元前 6000 年左右。气候干旱的变化促使在西撒哈拉地区生活的游牧部落逐水而居，逐渐迁移到北苏丹和古埃及地区。他们的后继者在历经了 4000 年的漫长岁月之后，在尼罗河畔修建起举世闻名的金字塔建筑群，将人类早期文明推上了巅峰。

进入公元前 5 千纪中期，埃及进入新石器时代，在尼罗河谷地区出现了农耕文化。巴达里（Badari）文化、涅伽达（Naqada）文化和尼罗河三角洲地区的马阿迪 - 布托（Maadi-Buto）文化相继发展起来。¹ 古埃及统一国家形成之后，埃及文明迈入青铜时代，并一直延续到公元前 11 世纪左右。在那之后，地中海沿岸与欧洲各地开始逐步使用铁器来替代青铜工具。埃及的制铁技术虽然出现较早，但铁质工具的普及则相对要晚一些。

近现代的埃及学家在研究古埃及历史时，沿用了希腊化时期埃及祭司曼尼托（Menetho）的王朝划分法。曼尼托的《埃及史》（*Aegyptiaca*）著作早已失传，仅在后世作品中留下了王表、宗教节日仪式等部分内容。² 他把从公元前 3000 年左右埃及国家的统一到公元前 332 年亚历山大大帝征服埃及的历史划分为三十个王朝，后人又在曼尼托历史分期的基础上添加了第三十一王朝，即波斯帝国统治埃及时期，于是就形成了现在学者沿用至今的古埃及三十一个王朝的时间概念。20 世纪初，一些埃及学家又将这些王朝根据不同的时代特点进行归类，分为王国时代与中间期时代。王国时代即国家统一、政治稳定的时期，分别为早王国时期（也称早王朝时期，约公元前 3000 年—前 2700 年，第一、二王朝），古王国时期（约公元前 2700 年—前 2150 年，第三至八王朝），中王国时期（约公元前 2050 年—前 1650 年，第十一至十四王朝）以及新王国时期（约公元前 1550 年—前 1069 年，第十八至二十王朝）。又在早王国之前划分出前王朝时期（约公元前 5300 年—前 3000 年），即古埃及逐渐形成统一国家的历史，主要以涅伽达文化为主。国家分裂、政治动荡的时期为中间期，分别为第一中间期（约公元前 2150 年—前 2050 年，第九、十王朝），

1　B. Midant-Reynes, *The Prehistory of Egypt: From the First Egyptians to the First Pharaohs*, New Jersey: Wiley-Blackwell, 2000, pp. 67-230.
2　Manetho, *Aegyptiaca*, trans. W. G. Waddell, The Loeb Classical Library, Aberdeen: Aberdeen University Press, 1964.

第二中间期（约公元前1650年—前1550年，第十五至十七王朝）以及第三中间期（约公元前1069年—前664年，第二十一至二十五王朝）。在第三中间期之后是后期埃及时期（公元前664年—前332年，第二十六至三十一王朝）。三十一王朝之后的埃及历史又分为托勒密王朝（公元前332年—前30年）、罗马埃及时期（公元前30年—公元395年），拜占庭埃及时期（公元395年—641年）和阿拉伯埃及时期（公元641年至今）。[3]本书之谓"探源"，即考察古埃及国家如何从新石器文化演变而来，而早期国家又是如何发展成型。这一过程涵盖了涅伽达文化时期、早王朝时期与古王国时期。

涅伽达文化又称为前王朝时代，分为三期。那时古埃及国家尚未形成，古埃及社会由原始村落与部族构成，但却是古埃及文明要素与艺术风格萌芽的时期。[4]早在19世纪晚期，考古学家们就已经开始关注古埃及文明的起源问题了。"前王朝"（Predynasty）这一概念是由雅克·德·摩根（Jacques de Morgan）于1896年在阿拜多斯（Abydos）遗址考古发掘时提出来的，用以区别埃及国家统一之前的新石器文化与法老统治之下的埃及文明。在对前王朝文化的研究中，贡献最为突出的是有"埃及考古之父"美誉的威廉·弗林德斯·皮特里爵士（Sir William Flinders Petrie）。他根据涅伽达T形墓葬内出土的陶器和其他器物的形制与样式提出了"年代序列法"（relative dating）。"年代序列法"是一种相对断代法，即根据随葬器物形制的演变规律来确定墓葬相对于其他墓葬的年代。使用这种方法，一旦发现了序列中某一件可以确定绝对年代的器物，那么其他的器物和墓葬的断代问题也

---

3 Ian. Shaw (ed.), *The Oxford History of Ancient Egypt*, Oxford: Oxford University Press, 2000.
4 Kathryn A. Bard, "Toward an Interpretation of the Role of Ideology in the Evolution of Complex Society in Egypt," *Journal of Anthropological Archaeology*, vol. 11, 1992, pp. 1-24.

就迎刃而解了。皮特里还将年代序列法应用于胡（Hu）和阿巴底亚（Abadiya）等史前遗址，将上埃及地区的新石器时代遗址划分为三个阶段，依次为阿姆拉文化（Amratian Culture）、格尔津文化（Gerzean Culture），以及塞美尼文化（Semainean Culture）。[5] 后来，皮特里的"年代序列法"经过维尔纳·凯瑟（Werner Kaiser）与斯坦·亨德里克斯（Stan Hendrickx）等学者的修正，正式命名为涅伽达文化一期、二期与三期，每一期又分为若干时段，使埃及史前考古分期逐渐科学化、系统化。[6] 在皮特里之后，他的学生盖·布鲁顿（Guy Brunton）、格特鲁德·卡顿·汤普森（Gertrude Caton Thompson）、詹姆斯·爱德华·奎贝尔（James Edward Quibell）等人继续在阿拜多斯与希拉康波利斯（Hierakonpolis）等遗迹进行考古发掘，现代科学技术也逐步应用于考古学发掘中，碳-14和热放射测定法（TL Dating，即根据烧制陶器中放射物质放射周期来推断年代的方法）可以精确测量各个文化遗址的年代范围。[7]

埃及学研究在过去的百余年间经历了从殖民时代到战后复兴，再到埃及本土和第三世界国家学者广泛参与的发展历程，无论是从考古实践到理论体系，还是文化遗产保护方面，都日益成熟。遥想当年，19世纪欧洲社会流行的"东方热"曾让埃及这个古老的国家成为西方社会名流抢夺文物、追名逐利的场所。而今，经过数代学者和

5　P. Spencer, "Petrie and the Discovery of Earliest Egypt," in Emily. Teeter（ed.）, *Before the Pyramids: The Origins of Egyptian Civilization*, Oriental Instiute Museum Publications 33, Chicago: The Oriental Instiute of the University of Chicago, 2011, pp. 17-24; W. M. F. Petrie, *The Making of Egypt*, London: Sheldon Press, 1939, p. 9; W. M. F. Petrie, *Diospolis Parva: The Cemeteries of Abadiyeh and Hu 1898-1899*, London: Egypt Exploration Fund, 1901, p. 2.

6　S. Hendrickx, "Sequence Dating and Predynastic Chronology," in Teeter（ed.）, *Before the Pyramids*, pp. 15-16.

7　Douglas J. Brewer, *Ancient Egypt: Foundations of a Civilization*, Harlow: Pearson Longman, 2005, pp. 14-16.

埃及历史爱好者的不懈努力，埃及学已经成了一门体系完备的学科。从考古学到语言学，无数学者将毕生的精力投入埃及历史的研究和教育事业之中，让世人更加了解人类文明的过去，并且保护这份独一无二的人类历史文化遗产。

随着对前王朝文化研究的不断深入，对古埃及文明的诞生和发展的认识也在不断进步。"文明"意味着阶级和国家的产生，包含了中央王权、官僚体系、高度发达的社会运行机制、复杂的宗教观念等。在物质形态上，"文明"还意味着城市的形成和大型建筑的建造。从茅草屋到金字塔，原本只会渔猎和采集的原始人类，如何一步一步建立起高度发达的文明古国？学者们试图从不同的角度来回答这个问题，因此也就产生了关于埃及文明起源的诸多理论。[8]

早期研究试图通过曼尼托的《埃及史》、存世的古埃及王表、神话文本与相应的考古发现来再现古埃及国家起源的历史过程。根据古埃及王表，埃及的第一位国王是美尼斯（Menes），他来自南方，起兵征服了北方的国家，建立了以孟菲斯（Memphis）为首都的统一国家。然而，目前还没有足够的证据显示美尼斯是真实存在的历史人物。20世纪中叶以来，三角洲地区的考古发现也否认了这一说法。三角洲地区在埃及统一之前一直处于村落或村落联盟的发展阶段，并未出现酋邦或国家。在涅伽达文化二期，尼罗河谷的涅伽达文化逐渐向三角洲渗透，最终取代了本土文化。在三角洲的新石器时代遗址中

8　E. Christiana Köhler, "Theories of State Formation," in Willeke Wendrich (ed.), *Egyptian Archaeology*, Blackwell Studies in Global Archaeology, New Jersey: Wiley-Blackwell, 2010, pp. 36-54; S. Hendrickx, "The Emergence of the Egyptian State," in Colin Renfrew and P. Bahn (eds.), *The Cambridge World Prehistory*, vol. 1, Cambridge: Cambridge University Press, 2014, pp. 259-278; Alice Stevenson, "The Egyptian Predynastic and State Formation," *Journal of Archaeological Research*, vol. 24, no. 4, 2016, pp. 421-468.

也并未发现战争破坏的痕迹。另外,由于深受西方中心论的影响,皮特里曾提出埃及国家的起源是由外力造成的,来自北部的"王朝族群"(Dynastic Race)通过武力统一了上下埃及。[9]这一理论很快就遭到考古发现的否定,古埃及新石器文化是连续的本土文化,并无外族入侵的痕迹。

后来,考古学的发展和人类学理论的引入使有关埃及文明起源的研究逐渐完善,学者们已经不再局限于某种单一理论,而转向以社会经济形态为基础,从早期文明比较研究的角度出发,发展出复杂的社会演进动态模型,以农业、城镇、手工业、对外贸易、政治、宗教、文化等因素为参考系,综合社会学和人类学理论模型来解释埃及文明的起源问题。例如,罗伯特·莱昂纳德·卡奈罗(Robert Leonard Carneiro)提出"地理限定理论",认为文明对自然环境有依赖性,山区和沙漠生产力较为低下,无法容纳更多的人口。由于人口压力而导致战争爆发,从而加速了国家的形成。[10]卡尔·魏特夫(Karl Wittfogel)的东方专制主义理论专注于农业社会生产模式与权力集中的关系,认为灌溉农业的发展使水利工程成为社会需要,进而促进了东方专制集权国家的形成。[11]科林·伦福儒(Colin Renfrew)和巴里·坎普(Barry Kemp)则运用博弈论来解释埃及国家的形成过程,认为埃及各地为争夺自然资源和控制贸易线路而彼此争斗,在这一博

9　W. M. F. Petrie and J. E. Quibell, *Naqada and Ballas*, London: Bernard Quaritch, 1896, p. 59.
10　Robert Leonard Carneiro, "The Chiefdom: Precursor of the State," in G. D. Jones and R. R. Kautz (eds.), *The Transition to Statehood in the New World*, Cambridge: Cambridge University Press, 1981, pp. 37-79.
11　Karl Wittfogel, *Oriental Despotism: A Comparative Study of Total Power*, New Haven: Yale University Press, 1957.

弈过程中，参与方相互兼并，形成了具有原始国家性质的政治中心。[12]
这些理论的共同点是都论证了对资源的竞争引发冲突，从而导致权力的集中，最终形成国家。然而，尼罗河谷资源丰富，尼罗河水带来的肥沃土壤与灌溉水源使得农业生产效率高，在这种情形之下，竞争关系如何形成？国家如何产生？统一的过程又是怎样进行？冲突理论忽视了区域间发展的不平衡与各地区融入统一系统时所具有的复杂性与多面性，以及在涅伽达社会中日益重要的精神与文化因素。

在新石器时代晚期，虽然国家尚未形成，但生产的进步也带来了精神上的需求。尼罗河便捷的交通使得埃及各地紧密地联系在一起，人们不仅在物质上互通有无，思想观念也很快能传播到埃及各地，包括新生的宗教观念和政治理念。人们通过长期交往，形成共同的理念与价值观，例如对权力的认知，对自身文化身份的认同以及类似的宗教观念，这些理念很可能促进了统一国家的形成，这将是本书重点讨论的内容。从尼罗河上游瀑布区至北部三角洲地区的古埃及早期国家的统一并不仅仅是财富的集中、贫富分化以及权力使然，统一还在于古埃及各个分散的地理区域逐渐融合，社会凝聚力增强，形成各个社会阶层彼此分工协作的平稳社会体系和普遍认同的价值观。据此，可以把古埃及早期国家的形成分为五个阶段：第一，新石器时代的巴达里文化时期，早期埃及先民开始进行周期性迁徙活动，并逐渐定居于尼罗河谷；第二，涅伽达文化一期至二期中期（约公元前3800年—前3450年），区域性城市出现，统一的社会价值观形成；第三，涅伽达文化二期后半期（约公元前3450年—前3325年），伴

---

[12] Colin Renfrew, *The Emergence of Civilisation: The Cyclades and the Aegean in the Third Millennium BC*, London: Methuen, 1972; Barry Kemp, *Ancient Egypt: Anatomy of a Civilization*, 2nd Edition, London: Routledge, 2006.

随着社会网络的扩展，权力社会逐渐形成，关于权力与政治的观念也逐步成形；第四，涅伽达文化三期早期至中期（约公元前3325年—前3085年），王权观念成形，早期原始国家初具规模；第五，涅伽达文化三晚期或第一王朝时期（约公元前3085年—前2900年），古埃及国家建立，复杂的官僚行政管理体系开始形成。

古埃及文明起源的研究，不仅是历史学与人类学问题，也是深刻的哲学问题。这一问题涉及文明究竟从何而来，关系到我们如何看待自身的文明，这是对人类本质的思考。未来总是与历史相衔接，对文明起源问题的研究也决定了我们应该如何对待未来。本书以古埃及文明的消亡与再发现为引，以近现代考古发掘材料为基础，探寻埃及先民从石器时代到文明时代所经过的路径，为读者呈现出古埃及文明独具特色的物质与精神世界。

第一章
古埃及文明的消亡与重现

在埃及这片神秘而古老的土地上，巍峨壮观的金字塔建筑群静静地矗立在尼罗河畔。世界各地前来参观的游客，从导游那里了解古埃及的历史与文化。从建造金字塔的法老胡夫（Khufu），到帝王谷里埋藏的宝藏，没有人能不为这个曾经如此辉煌的文明而感到惊奇和发出赞叹。然而，在古埃及文字未被释读成功之前，除了希腊罗马古典作家和阿拉伯中世纪旅行家的点滴记载外，古埃及文明一直沉睡在黄沙之中，几乎无人知晓。法国埃及学家让－弗朗索瓦·商博良（Jean-Francois Champollion）成功地释读了古埃及的象形文字，拉开了埃及学研究的序幕，曾经的古埃及文明再次呈现在世人面前。

第一节　外族统治与古埃及文明的消亡

古埃及文明的衰落始于异族的长期统治。波斯人，希腊人和罗马人相继统治埃及，后来阿拉伯穆斯林又征服了埃及，最终使得古埃及文明为世人所遗忘。自公元前7世纪始，强大的波斯帝国曾两次入侵埃及。之后亚历山大大帝率领军队横扫亚欧大陆，将埃及纳入了帝国版图，使其成了希腊世界的一部分。亚历山大死后，将军托勒密（Ptolemy）在埃及确立了自己的统治，是为托勒密王朝。随着罗马帝国的崛起，富饶的埃及又成了罗马人的猎物。公元前30年，罗马征服了埃及，埃及沦为罗马帝国的一个行省。

马其顿希腊人统治埃及期间，希腊文成了古埃及的官方文字，埃及本土书吏也开始使用希腊字母来书写自己的语言，是为科普特语（Coptic）。到了公元4世纪，基督教成为罗马帝国境内唯一的合法宗教，罗马皇帝下令关闭埃及神庙，古埃及本土宗教因此而衰落，掌握古埃及文字和文化的埃及祭司也永远地退出了历史舞台。公元7世纪，新兴的阿拉伯帝国从拜占庭帝国手中夺取了埃及，伊斯兰教成为埃及的主要宗教，古埃及宗教和文字自此无人问津，成了尘封的记忆。法老王的后裔早已忘记了曾经辉煌的历史，巍峨的金字塔与宏伟的神庙仍然静默地矗立在沙漠中，但刻在上面的文字和图像却无法再被解读，古埃及文明凝结于时空之中，成了文明的"木乃伊"。

新王国时期是古埃及文明发展的顶峰，也是由盛转衰的节点。新王国时期的埃及是横跨亚非两大洲的庞大帝国，控制着从尼罗河第四瀑布区到幼发拉底河的广阔土地。新王国末期，埃及帝国走向衰落，开始经历长达近千年的外族统治，但同时也展开了一幅文化交融碰撞、不断创新发展的历史篇章。

新王国末期，在内忧外患的双重打击之下，昔日的埃及帝国逐渐衰落与分裂。底比斯（Thebes）的地方神祇阿蒙（Amen）是新王国时期的国家主神，位于今天卢克索地区的卡尔纳克神庙（Karnak

Temple）就是供奉阿蒙神的大神庙。阿蒙是法老和国家的守护者，法老会将南征北战的战利品和大量土地捐赠给阿蒙神庙。到了新王国中后期，随着阿蒙神庙掌握的财富日益增加，祭司阶层的势力也越来越大，阿蒙神大祭司的任命与权职已经不再受制于法老，成为能与法老分庭抗礼的强大政治势力。同时，第十九王朝末期"海上民族"的侵袭极大地改变了东地中海沿岸地区的政治格局，昔日青铜时代的强大帝国，位于安纳托利亚的赫梯帝国不复存在，黎凡特地区的许多古老城邦也改朝换代。埃及虽然在此次浩劫之中幸免于难，国力却大不如前。法老无法再对努比亚地区进行有效的管理，对黎凡特地区的属国也无法再掌控。

在这样的背景下，尼罗河三角洲西部的利比亚游牧部落开始活跃起来，他们常常侵扰河谷地区，位于南部的首都底比斯甚至也遭到了利比亚人的袭击。不仅如此，失去了对努比亚地区金矿控制权的埃及在经济上也出现了困难，盗墓活动猖獗，物价也急剧上涨。第二十王朝的最后一位法老拉美西斯十一世的统治末年，埃及爆发了内战。内战之后的埃及迎来了分裂的政治局面，阿蒙神大祭司在底比斯确立了神权统治，而在北部的塔尼斯（Tanis），第二十王朝王室的旁支建立起第二十一王朝。与此同时，定居于三角洲地区的利比亚部落已经接受了埃及文化，他们与埃及贵族通婚，逐渐成了统治阶层。日益强大的利比亚统治者在北部三角洲相继建立了第二十二王朝、第二十三王朝以及第二十四王朝。利比亚统治者委派王室宗亲在地方上任职，并赋予他们很大的自治权。这样的行政举措进一步加剧了国家的分裂，埃及各地出现了很多半自治性的城邦。王朝频繁更迭与中央权威的式微使得法老的威望骤降。此时的埃及国王不再是神的化身，臣子与国王的关系不再是仆从对神化君主的绝对服从，转变为带有封建性质的效忠关系。[1]

埃及本土的政局动荡之际，库什王国（Kush Kingdom）在南部努比亚地区发展壮大，并在公元前8世纪中期征服了上埃及。库什国王加冕为埃及法老，是为第二十五王朝，也称努比亚王朝。不久，亚述人的入侵将努比亚人赶回南部，而在北部扶植了新的政权，即第二十六王朝。第二十六王朝的君主推行复古主义政策，试图恢复帝国曾经的荣耀。这一时期，埃及的对外贸易获得了很大发展，埃及文明与希腊文明广泛接触，希腊商人来到尼罗河三角洲地区经商，建立起希腊人的城市瑙克拉底斯（Naukratis）。希腊学者与旅行者们纷纷来到埃及，他们在埃及的神庙中学习，并将古埃及的知识带回希腊本土。拥有西方历史学之父美誉的希罗多德在其著作《历史》中记载了希腊人到埃及担任雇佣军的过程：

> 帕萨麦提库斯（Pasamaitikus，第二十六王朝的建立者）在布托（Buto）城的利托（Leto）神庙求取神谕，神谕回答说当他看到青铜人从海上来时，他应该能报仇了。帕萨麦提库斯起初并不相信青铜人将来帮助他。不久，伊奥尼亚人、卡里尼亚人航海劫掠，被迫靠岸埃及，他们身穿青铜盔甲，一名埃及人进入沼泽地，将消息带给帕萨麦提库斯。[2]

经历了一个多世纪的稳定与繁荣，埃及又沦陷于波斯帝国的统治。公元前525年，波斯国王冈比西斯（Cambyses）远征埃及，孟菲

---

[1] 关于第三中间期的历史，参见 J. Taylor, "The Third Intermediate Period (1069-1664 BC)," in Shaw (ed.), *The Oxford History of Ancient Egypt*, pp. 324-363.
[2] 希罗多德：《历史》，第 2 卷，第 152 节，王以铸译，北京：商务印书馆，1959 年。

斯陷落，第二十六王朝覆灭。从此开始直到公元前404年，埃及都是波斯帝国的一个行省。波斯国王虽然在埃及自称法老，却给予了埃及很大的自主权。埃及原有的行政官僚体系和神庙祭祀体系都得以保持，埃及祭司在波斯人统治期间参与政策制定，成为波斯统治者的智囊团成员。在梵蒂冈博物馆保存的埃及祭司雕像上，雕像的主人乌扎荷尔瑞斯内（Udjahorresne）曾是第二十六王朝末代国王阿玛西斯（Amasis）的大臣与海军总管事，波斯入侵后，他成为冈比西斯和大流士一世的辅政大臣，为波斯人统治埃及出谋划策，敦促他们保护埃及传统文化，参与神庙宗教节日，履行传统法老的职责，并起草波斯国王埃及法老的头衔。雕像铭文如此写道：

> 上下埃及之王冈比西斯来到了赛斯（Sais），陛下亲自造访尼特（Neith）神庙，在女神面前虔诚跪拜，正如每一位君主所做的那样。他为众神之母、伟大的尼特与赛斯等所有神明献上一切美好的供品，正如每一位仁慈的君主所做的那样。陛下这样做是因为我令陛下知晓了尼特神的伟大，她是拉神之母……当上下埃及之王、所有异族领地的统治者、埃及的伟大君主、永生的大流士在埃兰时，陛下命令我返回埃及，以便能够重建遭到毁坏的生命之屋。异乡人将我送往一个又一个国家，最终将我送来了埃及，正如两片土地之主命令的那样。我为其配备了全部臣属，都是贵族，没有贫民。我将他们置于有识之士的管理之下，以便能够教授他们所有技能。陛下命令我给予他们所有好的东西，以便他们能够施展他们的全部技能。我为他们提供任何对他们而言有用的东西，所有他们需要的设备，正如他们之前那样。陛下这样做是他知晓这些举措的价值——能治

愈病患，能使神的名字、神庙、节日庆典永存。[3]

实际上，波斯帝国将富饶的埃及作为重要的税收来源，在埃及实行高赋税政策。这一政策遭到了埃及人的激烈反抗。公元前522年，冈比西斯驾崩，埃及掀起了反抗波斯统治的斗争。大流士一世继位后，于公元前512年再次率军入侵埃及，镇压了起义。为了巩固在埃及的统治，大流士一世实行了更为温和的政策，通过维护传统宗教活动来拉拢祭司阶层，如修缮孟菲斯的普塔神庙和底比斯的阿蒙神庙，推行阿匹斯（Apis）圣牛崇拜等。大流士之子薛西斯（Xerxes）继位后，埃及再次爆发了反波斯起义。公元前404年，大流士二世去世，波斯帝国发生内乱，三角洲地区的利比亚人借此机会控制了下埃及，建立了第二十八王朝，结束了波斯在埃及的统治。然而，好景不长，公元前343年，波斯国王阿尔塔薛西斯三世（Artaxerxes III）亲率大军再度入侵埃及。波斯军队一路摧毁城市，抢夺神庙，甚至把普塔神庙改为军队的马圈以报复埃及人的反抗。在离开埃及之前，阿尔塔薛西斯三世任命总督管理埃及，开始了波斯帝国在埃及的第二次统治。[4]

公元前332年，马其顿君主亚历山大率军来到埃及，摧毁了波斯人在埃及的统治。埃及祭司阶层视亚历山大为埃及的解放者，并创作了《亚历山大传奇》(*Alexander Romance*)，将亚历山大大帝说成是第三十王朝末代法老奈克塔奈波二世（Nectanebo II）的儿子，将马其顿希腊人在埃及的统治与埃及本土王朝衔接起来，将其纳入埃及传

3　Miriam Lichtheim, *Ancient Egyptian Literature: A Book of Readings III: The Late Period*, Los Angles: University of California Press, 1980, pp. 39-40.
4　D. Klotz, "Persian Period," in *UCLA Encyclopedia of Egyptology*, 2015, pp. 1-24, http://digital2.library.ucla.edu/viewItem.do?ark=21198/zz002k45rq.

统王朝统治的框架中，承认了其合法性。[5] 亚历山大本人对埃及诸神也表现出极大的崇敬，从而赢得了祭司阶层的支持。在埃及短暂逗留期间，这位年轻的皇帝造访了位于西部沙漠的锡瓦（Siwa）绿洲。在那里，阿蒙神谕表明亚历山大具有神的血统，是埃及法老的合法继承者。为了更好地统治埃及，亚历山大在尼罗河三角洲西部沿海建立了新的都城——亚历山大里亚（Alexandria）。依傍尼罗河支流，坐拥地中海的优良海港，这座城市在之后的三个世纪中成为地中海沿岸最繁华的城市，是希腊化时代整个地中海世界的商业和文化中心。

公元前323年，亚历山大大帝在远征东方的途中突然病故，他遗留的广袤帝国被他麾下三位将军瓜分。其中驻守埃及的托勒密将亚历山大的遗体带到埃及，并于公元前305年自立为王，建立了托勒密王朝。托勒密王朝的统治者延续了古埃及的传统王权理念，安抚埃及祭司阶层，调和希腊人与埃及人的矛盾。根据铭文记载，托勒密一世担任埃及总督时，从波斯人那里带回了埃及神像，而这批神像原出自神庙文化机构"生命之屋"，象征着古埃及的传统文化。书写这篇铭文的埃及祭司对托勒密一世大为赞颂，将其塑造成维护埃及传统文化的形象。文中如此写道："他是一位年轻男子，双臂强壮，善于规划，拥有强大的军队，内心坚定，步伐稳健……他将神的圣像从亚洲带回，连同所有的仪式器具，以及上下埃及神庙中所有的神圣卷轴，他将其重新归于神圣的位置。"[6]

---

5 R. Stoneman, "The Alexander Romance: From History to Fiction," in J. R. Morgan and R. Stoneman (eds.), *Greek Fiction: The Greek Novel in Context*, London and New York: Routledge, 1994, pp. 117-129.
6 R. K. Ritner, "The Satrap Stela (Cairo JdE 22182)," in W. K. Simpson, *The Literature of Ancient Egypt: An Anthology of Stories, Instructions, Stela, Autobiographies, and Poetry*, 3rd Edition, New Heaven and London: Yale University Press, 2003, pp. 392-397.

在托勒密时代，富饶的埃及吸引了大批来自希腊半岛与东地中海的希腊和犹太移民。马其顿统治者一方面保留了埃及的传统宗教，另一方面也将希腊文化和语言引入埃及。他们在埃及的统治就某种意义而言是双重的：以希腊身份面对希腊国民，以埃及身份面对埃及国民。在宽容的宗教政策下，埃及祭司开始接受希腊文化，他们使用希腊语名字，在政府与军队中任职。同时，在埃及传统宗教场合中，他们又以埃及祭司的身份出现，成为文化上的"双面人"。[7] 希腊文化与埃及文化同时并存，统治者既是希腊国王，也是埃及法老，各种文明要素相互融合碰撞，造就了托勒密时代的多元文化社会。

尼罗河肥沃的土壤和稳定的水源带来了稳定的农业收成，水利设施的建设和法尤姆（Fayum）地区的开垦更是极大地增加了农业产量。亚历山大大帝的军事征服将整个地中海世界联系起来，各国之间贸易繁忙，商船往来不绝。随着丝绸之路的开通，地中海世界甚至与远东也开始互通有无，产自中国的丝绸来到地中海世界，而地中海的蔬菜、水果和作物也随着商路传播到了西域一带。在文化上，希腊文化传播到了地中海各地，与当地的文化相融合，产生了新的文化——希腊化文化，而这个时期也被后世学者称为希腊化时期。在都城亚历山大里亚，托勒密王朝建造了古代世界最宏伟的图书馆。图书馆收藏了大量古埃及和古希腊的珍贵图书，整个地中海世界的学者都云集在此学习经典，探讨学问。埃及古老的传统融入了希腊风格，在保持传统的基础上，接连不断的创新带来了文化上前所未有的发展。托勒密

7　W. Clarysse, "Greeks and Egyptians in the Ptolemaic Army and Administration," *Aegytus*, vol. 65, 1985, pp. 57-66; W. Clarysse, "Some Greeks in Egypt," in J. H. Johnson（ed.）, *Life in a Multi-Cultural Society: Egypt from Cambyses to Constantine and Beyond*, Chicago: University of Chicago Press, 1992, pp. 51-57.

图1-1 兼具希腊与埃及风格的墓葬石碑

图1-2 希腊风格的木乃伊面具

王朝统治时期的埃及经济发达,文化繁荣,称得上是当时世界上最发达的国家。

然而,罗马的日益强大打破了地中海世界的政治平衡。托勒密王朝后期,埃及开始依附于罗马共和国。尽管末代女王克利奥帕特拉七世(Cleopatra VII)试图与罗马人周旋,拉拢凯撒和安东尼以求得埃及的独立,然而,屋大维最终击败了克利奥帕特拉七世与安东尼的联盟,埃及成了罗马帝国版图上的一个行省。虽然屋大维在埃及也自称法老,但罗马对埃及的统治与托勒密王朝截然不同。[8] 埃及作为重要的税收来源由罗马皇帝直接控制,并派出总督管理。埃及每年三分之一的谷物产量作为税收上缴给罗马政府。如此高额的赋税给埃及农

---

8 Ritner, "Egypt under Roman Rule: The Legacy of Ancient Egypt," in C. F. Petry(ed.), *The Cambridge History of Egypt*, Cambridge: Cambridge University Press, 1998, pp. 1-34.

业生产带来了严重的破坏。埃及农民不堪重负纷纷逃亡。公元3到4世纪，不少基督教徒前往沙漠边缘地带居住，一方面是为了隐修，另一方面也是为了逃避罗马政府的苛政。

  罗马统治者对神庙祭司为代表的埃及传统势力遵循双面政策。一方面，罗马政府没收神庙财产，控制神庙的人事和管理，从而削弱了神庙的政治、经济力量。尼禄统治时期，罗马政府开始对神庙和祭司财产情况进行年度统计；哈德良皇帝在位期间，罗马政府收回了宗教管辖权，负责管理埃及宗教事务的"亚历山大里亚与全埃及最高祭司"一职开始由罗马行政官员担任。在这种背景下，埃及神庙的政治经济地位日渐下降。另一方面，罗马统治者为了宣扬其对埃及统治的合法性，继续支持神庙的修建与扩建，并将土地给予神庙以供养祭司。公元1世纪到2世纪，罗马统治者对埃及传统宗教总体上依然采取温和容忍的政策。他们将自己塑造成传统的法老，以稳定罗马帝国在埃及的统治。因此，这一时期的埃及神庙修建工程出现大规模复兴，遍布埃及各地。同时，这一时期也是古埃及世俗体（Demotic）文学的繁荣时期，涉及宗教奥义、丧葬咒语和魔法的纸草文献也大量涌现。罗马时期修建的泰布图尼斯（Tebtunis）神庙位于法尤姆地区，神庙地下窖藏出土了大批记载着古埃及传统秘传知识的纸草文献。这些神庙纸草文献内容十分丰富，涉及宗教仪式、医学、天文、神谕、词条、文学、解梦等诸多层面，称得上是古埃及文化的百科全书。[9]

---

9 K. Ryholt, "On the Contents and Nature of the Tebtunis Temple Library A Status Report," in Sandra Lippert and Maren Schentuleit（eds）, *Tebtynis und Soknopaiu Nesos: Leben im römerzeitlichen Fajum. Akten des Internationalen Symposions vom 11. bis 13. Dezember 2003 in Sommerhausen bei Würzburg*, Wiesbaden: Harrassowitz, 2005, pp. 141-170; K. Ryholt, "Libraries in Ancient Egypt," in J. König, K. Oikonomopoulou and G: Woolf（eds.）, *Ancient Libraries*, New York: Cambridge University Press, 2012, pp. 23-37; W. J. Tait, *Papyri from Tebtunis in Egyptian and in Greek*, Texts from Excavations 3, London: Egypt Exploration Society, 1997.

此外，罗马帝国早期，罗马本土掀起了一股"埃及热"。不少人到埃及参拜众神，模仿埃及文化，甚至将许多埃及文化元素运用到日常生活中。同时，埃及祭司阶层成了向异族拜访者和大众宣扬埃及文化的中介。不少罗马人前往埃及研究埃及的历史、地理与风土人情，热衷于拜访古老而宏伟的神庙建筑。来自帝国各行省的游客造访底比斯，寻求埃及神灵的帮助。罗马学者对埃及古代知识文化极其着迷，他们收藏埃及古物，埃及的方尖碑（Obelisk）也被运送到罗马帝国的其他地方。

在卡尔纳克神庙第一塔门前，考古学家发现了一件罗马时代的雕像，雕像的主人名叫阿蒙霍特普（Amenhotep），这是一个典型的埃及名字，雕像的基座上写有奥古斯都的希腊头衔"凯撒罗斯·奥托克拉特，宙斯－埃鲁特赫瑞奥斯－塞巴斯托斯之子"，而雕像的后背支柱上则刻有三段象形文字铭文：

> 皇室书吏、军队监督者阿蒙霍特普，公正之人，他说道：啊，众神之王，阿蒙－拉，两片土地的创造者，卡尔纳克最伟大者，让我这座雕像长存于您的神庙内，伴随着太阳的起落与尼罗河的涨落，如同各地的神圣形象一样，我也每天收到您祭坛上的供品……我侍奉着上下埃及之王，奈布－玛阿特拉，拉神之子，阿蒙霍特普三世，底比斯的统治者。国王尊重我超过所有的高官，将我与他周边的人区别对待。然而，我是国王真正的孩子，皇宫中伟大的赞美者，国王给予我这些赞美，是因为我强大的力量……我忠于众神之主，我是阿蒙神的仆人。同时，位于天空众星之中，我将其全部以象形文字的形式保存下来，我揭示"太阳神拉的灵魂"中隐藏的事物，以使拉神给予

我永恒的生命，他能为我在神庙前面大道上树立伟大的纪念物，并恒久地保存下来。[10]

仅从铭文内容，我们无法判断这座雕像制作于奥古斯都统治时期还是罗马时期，再由某人将奥古斯都的希腊语头衔刻写于王朝时代的雕像上。可以肯定的是，罗马统治者试图将雕像及铭文代表的传统文化纳入帝国统治的框架之内。当奥古斯都的名字出现在古埃及雕像上，又被放置于神庙中时，皇帝本人将作为神而获得崇拜。实际上，在埃及各地的神庙中都发现了罗马皇帝的雕像，神庙也以皇帝的名义举行宗教仪式和献祭活动。对于为自己塑像的神庙，罗马统治者持支持态度，借由塑像崇拜，罗马皇帝将自己的统治与古埃及王权结合在一起。由于罗马皇帝的扶持与埃及祭司的努力，古埃及文化在罗马帝国早期仍维持了短暂的繁荣。

异族统治者为了扮演埃及传统法老的角色而维持与祭司和知识精英阶层的良好关系，但这样的关系并不能长久地维护古埃及传统文化。随着政策的改变与祭司阶层政治经济地位的衰落，文化的传承也逐渐出现断层。古埃及语铭文与装饰图案、宗教典礼与丧葬仪式渐渐失去了原本的文化内涵而成为生活习俗和装饰范式。对自身文化传承感到危机的知识精英也开始试图整理与保存古代知识。泰布图尼斯神庙窖藏的纸草文献很可能就诞生于这样的背景之下。[11]

地理学家斯特拉波（Strabo）就在书中描写了赫利奥波利斯

---

10 D. Klotz, *Caesar in the City of Amun: Egyptian Temple Construction and Theology in Roman Thebes*, Brepols: Association Egyptologique Reine Elisabeth, 2012, pp. 233-234.
11 泰特则认为这些纸草文献"很可能是祭司们的私人收藏，后来成为过时的废品材料。"W. J. Tait, "Demotic Literature and Egyptian Society," in Johnson（ed.）, *Life in a Multi-Cultural Society*, pp. 306-307.

（Heliopolis）的太阳神庙被波斯国王冈比西斯破坏的故事。书中写道："他（指冈比西斯）破坏方尖碑，其中两个没有完全损坏的方尖碑被托运至罗马。其余破损的方尖碑仍在赫利奥波利斯和底比斯地区，一些仍伫立着，但已被大火破坏，还有一些躺在地上。"[12]古典作家对埃及的描述并非脱离历史环境的想象，相反，这些描述反映出古埃及文化在当时风雨飘摇的处境。

进入公元3世纪，随着罗马帝国经济出现危机，基督教获得了合法地位，古埃及本土宗教作为异教遭到了排斥。统治者不仅停止资助神庙的修筑，还以各种方式缩减神庙土地，或用钱粮购买，或以增加新的赋税相要挟，将神庙土地收归政府所有。祭司阶层的任命，所司职责，以及祭司的个人财产也都由罗马官员监管。政府规定高级祭司不能参与经济活动，从而直接剥夺了神庙的财产，埃及神庙所能供养的祭司人数因而大幅度减少。此外，罗马政府还剥夺了祭司阶层的特权，如税收豁免等。同时，罗马皇帝也不再推行双语政策，世俗体埃及语失去了官方语言的地位，成了书面古语。

大量古埃及宗教与文学类文献都是由世俗体埃及语书写，一些深奥难懂的世俗体埃及语经文还带有希腊语注释。[13]此外，一些世俗体埃及语的经典文学作品还被翻译成了希腊语，在希腊罗马世界广为传抄。例如，创作于公元前2世纪的《陶工预言》(*The Prophecies of a Potter*)讲述了库努姆（Khnum）神化身一名制陶工预言埃及兴衰的故事。故事的设定是在第二十四王朝，库努姆预言埃及将迎来混

---

12 Strabo, *Geography* XVII, I. 27, from E. S. El-Banna, *Le voyage à Héliopolis: Descriptions des vestiges pharaoniques et des traditions associées depuis Hérodote jusqu'à l'Expédition d'Égypte*, Le Caire: Institut français d'archéologie orientale, 2014, p. 14.

13 M. Depauw, *A Companion to Demotic Studies*, Bruxelles: Fondation Égyptologique Reine Élisabeth, 1997, pp. 17-49.

乱与毁灭，亚历山大里亚将被毁灭，异族统治埃及 800 年后，太阳神会指派新的法老统治埃及，埃及本土的法老将再临人间。[14] 这一作品的埃及语世俗体文本已经失传，而希腊文译本则一直传抄到公元 3 世纪末。故事的主题反映了埃及知识精英反抗异族统治，回归传统秩序的期望。[15] 实际上，从第三中间期开始，外族统治与社会动荡在埃及人的记忆中留下了痛苦的烙印，末世之后法老再临人间的预言层出不穷。中王国和新王国时期强有力的君主，如赛索斯特里斯一世（Sesostris I）和拉美西斯二世（Ramses II）不断出现在后期埃及的文学作品中，成为异族统治下古埃及人对往昔黄金时代的追忆。

基督教成为罗马帝国的国教之后，罗马皇帝宣布取消帝国境内的一切异教崇拜活动。因此埃及祭司数量锐减，神庙财富大幅缩水。神庙是古埃及文明的载体，神庙图书馆保管着各类经文和档案，祭司阶层掌握着智慧和知识，神庙管辖之下的工匠则拥有先进的技术和精湛的工艺。神庙没落之后，深奥的古文无人能懂，纸草文本无人誊录，手工艺者大量流失，古老的技艺逐渐失传。最终，古埃及文字也开始被人遗忘。公元 4 世纪，随着神庙的关闭，曾经的祭司流落到民间，不得不以知识为谋生手段，服务于民间宗教与日常仪式。从另一个角度来看，他们也将传统文化带到了乡村，继续以宗教魔法维持自身的权威。[16] 同时，埃及祭司也顺应时代发展，融入基督教信仰之中，从而间接地影响了早期基督教的教义与思想。原本信奉智慧之神图特

---

14 L. Koenen, "The Prophecies of a Potter: A Prophecy of World renewal becomes an Apocalyse," in D. H. Samuel (ed.), *Proceedings of the Twelfth International Congress of Papyrology*, Toronto and Mcmlxx: A. M. Hakkert Ltd, 1970, pp. 249-255.

15 A. Kerkeslager, "The Apology of the Potter: a translation of the potter's oracle," in I. Shirun-Grumach (ed.), *Jerusalem Studies in Egyptology*, Wiesbaden: Harrassowitz, 1998, pp. 67-79.

16 D. Frankfurter, *Religion in Roman Egypt: Assimilation and Resistance*, Princeton: Princeton University Press, 1998, p. 257.

（Thoth）的知识精英不断探寻超越生死的"奥秘知识"，在基督教语境下，这一探寻就有了抛弃现世肉体而达到精神超脱的含义。

公元1世纪前期，基督教在亚历山大里亚出现。兼容并包的古埃及文化很快吸纳了这个新兴的外来宗教。根据教会文献记载，早期基督教使徒圣马可（Saint Mark）（《马可福音》的作者）于公元1世纪中期在亚历山大里亚建立了教会，并开始向当地居民传教。亚历山大里亚的科普特教堂一直延续至今，是全世界最古老的基督教会之一。基督教漠视世俗利益，倡导人人互助，因而受到穷苦大众的欢迎。

基督教教义与古埃及宗教之间也有共同之处，比如"三位一体"的教义与古埃及宗教中父神、母神与子神组成神圣家庭的三联神观念相契合，死而复生以及死后经过审判而进入来世的观念，也是古埃及宗教奥赛里斯（Osiris）信仰的核心内容。早期基督徒为了追求信仰到沙漠中的山洞内隐修，通过将自己的物质需求降到最低来达到精神境界的升华。后来，这些隐修士成立了专门的修道士团体，在修道院里集体隐修。隐修不仅表达了对宗教的虔诚，也可以避免世俗纷争。早期基督教在埃及的发展也并非一帆风顺，迫害基督徒事件时有发生。

在基督教诞生之初，罗马对这一新生的宗教怀有很大的敌意。基督教信仰唯一的神，与希腊罗马的多神教传统相对立，基督教也不承认罗马皇帝的神圣性，因而被罗马皇帝视为异端，欲铲除而后快。早期被罗马帝国迫害致死的基督徒成了殉道士。在基督教教义中，殉道士以自己的牺牲为上帝做了见证，从而鼓励其他教徒坚持信仰。戴克里先皇帝即位后，对基督徒的迫害愈演愈烈。从公元303年开始的长达十年的迫害基督教活动在小亚细亚和埃及等行省尤为惨烈。

尽管有罗马政府的阻挠，埃及的基督教组织却日益发展壮大。

埃及基督徒更是将自己的民族情感寄托于宗教信仰，以宗教上的坚贞来反抗罗马统治者。君士坦丁即位后结束了戴克里先的宗教迫害，于311年颁布"宽恕令"。到狄奥多西一世统治时期，基督教被正式确立为罗马帝国的国教。对基督教的迫害结束了，埃及的基督徒可以光明正大地举行宗教活动。然而，古埃及宗教和文化却迎来了一场浩劫。

　　古埃及宗教的多神崇拜与宗教艺术在基督教的冲击下走向衰亡，其神学观念却借由埃及基督教会保留了下来。公元2世纪末，埃及教会在亚历山大里亚建立基督教学院。在学院中，学者探讨神学观点，建立起基督教神学体系，形成了可以与希腊哲学抗衡的基督教哲学，使原本面向社会下层的宗教逐渐被知识分子阶层接受。在这所学院中，埃及知识分子抛弃了象形文字符号与世俗体埃及语，开始使用希腊字母书写埃及口语，这就是一直被埃及教会沿用至今的科普特语。以科普特语写成的《真理福音》(*The Gospel of Truth*)将古埃及象形文字与基督教信仰相联系，书中写道："神圣之父以各种诺斯替思想的形式揭示永恒之书……永恒之书的书写文字——象形文字没有元音和辅音，能够解读的人却认为它们很愚蠢，只有那些了解这些文字的人才能发现它蕴含的真理，每一个字母都是一套完整的思想，犹如一部完整的典籍，因为它们是由统一的圣父所书写……"[17]

　　此时已经很少有人能够读懂象形文字。在改信基督教的埃及知识分子心中，象形文字不再是文字符号，而成为哲学性的"神启之书"，是奥秘知识的象征。希腊语魔法纸草这样写道："我说起你的名

17　L. Motte, L'hiéroglyphe, *d'Esna à l'Évangile de Vérité, Deuxième journée d'études coptes, Cahiers de la bibliothèque copte 3*, Louvain: Peeters, 1986, pp. 111-116.

图 1-3 菲莱岛希腊罗马时期的伊西斯神庙

字,赫尔墨斯·特利斯墨吉斯忒斯(Hermes Trismegistus)在赫尔墨波利斯(Hermopolis)以象形文字书写出来。"[18]象形文字所代表的传统文化被赋予了魔法属性,成为"奥秘知识"的载体。此时的象形文字符号具有护身符的作用,但往往与希腊字母和星星符号结合使用。还有一些带有象形文字的护身符模仿石碑的式样,并装饰着各种荷鲁斯(Horus)、贝斯(Bes)、阿蒙等古埃及神祇的神像。可以说,象形文字符号的书写功能已经荡然无存,但魔法功能却保留了下来。在科普特文化中,魔法象征符号、神圣名字和对希腊字母的神秘解释成为祭司文化生活的主题。

基督教成为国教后,埃及神庙遭到严重破坏。神庙上精美的壁

---

18 H. D. Betz, *The Greek Magical Papyri in Translation including the Demotic Spells*, Chicago and London: The University of Chicago Press, 1986, p. 55.

画和浮雕被覆盖上白色石灰，重新装饰上基督教题材的壁画，并改建为基督教堂。有些神庙甚至沦为了采石场，质地精良的石块被用于建造其他建筑。还有些神庙被改建成仓库和民居。更多的神庙因为无人维修而坍塌损毁，淹没在黄沙之中。没有了神庙和祭司人员，古埃及宗教文化逐渐成了无本之木、无源之水，慢慢被人们遗忘。公元6世纪中期，在位于阿斯旺地区菲莱（Philae）岛的伊西斯神庙中，古埃及最后的祭司永远地关上了神庙大门。从此之后，没有人再使用古埃及文字，也没有人能看懂神庙墙壁上的浮雕和壁画了。跌宕起伏3500多年的古埃及文明从此销声匿迹，淹没于历史的长河之中。

第二节　希腊罗马与阿拉伯人笔下的埃及世界

希腊罗马古典作家和中世纪阿拉伯人见证了古埃及文明的衰落与消亡。在象形文字破译之前，希腊罗马作家与阿拉伯人的相关记述一直是了解埃及历史文化最主要的来源。古埃及文明在不同作家的作品中呈现出不同的面貌，有些记载有迹可循，有些只是道听途说，有些则建立在虚构与想象之上，不同记述之间又相互传抄引用，虚实难辨。然而，这些记述犹如一面透镜，折射出光怪陆离却又五光十色的古埃及。

从克里特文明时起，埃及与爱琴海一带就有着频繁的商贸文化往来。随着希腊诸城邦的兴起，热爱航海与贸易的希腊商人开辟了通往尼罗河三角洲的航线，并在那里建立了贸易据点。希腊商人不仅将埃及的产品贩运到地中海世界的各个角落，也把在埃及的旅行见闻带回了希腊本土。这些见闻经由学者记录下来，成为后人了解埃及的重要材料。还有不少希腊旅行家和学者被古埃及文化吸引,来到这片古老的土地拜访古迹、了解民俗、学习古埃及的知识与文化。希腊先哲在著述中表达了对古埃及文明的尊重,他们对古埃及历史文化的理解也倾注了自身的理想与追求。换句话说,希腊作家笔下的古埃及是一个古老的文明对另一更古老的文明的追思与重构。

在诸多记述中,最早提及埃及的希腊学者是米利都的赫卡泰乌斯(Hecataeus of Miletus),他生活在公元前6世纪。在《大地环游记》(*Peiegesis Ges*)中,赫卡泰乌斯记述了埃及的地理和人文风貌。一个世纪后,享有"历史学之父"美誉的希罗多德在其鸿篇巨著《历史》中再一次详细记录了埃及的历史文化和风土人情,包括历史名城、金字塔建筑群、法老的传说与埃及神话等等。希罗多德还描述了埃及动物们的不同习性,其中包括了神话中在埃及500年才会出现一次的凤凰。据说,希罗多德曾亲自前往埃及,他拜访了埃及的神庙,并向祭司求教,以便能得到宝贵的第一手材料。《历史》还记述了奥赛里斯与荷鲁斯的故事,并根据神话故事中提及的埃及神祇的职能,将他们与古希腊神话体系中的神祇联系起来,表达了古希腊人对埃及神谱的理解。希罗多德这样写道:

> 因此,这座神庙的祠堂是我看过的所有事物中最神奇的,其次是名为赫米斯的小岛。这座岛位于布托神庙附近深而宽阔的湖泊之中,埃及人说它在漂浮,我从未看过它漂浮,所以我想这只是个传说。但是,有一个小岛真的漂浮着。小岛上有一座巨大的阿波罗神庙,神庙内有三座祭坛,小岛上生长着许多棕榈树和其他树木,一些出产果实,一些却不出产。埃及人讲述了一个故事来解释这座小岛为什么能够漂浮:以前这座岛是

不能漂浮的，八神之一的利奥神（Leo）出现并居住在布托，阿波罗从伊西斯那里得到神谕，将利奥神隐藏在这座小岛上，小岛开始漂移。泰封（Typhon）到来，寻找奥赛里斯的儿子，而阿波罗和阿尔忒弥斯是狄奥尼索斯和伊西斯的孩子，利托据说抚养并保护他们。在埃及语中，阿波罗是荷鲁斯，得墨忒耳是伊西斯，阿尔忒弥斯是布巴斯提斯（Bubastis）。埃斯赫路斯曾说，阿尔忒弥斯是得墨忒耳的女儿。此后，这座小岛一直在漂浮着。[19]

公元前4世纪，伊索克拉底在《浦西里斯》（*Bousiris*）中描绘了埃及的社会图景，而这种描绘无疑体现了希腊式的理想主义。伊索克拉底认为，埃及是世界上最受福佑之地，神话中的立法者浦西里斯为埃及社会设计了完美的法律。斯巴达采用了埃及的劳动分工方式，却并没有达到埃及范式的完美程度。劳动分工产生"闲暇"，而"闲暇"又带来"学识"，因此哲学是埃及的产物。他推崇埃及祭司沉思式的教育，主张运用智慧为国家服务。希腊数学家毕达哥拉斯也认为自己的学识得益于在埃及的长期学习，通过在埃及旅行了解到埃及的宗教哲学，从中大受裨益。柏拉图则更加详细地阐述了埃及智慧之神图特发明书写的过程和原因，他赞扬埃及的艺术与音乐，呼吁希腊人要通过学习埃及，回到雅典的古典时期。柏拉图还在亚特兰蒂斯故事中提及雅典立法者梭伦曾前往尼罗河三角洲地区的赛斯城向埃及祭司学习。

19　Herodotus, *Histories*, chapter. II, trans. A. D. Godley, Cambridge: Harvard University Press, 1920, p. 156.

到了希腊化时代，阿布德拉的赫卡泰乌斯（Hecataeus of Abdera）在著作《关于埃及》(*On Egypt*)中表达了对古埃及历史的理解。[20] 他关注埃及国家的统治模式与王权观念，认为从神统治埃及的时代起，埃及人就开始向外殖民，传播自己的文化。他记述了从美尼斯至阿玛西斯的历代国王，阐释了埃及国王的职责，强调国王要遵守法律，并联合祭司进行统治。他还写到了埃及的地理环境，尼罗河的泛滥以及沙漠中的野生动物。赫卡泰乌斯坚称，他是从埃及的"神圣典籍"与埃及祭司那里知道这些知识的。

对埃及王权的理想化想象一直存留在希腊罗马文化精英的认知中。从公元前5世纪的希罗多德到公元前4世纪晚期阿布德拉的赫卡泰乌斯，再到希腊化时代的狄奥多罗斯和罗马时期的塔西佗，希腊罗马作家都提到了自己对古埃及王权的理解，他们认为，地位显赫、能力超凡的埃及国王是理想君主的代表。他们笔下的埃及君主是古埃及黄金时代贤君明主的集合体。通过对古代明君的追思，希腊罗马知识分子表达了自身的政治理念。希罗多德自称曾拜访过埃及，并根据埃及人提供的信息，追忆了一位古埃及中王国时期的国王赛索斯特里斯：

> 赛索斯特里斯是唯一一位统治了埃塞俄比亚的埃及国王，为了留名千古，他在海法斯图斯神庙前树立了自己、妻子和四个儿子的雕像，每座雕像大约20肘高。之后，波斯国王大流士一世也打算将自己的雕像树立于此，但他遭到了海法斯图斯神

---

20 O. Murry, "Hecataeus of Abdera and Pharaonic Kingship," *The Journal of Egyptian Archaeology*, vol. 56, 1970, pp. 141-171.

庙祭司的阻拦，他们认为他的功绩无法与埃及法老赛索斯特里斯相媲美。赛索斯特里斯曾征服了西徐亚人，但大流士一世没能征服西徐亚人，因此，他没有资格将自己的雕像树立在赛索斯特里斯雕像近旁。据说，大流士一世最后认同了埃及祭司的说法。[21]

虽然在希罗多德的描述中，波斯国王大流士一世未能征服西徐亚人，而埃及国王赛索斯特里斯却成功地征服了西徐亚人。但实际情况是，埃及法老并没有征服过西徐亚人，反倒是大流士一世曾远征西徐亚。希罗多德将异族国王的成就安置在埃及法老身上，刻意提升了埃及国王的形象。狄奥多罗斯描述了赛索斯特里斯远征并征服印度的事迹，这或许是将亚历山大大帝的未竟之事寄托在了埃及法老身上。他如此写道：

> 他（赛索斯特里斯）曾派出由400艘船组成的舰队远赴红海，他是古埃及第一位组建战舰的国王，不仅控制着红海上的岛屿，甚至远赴印度。他的军队在陆路上征服了整个亚洲，并远征亚历山大大帝去过的地方，甚至去过他没有去过的地方。赛索斯特里斯穿过恒河，从北向南征服了整个印度。此外，他还征服了西徐亚人的各个部落，远征至亚欧分界的塔奈斯河流域。[22]

---

21 Herodotus, *Histories*, chapter. II, pp. 398-399.
22 C. H. Oldfather, *Diodorus of Sicily*, vol. 1, Cambridge: Cambridge University Press, 1933, pp. 192-193.

在狄奥多罗斯的描述中，赛索斯特里斯成功征服了整个印度，功绩远远超过了亚历山大大帝。在希腊罗马古典作家的作品中，埃及国王的成就超越异族统治者的例子屡见不鲜。例如，公元 2 世纪中叶，罗马作家塔西佗讲述了公元 19 年格玛尼库斯拜访埃及古都底比斯时的情景。在他的记述中，埃及法老拉美西斯二世甚至征服了巴特克里亚：

> 格玛尼库斯看到底比斯宏伟的古代建筑遗迹，巨石垒成的墙壁上，铭文提示着埃及过去的富裕和强大。一名埃及高级祭司用当地语言向格玛尼库斯解释道："埃及曾拥有一支由 70 万人组成的军队，国王拉美西斯二世率领这支军队远征，征服了利比亚、埃塞俄比亚、米底、波斯、巴特克里亚、西徐亚。整个埃及帝国囊括了叙利亚、亚美尼亚以及周边的卡帕多西亚，延伸至比西尼亚以及利西亚沿岸。各臣服之地都会向埃及进献大量金银、武器、马匹、象牙、香料与谷物，税收收入像帕提亚和罗马帝国一样，数量庞大。"[23]

在现实中，古埃及在历史上曾控制并占领过利比亚与埃塞俄比亚地区，但绝没有征服过米底、波斯、巴特克里亚以及西徐亚地区。大流士一世和亚历山大大帝曾征服过这些区域，塔西佗却将这些功绩归于拉美西斯二世。

公元前 3 世纪，埃及祭司曼尼托用希腊文书写了一部完整的《埃

---

23 转引自 D. Klotz, "Kneph: The Religion of Roman Thebes," Dissertation from Yale University, 2008, p. 30。

及史》,记述了埃及国家形成以来的王朝更替。这部著作的原本已经失传,部分内容经犹太史学家与基督教史学家的引用而得以保存。曼尼托生活在赫利奥波利斯,是太阳神祭司,除《埃及史》以外,他还写作了一系列介绍古埃及宗教和文化的书籍。身为埃及祭司,曼尼托可以自由使用神庙图书馆中的各种档案材料,并参考历代王表来编写埃及历史。因此,曼尼托的《埃及史》对今天研究埃及的学者而言仍然具有重要的学术价值。

公元前1世纪,古希腊历史学家西西里的狄奥多罗斯(Diodorus Siculus)在《历史集成》(*Bibliotheca Historica*)第一卷介绍了古埃及的历史、地理和宗教。他认为,埃及是众神起源的地方,也是人们开始观测星象的地方,曾经在这里有过许多伟大的人物和事迹,撰写历史也是从埃及开始的。不仅如此,狄奥多罗斯还认为,尼罗河沿岸富饶的植被使得它成为文明的发源地。在创世之初,人类最先出现在埃及,尼罗河孕育了生命,那里气候温和,是天然的粮仓,保障了生命的延续。

公元1世纪,罗马地理学家斯特拉波随着先辈的足迹来到埃及进行考察,他沿着尼罗河逆流而上,到达菲莱岛后又继续南下,来到库什王国和埃塞俄比亚地区。在《地理学》(*Geography*)中,斯特拉波详细记述了埃及的地理风貌,系统研究了尼罗河水域,包括三角洲地区、各支流以及河谷地区,他认识到尼罗河每年的泛滥与埃塞俄比亚地区的降水有关。斯特拉波遍访埃及古城,记录风土人情和名胜古迹,从亚历山大里亚的灯塔到阿拜多斯的奥赛里斯神庙都留下了他的足迹。他还记录了托勒密王朝的历史以及作为罗马行省的埃及的状况,描述了亚历山大在锡瓦绿洲如何得到阿蒙神谕和后来波利比乌斯拜访亚历山大里亚的情景。

同样在埃及游历的还有普鲁塔克（Plutarch），他在论述古埃及宗教观念的著作《伊西斯与奥赛里斯》（*On Isis and Osiris*）中，详细记载了奥赛里斯的神话。在此之前，希罗多德也提到过奥赛里斯的神话，但普鲁塔克的记载最为详尽。在故事的第九章，普鲁塔克还提及古埃及宗教的神秘性特点："神庙大门前的斯芬克斯意为'他们（指埃及人）的宗教神学包含奥秘智慧'，塞斯城的隐藏形象，他们的神名为阿蒙，意思为'隐藏'。"据普鲁塔克所言，塞斯城隐藏的形象是雅典娜－伊西斯的坐像，上面的铭文写道："我是所有，包括过去、现在与未来，死亡将无法改变我的容颜。"[24] 罗马作家奥维德在《变形记》中描述了阿普勒乌斯在埃及神庙图书馆受到启示的过程：

> 在那里有隆重的仪式和清晨的献祭来庆祝神庙的开启，他从神殿的隐蔽角落取出几本书，书上的文字是无法释读的符号。他们有些通过各种动物的形式表达出来，另一些则不允许好奇者阅读，以免亵渎这些智慧。[25]

其他罗马作家，如卡尔基斯的杨布利克斯（Iamblichus of Chalcis）和鲁奇乌斯·阿普列乌斯（Lucius Apuleius），也就古埃及的宗教观念撰写了著述。罗马帝国时期，塔西陀（Tacitus）和阿米阿努斯·马尔切利努斯（Ammianus Marcellinus）在他们的著作中也谈到了埃及，提及底比斯法老时代的历史遗迹与象形文字铭文。这些在埃及生活的希腊人和罗马人对埃及宗教文化与生活习俗有着更为深入的理解。公

24　J. Gwyn Griffiths（ed.），*Plutarch's de Iside et Osiride*, Cardiff: University of Wales Press, 1970, p. 283.
25　J. Gwyn Griffiths, *Apuleius of Madauros, The Isis-Book (Metamorphoses, Book XI)*, EPRO 39, Leiden: Brill, 1975, pp. 96-97.

元3世纪，亚历山大里亚的教父克莱蒙特（Clement）撰写了《杂缀集》（*Stromata*），认为古埃及的知识体系由42本"神秘典籍"组成。公元5世纪，埃及祭司赫拉波罗（Horapollo）撰写了《象形文字》（*Hieroglyphica*）一书来解释古埃及象形文字符号的神秘含义。

  希腊罗马作家对埃及的记述为我们留下了宝贵的材料，没有他们对古埃及地理风貌和文化习俗的记述，考古学家可能很难发现那些在后世漫长岁月中坍塌损毁的历史遗迹。当然，古典作家的记载中也充满了传说与虚构。普鲁塔克曾试图用希腊语词根来解释古埃及语词汇，这显然是错误的。希罗多德记载了赫卡泰乌斯拜访底比斯神庙的故事：埃及祭司向他展示了神庙中历代祭司的雕像，赫卡泰乌斯也向埃及祭司讲述了自己的家族起源——在16代之前，他的祖先是一位神。而埃及祭司却告诉他，他们已经延续了345代。然而，没有证据表明赫卡泰乌斯和希罗多德曾到过底比斯，他们是否与那里的祭司有过这番对话也无从考证。这些很可能只是旅行者之间流传的传奇故事，希罗多德经过艺术加工，将这些故事融入自己的著作中。尽管如此，剥除这些记述中的浪漫与传奇色彩，我们仍然可以从中了解到古埃及历史的延续性。所幸现代学者成功地释读了古埃及象形文字，使得我们能够读懂古埃及人自己的记述，看到一个相对客观真实的古埃及。

  公元640年，阿拉伯人征服了埃及。阿拉伯人统治下的埃及无论是在建筑艺术风格上还是在社会文化上都发生了巨大的改变。尼罗河滋养的埃及仍是富饶的国家，中世纪的开罗成了中古时代伊斯兰世界的中心。失去了古埃及文明的记忆，人们对法老时代逐渐丧失了兴趣。古埃及语和象形文字早已失传，废弃神庙上那些古老铭文成为沉默的图画，没人能看懂它们的含义。许多古迹彻底沦为采石场，人们在古代神庙中寻找可以搭屋盖房的材料。吉萨（Giza）金字塔的外壳——洁白的石灰石被拆下来运往开罗，成为修建新都城的建筑材料。3000多年前法老工匠开采的石料，如今支撑着巨大的皇宫与清真寺。

一些阿拉伯旅行家也将他们在埃及的见闻记录了下来，其中包括来自阿拉伯的作家和旅行家阿卜杜勒·拉提夫·巴格达迪（Abd Latif Baghdadi）。阿卜杜勒·拉提夫是一名医生，生活在13世纪的巴格达。在开罗讲授医学和哲学时，拉提夫获得机会参观吉萨金字塔与狮身人面像。当时的金字塔和狮身人面像尚未遭到大规模破坏，拉提夫看到的金字塔和狮身人面像比我们现在看到的形象更为完好，至少狮身人面像的鼻子还在。他还讨论了"木乃伊"一词的词源，认为它源自波斯语"沥青"一词。作为一名穆斯林，拉提夫的著述没有受到《圣经》的影响，但遗憾的是，这部阿拉伯语著作直到19世纪英译本出版之前，在欧洲几乎无人知晓。到了1440年，在埃尔·麦格里齐（al-Maqrizi）的记录中，金字塔旁的狮身人面像已经失去了鼻子。根据他的描述，1378年苏菲派狂热分子默罕默德·萨伊姆·埃尔-达赫尔击中了狮身人面像的面部，造成了鼻子的坍塌。18世纪末拿破仑远征埃及时，看到的也是鼻子残缺的狮身人面像。此外，中古时代的阿拉伯医生还鼓吹埃及的木乃伊能够治疗血液和关节疾病，将木乃伊磨成粉末服用即可保持健康。这种奇怪的迷信一直持续到19世纪。

对于伫立在埃及各地的古代遗存，阿拉伯人视其为巨人或魔法师的作品，进而认为这些巨大的建筑物中埋有宝藏，各种版本的藏宝图都将法老的遗迹列入其中。比起探访古迹，中古阿拉伯人更热衷于寻宝。当时最为流行的寻宝指南《藏珠之书：藏宝挖掘指南》（*The*

Book of Beads: A Guide to Treasure Excavation）一书中不仅详细列出了各件宝物的埋藏地点，还附有欺骗宝物守护神的巫术。到了14世纪，寻宝人已经成为一种专门的职业。直到20世纪初，寻宝书依然还在坊间流传。前任开罗博物馆馆长贾斯通·马斯佩罗（Gaston Maspero）曾经说过："战争和漫长的岁月摧毁的文物，比不上这一本书的罪过。"在此我们不妨引述其中一段，看看阿拉伯的藏宝书是如何指导人们寻宝的：

> 从这座金字塔向西北走，会碰到一座白色的山，山下有一条路通向一片土质松软的低洼地。用柏油、液态安息香和一只黑绵羊的羊毛烧些烟，眼前就会出现一条土路。加紧熏烟并跨过这条路，然后向下挖一肘深，即可发现一堆堆精炼的金子。您可以任意取走，但在住手之前，一定要不断地熏烟。这是一种巫术寻宝法，务请遵循。

按照这样的办法，真的能寻到宝藏吗？

第三节　古埃及文明的重现与埃及学的诞生和发展

文艺复兴时期的"东方热"使欧洲人对神秘的古埃及文明产生了浓厚的兴趣。欧洲的科学家、探险家和传教士纷至沓来，在这片古老的土地上留下了他们的足迹，并将旅途见闻带回欧洲。法国皇帝拿破仑远征埃及，随行的科学家与古物学家对埃及古迹进行了考察与记录，随后出版的《埃及记述》（Description de L'Égypte）在欧洲掀起了搜集与研究埃及古物的热潮。

  法国语言学家商博良通过研究罗塞塔（Rosetta）石碑，成功解读了古埃及象形文字。能够读懂古埃及人留下的文献资料，意味着学者可以客观地研究古埃及历史。因此，古埃及文字释读的成功也标志着埃及学作为一门学科的诞生。在此后近两个世纪的时间内，埃及考古学与语言学飞速发展，文物保护与博物馆学也日臻成熟，古老的文明在科学技术与跨学科合作研究的推动下，焕发出更加多元的光彩。回顾古埃及文明再发现的过程，会发现其中有进步也有破坏，有冲突也有合作，可谓一部充满斗争与艰辛却又令人备受鼓舞的学科发展史。

  1517 年，奥斯曼帝国君主塞利姆一世（Selim I）占领埃及，将其纳为帝国的一个行省。土耳其人的统治一直持续到 1798 年拿破仑·波拿巴远征埃及。不过，奥斯曼帝国统治下的埃及是一个较为开放的地区，与西方世界的联系也较为频繁。西方世界通过与东方的贸易越来越多地了解了近东国家的历史文化和风土人情。对欧洲人而言，"东方"是一个模糊的地理概念，从遥远的中国到与他们相隔地中海的埃及，统统都被称为"东方"。在这片神秘莫测的土地上，斯芬克斯与图兰朵讲述着迷惑旅人的传奇，遍地的黄金与宝藏等待着探险家们的到来。因此，从中世纪沉重的宗教氛围中苏醒过来的欧洲开始张开双眼看向世界，无论是中国还是埃及，古老文明散发的独特韵味极大地激起了西方人的浪漫主义情怀。在他们眼中，古老的埃及大地上埋藏着古代世界的智慧和奥秘，神秘的象形文字符号仿佛正在向世人招手，期待着有识之士能够解开这千年的谜题。

  文艺复兴时期，热衷于模仿和学习古希腊罗马文化的欧洲人很快就开始研究起古典作家笔下的埃及。15 世纪时，欧洲人发现了两部与古埃及文明直接相关的著作，其一是公元5世纪时赫拉波罗的《象形文字》，其二是《赫尔墨斯文集》(Corpus Hermeticum)。前者主要讲述了古埃及文字的起源与象形文字的隐秘含义，后者则记述了埃及法老时代的所谓神秘知识与奥秘义理。罗马帝国时期从埃及运到意大利的方尖碑仍然伫立在罗马街头，人们突然意识到，这些巨大的纪念物来自东方的古老国家，那里一定会有更多类似的遗迹与宝藏。于是，欧洲探险家开始前往埃及寻访古物。随着古物学的兴起，博物馆和私人收藏家更是委派代理人前去寻找有价值的古物，如纸草卷、木乃伊、彩绘棺椁、金银珠宝等，甚至将陵墓和神庙墙壁上的精美浮雕、壁画和铭文大面积地剥离下来运回欧洲。

英国牛津大学的数学和天文学教授约翰·格里夫斯（John Greaves）于1638年来到埃及的吉萨高地，开始了历时两年对金字塔建筑群的勘测。1646年，格里夫斯发表了他的勘测报告《埃及金字塔志》(Pyramidographia, or a Description of the Pyramids in Ægypt)。这份报告详细记录了各大金字塔的外部结构，不仅如此，他还详细考察了胡夫大金字塔的内部结构。18世纪初，法国耶稣会传教士克劳德·斯卡德（Claude Sicard）前往上埃及调查古迹。这位神父是开罗耶稣会的负责人，曾先后四次到上埃及地区寻访古迹，考察了阿拜多斯、赫尔墨波利斯、埃德夫（Edfu）和菲莱，首次确定了新王国时期古埃及都城底比斯的位置，并在帝王谷中确认了狄奥多罗斯提到的40余座陵墓。他还发现了尼罗河沿岸多座金字塔、神庙与墓葬的遗迹，这些遗迹在随后的几个世纪内陆续被黄沙掩埋，斯卡德的记录为考古工作者提供了重要的参考。斯卡德还绘制了一张从地中海到阿斯旺的埃及地图，目的是找到《圣经》中摩西带领犹太人出埃及的路线，这也是近代以来绘制的第一张埃及地图。

英国主教、旅行家理查德·波科克（Richard Pococke）游历了埃及，调查了萨卡拉（Saqqara）和达淑尔（Dashur）的金字塔建筑群，并出版了详细的报告。1737年至1738年间，丹麦海军军官弗里德里克·路德维希·诺顿（Friedrich Ludwig Norton）奉命考察埃及和苏丹地区。旅途中，诺顿以笔记和绘画记录见闻，将法老时代的古迹以及沿途的风土人情尽收笔下，出版后引发了欧洲学者和受过良好教育的公众对古埃及文明的强烈兴趣。1768年，著名旅行家詹姆斯·布鲁斯（James Bruce, 1730—1794年）来到埃及，一路向南到达埃塞俄比亚地区探险，追溯尼罗河两大源头之一的青尼罗河，并在回忆录《尼罗河探源》(*Travels to Discover the Source of the Nile*) 中，记录了他在埃及的旅行经历。

  1798年，拿破仑率军远征埃及，这次远征不仅是一场政治和军事的较量，更是一次有备而来的科学考察。与远征军同行的是由百余名专家组成的科学艺术考察团，其中包括工程师、数学家、天文学家、地理学家、建筑师、画家、雕塑家等。这支庞大的专家团队携带了大量图书和仪器设备，在埃及搜集文物，勘察古迹，其考察成果《埃及记述》包含24卷文字和12卷插图，是近代第一部研究古埃及文物与古迹的著作。这部鸿篇巨著向人们展示了消亡的古代文明曾经的辉煌和伟大，极大地唤起了西方学术界对古埃及的热情。拿破仑在军事上失败了，但他主导的这次考察却向世人打开了通往失落文明的大门。远征军不经意的发现——罗塞塔石碑，后来成为打开古埃及文明谜题的钥匙。1799年7月，法国士兵在罗塞塔修筑要塞时，发现了一块破损的黑色玄武岩石碑，这块石碑上的铭文分为三个部分，每一部分都用一种古代语言写成：最上方是圣书体象形文字，中间是世俗体埃及语，最下方是古希腊文。军中一位懂希腊语的将军很快翻译出了石碑上的希腊语铭文，原来这块石碑铭文记载的是公元前196年埃及国王托勒密五世颁布的孟菲斯教令。除了历史价值外，人们立即认识到了这块石碑在语言学上的独特价值——三语对照铭文或许可以帮助人们解读出古埃及象形文字！

古埃及文明消亡后，埃及象形文字早已成了死文字。然而，伴随着欧洲人的"东方热"，探险家与旅行家带回的纸草卷与浮雕中的文字很快引起了语言学家的关注，学术界也开始对象形文字进行科学化与系统化研究。象形文字一词源自希腊语，意为"神圣的符号"。对古埃及象形文字的解读从16世纪就开始了，最早开始研究的是意大利文艺复兴时期的人文学家皮埃罗·瓦莱里亚诺·波尔扎尼（Pierio Valeriano Bolzani）。波尔扎尼在1556年出版了长达千页的《埃及象形文字或神圣符号》（Hieroglyphica, sive de sacris Aegyptiorum），收录了当时可见的象形文字符号。然而，波尔扎尼的研究仅限于探讨象形文字符号的隐秘意义，并未涉及语法和语义。其实，象形文字迟迟未能出现解读成果，是因为早期的学者普遍都将象形文字看做图画文字，即画一物代表一物。有的学者甚至试图借助中国汉字来释读埃及象形文字，这自然徒劳无功，因为汉字和古埃及文字是独立发展的不同书写体系，两者无论是在构词上还是语法上都截然不同。毫无疑问，古埃及语的释读需要人们从与其相关联的语言入手。

在古埃及语释读上迈出第一步的是17世纪的德国耶稣会士、博物学家阿塔纳修斯·基歇尔（Athanasius Kircher）。基歇尔的研究是从科普特语开始的。1633年，他开始学习科普特语，并于三年后写成了第一部古埃及语法著作——《科普特语或埃及语导论》（Prodromus Coptus Sive Aegyptiacus）。1643年，《重构古埃及语》（Lingua Aegyptiaca Restituta, Opus Tripartitum）得以出版，为古埃及语的解读做出了重

图 1-4　阿塔纳修斯·基歇尔

要贡献。当然，基歇尔并没有释读出古埃及象形文字，但他认识到，科普特语是古埃及语发展的最后一个阶段，并发现了僧侣体（Hieratic）和圣书体（Hieroglyph）象形文字之间的关系。这些基本的认识成为后来解读古埃及语言的起点。与此同时，欧洲学者也开始将东方各个古文明所使用的文字进行比较研究。有的学者指出，中国人"使用的字形很像古埃及人的象形文字。在风格和结构上，他们的书面语言与日常谈话中所用的语言差别很大，没有一本书是用口语写成的。"[26] 在文字起源方面，他们认为，"尽管埃及人自夸他们首先使用文字和象形文，但可以肯定中国人在他们之前就有了文字记录。所有其他民族都有共同的书写方式，包括大约 24 个字母，发音

26　利玛窦、金尼格：《利玛窦中国札记》，何高济、王遵仲、李申译，桂林：广西师范大学出版社，2001 年，第 20—21 页。

几乎相同，可是形状不同。但中国人使用的是 54,409 个字，用这些字表达他们要说的事，很优美、生动和有效，以致你不会把它们看作是字，而是说话的声音和语言，或者是表示与他们生活有关的图画和形象。"[27]

　　写有三语铭文的罗塞塔石碑为古埃及语的释读提供了契机。石碑被小心翼翼地运送至巴黎，法国学者西尔维斯特·德·萨西（Silvestre de Sacy）很快投入石碑铭文的释读中，并从世俗体埃及语入手，读出了一些人名和地名。此时，在与巴黎隔海相望的伦敦，年轻的科学家托马斯·杨（Thomas Young）继续从世俗体埃及语字母表入手，开始对古埃及语言进行研究。经过十余年的潜心研究，杨终于成功地翻译出罗塞塔石碑上的世俗体埃及语铭文，并给出了包含有 86 个单词的词汇表。杨发现世俗体埃及语不仅由表音符号组成，还有大量的表意符号。在解读了世俗体埃及语之后，杨开始着手研究象形文字。然而，他错误地认为世俗体埃及语铭文与象形文字符号相对应，因此迟迟无法对后者做出正确的解读。

　　杨后来发现了 6 个象形文字符号的正确读音，但却无法推导出语法。象形文字的解读最终是由法国学者让－弗朗索瓦·商博良完成的。商博良的兄长雅克－约瑟夫（Jacques-Joseph）是一位著名的考古学家，曾在巴黎国立图书馆任职，负责管理古代文稿，并教授希腊文和古文字学。由兄长抚养长大的商博良对古埃及文明产生了浓厚的兴趣。商博良自幼展现出了卓越的语言天赋，先后学习了拉丁语、希腊语、希伯来语、阿拉伯语、阿拉米语、波斯语和科普特语，学习这些语言为他之后破译古埃及象形文字奠定了坚实的基础。商博良对象形

27　安文斯：《中国新史》，何高济、李申译，郑州：大象出版社，2004 年，第 43 页。

文字的解读是从认识象形文字的构词法开始的。他首先认识到,象形文字符号一部分是表音符号,一部分是表意符号,因此他选择从人名入手。古埃及王名写在椭圆形的王名圈中,商博良找到了象形文字铭文中托勒密和克利奥帕特拉的名字,再将这两个人名中的每一个象形文字符号与希腊语拼写对照,确定了象形文字符号的读音。用这种方法,商博良又逐渐译读出了其他铭文中的数十个王名,确认了12个基本的表音符号,实现了象形文字解读史上质的飞跃。1822年9月29日,商博良在法国科学院宣读了《关于表音象形文字符号的字母表——给达西尔先生的信》(*Lettre à M. Dacier relative à l'alphabet des hiéroglyphes phonétiques*),将研究成果公布于众。随着象形文字释读的成功,大量古埃及文献重见天日,人们终于可以直接阅读古人留下的文字信息,科学系统地研究古埃及历史文化终于不再是幻想,而这一切都始于商博良做出的杰出贡献。因此,后来的学者将1822年9月29日这一天视为埃及学的诞生日。

商博良解读象形文字符号之后,古埃及语言学研究突飞猛进。到了19世纪末,大部分古埃及语文献都已经被解读翻译,古埃及语法体系也初步建立起来。埃及语言学家整理、翻译出土纸草文献,并通过这些第一手材料来探寻古代埃及社会。古建筑墙壁上的铭文和石碑上的铭文也需要专门的研究,大批学者来到埃及,将古迹上的铭文抄录下来并整理出版。商博良曾率队前往埃及誊抄铭文,回到欧洲后结集出版了10卷本的《埃及与努比亚古物》(*Monuments de l'Égypte et de la Nubie*)。在无法读懂古埃及文字时,就算发掘出再多的古物,对古埃及的认识也如雾里看花。文字作为媒介连接了古人与今人,使今人能够走进古人的精神世界,探寻古人的哲学思想。当今人与古人的思想产生共鸣时,古文明就会焕发出新的生机,在今人的研究与求

图 1-5　法国古文字学家商博良

索之中重现光芒。

  象形文字释读成功后,"埃及热"与"收藏热"在欧洲持续升温,整个社会都为古埃及文明而疯狂,收藏家和博物馆竞相出高价来收购文物。在利益的驱使之下,文物贩子与盗墓活动变得十分猖獗,甚至不惜破坏遗址来得到文物。埃及本地人出于经济利益的诱惑也参与其中,许多文物古迹都遭到了不可修复的破坏。当时的埃及统治者穆罕默德·阿里希望能够借助西方的力量来发展本国工业,不惜以发掘许可作为筹码换取欧洲的先进技术,古埃及文物大批流入西方国家。各国驻埃使馆人员利用职务之便也充当文物贩子从中牟利。法国驻埃领事贝尔纳迪诺·德罗韦蒂(Bernardino Drovetti)在埃及搜罗了大量文物,并以高价卖给意大利国王,这些文物后来成为都灵博物馆的藏品。后来,他又将另一批文物高价卖给法国,成为卢浮宫博物馆的藏品。英国领事亨利·萨尔特(Henry Salt)也将上千件文物卖给了卢浮宫和大英博物馆。

然而，另一方面，搜集来的古物也为学者提供了研究材料，极大地促进了西方埃及学和现代博物馆学的发展。在博物馆举办的埃及展引发了民众对古埃及文明极大的兴趣，关于古埃及历史和文化的书籍颇受欢迎，这也促使越来越多的学者投身于古埃及历史和文化的研究中。经过一代又一代学者的努力，埃及学逐渐成为一门以考古学和出土文献研究为主，兼容历史学、人类学、艺术史学的特色学科。

谈及埃及的古物收集以及考古调查活动，就不得不从意大利探险家乔凡尼·巴蒂斯塔·贝尔佐尼（Giovanni Battista Belzoni）说起。1815年，这位身高两米的大力士来到埃及，在吉萨、底比斯、象岛（Elephantine）地区及努比亚北部的阿布－辛贝尔（Abu-Simbel）进行考察。他清理出被黄沙掩埋的阿布－辛贝尔神庙入口，在底比斯的帝王谷发现了塞提一世（Seti I）精美绝伦的陵墓，并考察和发掘出了卡尔纳克的阿蒙－拉（Amen-Ra）神庙。大英博物馆陈列的拉美西斯二世巨型胸像就是贝尔佐尼从埃及运回英格兰的。1819年，贝尔佐尼回到英国，出版了《埃及与努比亚地区金字塔、神庙、墓葬及发掘的最新发现和考古工作报告》(*Narrative of the Operations and Recent Discoveries within the Pyramids, Temples, Tombs, and Excavations in Egypt and Nubia*)。1820年至1822年间，塞提一世陵墓出土的随葬品以及墓室精美壁画的复制品在伦敦和巴黎展出，获得了热烈的社会反响。随后，塞提一世墓成为帝王谷最受欧洲观光客欢迎的陵墓。在没有电力照明的时代，络绎不绝的游客携带的火把灼黑了彩色的壁画，造成了不可挽回的损失。

19世纪40年代，普鲁士也加入到这场埃及寻宝的竞争中。1842

图 1-6 贝尔佐尼画像

年,威廉四世委派考古学家、语言学家卡尔·理查德·莱普修斯（Karl Richard Lepsius）带队前往埃及和努比亚地区,考察并记录留存的埃及古迹。莱普修斯可以称得上是现代埃及学科学考古的先驱。他早年在莱比锡大学学习希腊和罗马考古学,获得博士学位后前往法国学习古埃及语。经过系统的学习和研究古埃及语言后,莱普修斯发现象形文字符号仅表示辅音,其书写体系并不记录元音。莱普修斯带领测绘员和绘图师在埃及进行了长达四年的考察,他是第一位对孟菲斯地区金字塔建筑群进行科学研究的学者。在对沙漠地区进行了详细探勘后,莱普修斯发现了 60 余座金字塔和百余座贵族墓葬；在中埃及地区,他发掘了贝尼-哈桑（Beni-Hasan）和戴尔·埃尔-巴尔沙（Der el-Barsha）的贵族墓葬；在底比斯,他勘察了卢克索神庙（Luxor Temple）与卡尔纳克神庙,以及尼罗河西岸的法老祭庙和帝王谷；在苏丹,他一直向南到达了青尼罗河和白尼罗河的交汇处喀土穆（Khartoum），并对努比亚地区进行了系统的发掘；尼罗河北部三角洲的遗址也留下了他的足迹。每到一处，莱普修斯都会对古迹进行详细记录。回到普鲁士后，他将在埃及的记录结集出版，形成12卷本的《埃及与埃塞俄比亚的古物》(*Denkmäler aus Aegypten und Aethiopien*)，其中包含900多张铭文摹本。这部巨著在今天仍具有重要的学术价值。

进入19世纪中期，各国学者和有识之士逐渐认识到了文物保护的重要性，如果任由盗掘活动和文物倒卖发展，古埃及文明遗迹迟早会毁于一旦。收藏者为了得到文物，雇佣未经任何专业训练的发掘者为他们"寻宝"，而对文物的出土情况不做任何科学记录。在卢克索和开罗，有当时世界上最繁荣的文物市场。随着埃及工业化的发展，短短十几年间，十余座神庙永远地消失。文物并非只是艺术品，若要对古代文明进行科学系统地研究，就不能忽略文物背后蕴藏的历史和文化信息，而获得这些信息的唯一方式就是科学地考古发掘和对文物古迹进行有效地保护。当时的埃及民众也没有保护文物古迹的意识，他们盗掘文物来卖钱，将古迹的石材挪为己用，甚至开采遗址富含有机物的土壤为庄稼施肥。面对这些迫在眉睫的问题，人们开始思索如何保护古埃及的文物，以及如何在埃及进行系统科学地考古发掘活动。

19世纪30年代，埃及政府曾建造了一座博物馆用来存放文物，但不久之后将博物馆中的文物赠予了奥地利大公。1858年，法国考古学家奥古斯特·马里埃特（Auguste Mariette）受埃及政府邀请创建了埃及文物部来管理埃及的文物收藏和考古事务，即埃及最高文物委员会的前身。随后，马里埃特在开罗附近的布拉克主持修建了新的博物馆，这座以旧仓库改建而成的博物馆就是现在埃及开罗博物

图 1-7 法国考古学家奥古斯特·马里埃特

馆的前身。经过埃及文物部与马里埃特近半个世纪的不懈努力,非法发掘和文物走私活动得到了遏制。马里埃特本人也使用科学考古方法在埃及各地主持发掘工作。他曾在萨卡拉、阿拜多斯、底比斯等30余处遗址主持发掘工作,清理发掘了吉萨的300余座马斯塔巴墓(mastaba),出版了《古王国时期的马斯塔巴墓》(Les mastabas de l'ancien empire)、《上埃及的古迹》(The monuments of Upper Egyp)、《古埃及史纲要》(Outlines of Ancient Egyptian History)等多部著作。

接替马里埃特的是他的学生加斯顿·马斯伯乐(Gaston Maspero)。在任期间,马斯伯乐考察了第五与第六王朝的金字塔,发现了雕刻在金字塔内部墙壁上的经文咒语——金字塔文。在底比斯附近的戴尔·埃尔-巴哈里(Deir el-Bahari),马斯伯乐在秘密墓室里发现了30多具新王国时期的王室木乃伊。马斯伯乐十分重视对古埃及社会生活的研究,著有《古代埃及与叙利亚的生活》(Everyday Life in

图 1-8　加斯顿·马斯伯乐

Ancient Egypt and Syria)、《埃及考古学》(*L'archéologie égyptienne*)、《埃及艺术》(*Egyptian Art*)以及《古埃及通俗故事集》(*Popular Stories of Ancient Egypt*)等。他的巨著《古典东方民族的古代史》(*Histoire ancienne des peuples de l'Orient classique*)讲述了亚历山大帝国建立之前的近东各个古代文明的历史。

在埃及学学科建立和科学考古方面贡献最大的是英国著名考古学家威廉·弗林德斯·皮特里爵士。皮特里将严谨的科学考古和文物保存方法引入埃及考古，提出了"年代序列法"。1880年，年轻的皮特里与父亲一同来到埃及，开始对吉萨高地上的大金字塔进行精确测量。皮特里当时的测量数据经今天的科学技术验证是相当精准的。返回英国后，皮特里成了英国伦敦大学学院的艾米丽娅·爱德华兹（Amelia Edwards）讲席教授。在接下来的半个世纪中，皮特里在多处遗址进行发掘工作，如三角洲地区的塔尼斯和瑙克拉底斯、古王国时期的都城孟菲斯、法尤姆附近的金字塔城、阿拜多斯、阿玛尔纳（Amarna）、涅伽达、希拉康波利斯以及底比斯等等，几乎所有重要的遗址都留下了他的足迹。皮特里最杰出的贡献是他在埃及史前考古方面所做的开创性工作，他发掘了涅伽达等史前遗址，为前王朝研究奠定了基础。早在第一次来到吉萨高地时，这位年轻的天才考古学家就对埃及考古界的混乱与破坏性发掘深感痛心。1904年，《考古学的方法与目的》（Methods and Aims in Archaeology）问世，这部著作科学地总结了考古发掘和文物分类的方法，首次提出了根据出土陶器类型序列判断地层相对年代的"年代序列法"。皮特里将毕生精力奉献给了埃及学，他是发表论文和出版书籍最多的埃及学家之一。作为多处重要遗址的发现人和第一发掘者，他的许多著作至今仍是埃及学研究的第一手资料。伦敦大学学院皮特里博物馆收藏了皮特里发掘的大部分文物，美国宾夕法尼亚大学考古与人类学博物馆也藏有皮特里的发掘成果。

在考古活动不断发展的同时，各界学者与有识之士还积极创建学术协会与学术期刊，并在大学设立考古学专业以培养专业考古人才。1882年，艾米丽娅·爱德华兹（Amelia Edwards）与雷金纳德·斯图亚特·普尔（Reginald Stuart Poole）创立了活跃至今的埃及考古协会（Egyptian Exploration Society）。该协会创办的学术期刊《埃及考古学报》（Journal of Egyptian Archeology）目前仍然是埃及学领域最前沿的学术刊物。1894年，皮特里创建了埃及研究会，1905年发展为不列颠考古学校，为埃及和地中海沿岸地区的考古事业培养了大批专业人才。

西方各国的著名学府也纷纷设立埃及学专业和教席，提供埃及考古与历史方面的课程。德国的埃及学研究起步略晚，但无论是在语言学还是考古学上，都毫不逊色于英法两国，尤其是在古埃及语言研究方面，德国学者在19世纪初编纂的古埃及象形文字字典和世俗体埃及语字典至今仍然是重要的工具书。1863年，德国埃及学先驱海因里希·卡尔·布鲁格什（Heinrich Karl Brugsch）创办了世界上最早的埃及学研究刊物——《埃及语言与考古学报》（*Zeitschrift für ägyptische Sprache und Alterthumskunde*），这一期刊至今仍是埃及学研究领域最前沿的刊物。

20世纪之后，埃及学研究和埃及考古逐步走上正轨。20世纪初，德国推行帝国主义扩张政策，向西亚和埃及地区派遣远征队。德意志东方学会（The Germany Oriental Society）也积极开展在埃及的考古活动。1912年，德国埃及学家路德维希·博查特（Ludwig Borchardt）在埃及中部的阿玛尔纳遗址发现了著名的奈弗尔提提（Nefertiti）胸像。这尊胸像完美地展现了古埃及王后的优雅与美丽，堪称人类艺术的瑰宝。奈弗尔提提胸像现在仍在德国柏林的新博物馆中展出，也是柏林这座城市的象征。

在新大陆的美国学者此时也开始走进埃及学研究领域。美国考古学家乔治·赖斯纳（George Reisner）在20世纪初开始在埃及开展考古活动。他在努比亚地区的古代遗址勘察，运用考古学新方法发掘并研究了柯马文明（Kerma Civilization）及库什王国的金字塔墓葬群。20世纪初，詹姆斯·亨利·布雷斯特德（James Henry Breasted）在芝加哥大学创立了东方研究所（The Oriental Institution），在埃及对铭文进行调查与记录，出版了《埃及古文献》（*Ancient Records of Egypt: Historical Documents from the Earliest Times to the Persian Conquest*），汇总翻译了古埃及各个时期的历史文献，时至今日仍有重要的参考价值。

20世纪最轰动的考古发现当属图坦卡蒙墓（Tutankhamen's Tomb）。图坦卡蒙是第十八王朝末年的法老。1922年，英国考古学家霍华德·卡特（Howard Carter）在底比斯的帝王谷发现了图坦卡蒙墓。图坦卡蒙的木乃伊佩戴着黄金面具，镶金棺椁多达九层，随葬物品保存完好，墓室壁画也保留着鲜艳的颜色。这一发现一经公布就震动了整个世界。图坦卡蒙墓出土的随葬品曾在包括中国在内的世界各国巡回展览，无论在哪个博物馆展出，参观者都络绎不绝，没有人能面对法老精美的宝藏而不发出由衷的赞叹。最近，考古学家通过雷达扫描，确认了图坦卡蒙墓中仍有隐藏的墓室，这一发现在学术界引起了很大震动。

经过第二次世界大战的短暂中断，战后埃及学又迎来了新的发展。埃及考古学与社会学、人类学和自然科学相结合，走上了跨学科合作研究和科技考古的道路。埃及也不再是西方各国搜罗文物的竞争场，政府对文物和古迹的管理十分严格，任何人都无法将文物带出埃及国境。考古发掘已经成了纯粹的学术工作，吸引着世界各国学者纷至沓来，为研究人类古代文明奉献力量。许多考古队对早年仓促发掘的遗址再度发掘和整理，运用现代技术进行勘测，不仅修正了早期发掘中的记录错误与疏漏，还得到了许多新的信息。

破坏性的发掘早已成为历史，新一代学者正致力于将埃及古迹永远地保存下去。现代勘探技术的运用也极大地节省了考古研究的成本，在得到精确数据的同时，也在最大限度上保护了古代遗址。此外，由于过去几千年的人类活动，很多遗址都深埋在现代农田和村镇之下，新的勘探技术不仅能保护遗址本身，也能尽量避免打扰现代人的生活。

考古学家运用电阻率勘测（Electrical Resistance Meters）、电磁

传导（Electromagnetic Conductivity）、探地雷达（Ground Penetrating Radar）等技术对遗址进行探测，绘制出遗址的平面图。在考古发掘中，这些技术能够帮助考古学家准确定位墓葬等遗存的挖掘范围以及地下遗存的性质。卫星定位拍摄技术可以帮助考古学家定位沙漠中的遗址。考古学家甚至通过卫星拍摄的高清照片发现了新的金字塔。另外，水下考古技术可以对沉入海底的遗址进行定位和测量。托勒密王朝的都城亚历山大里亚在多次地质运动中逐渐坍塌沉入了海底，埃及政府与法国考古队进行合作，利用卫星探测和水下测绘技术，成功绘制了遗址的全貌图。在海底考古发掘中，运用机械设施与机器人技术使在海底沉睡了千年的遗址重见天日，包括亚历山大里亚的宫殿与柱廊、城市内的喷泉与街道、法老的巨型石像、方尖碑和狮身人面像、可能安葬着末代女王克利奥帕特拉的神庙等等。这是一个世纪之前的考古学家无法想象的考古实践，也为未来埃及考古的发展方向打开了新的思路。

在古埃及语言研究方面，计算机技术的运用也为古老的语言学打开了新的局面。作为埃及学分支的纸草学开始运用计算机技术对纸草文献进行编辑研究，建立文献数据库。例如，比利时鲁汶大学古代史系利用统计程序对数据库中的希腊罗马时期近万篇原始档案文献中的人名进行整理和分析，了解当时各族裔的社会变迁与国家的族群政策。古埃及木乃伊研究则充分利用了现代医学和生物学技术。大批量出土的人类遗骸是研究古代疾病、饮食、生存条件、家庭关系和人口迁移的重要样本。学者利用X射线断层扫描技术观察木乃伊的内部结构，了解木乃伊制作过程中使用树脂或泡碱的情况，裹尸布中包裹的护身符种类和数量，制作过程中大脑组织和内脏器官的移除情况等。DNA技术也被运用到埃及学研究中。通过提取木乃伊的DNA，可以确定同一或相邻墓葬中木乃伊的亲缘关系，这对确定王室谱系有着至关重要的意义。此外，工程学、化学、材料学等学科也为研究古埃及文明服务。通过电镜、紫外可见光分析等技术，考古学家可以进一步分析墓室壁画中使用的颜料及成分，甚至还能判断其原产地，为研究古代贸易线路提供了极大的帮助。新兴的实验考古学通过实验模拟和还原古埃及的制造工艺。例如，埃及珐琅制作工艺与啤酒酿造工艺方面的研究都是借助实验考古学才得以开展的。

作为发展中国家，埃及的资源十分有限，一直以来，政府都面临着基础设施建设与古代遗址保存之间的矛盾。20世纪60年代，埃及政府决定在阿斯旺地区修建大坝，大坝的发电量可以使埃及各地的村庄通电。同时，每年尼罗河的泛滥也不再困扰现代埃及人的生活，大坝可以调节水量，抵御洪涝和干旱。阿斯旺大坝建成后，将在南部形成巨大的湖泊，也就是今天的纳赛尔湖。然而，对于考古学家而言，纳赛尔湖的形成意味着下努比亚地区全部的考古遗址都将遭到灭顶之灾，包括中王国和新王国时期建造的一系列军事要塞，努比亚新石器时代的 A 部族（A-Group）文化和 C 部族（C-Group）文化，多处村镇和神庙遗址都将沉没在水底。为此，联合国教科文组织发起了努比亚抢救发掘工程。以美国芝加哥大学东方研究所为首的多国考古队都参与到这次抢救性发掘中。各国考古学家通力合作，对下努比亚地区进行了网格式发掘，尽可能地将文物抢救出来，并对墓葬和遗址做了详细的记录。著名的阿布-辛贝尔神庙也从原址搬迁到海拔较高的地方。这次联合发掘活动是人类有史以来进行的最大规模的考古发掘，考古学家打破国界，以拯救古埃及遗址为己任，秉承考古研究的科学精神，同时也将古埃及文明视为人类共有的文明加以珍视和保护，从而成就了考古史上的一次壮举。埃及学作为一门古老而又年轻的学科正在不断发展完善,各国考古学家也都以极大的热忱开展各自领域的研究。随着研究的深入,埃及学一定会向世人呈现出越来越完整的古埃及文明图景。

第二章
远古的足迹

尼罗河流域是古埃及文明的摇篮,早在距今 50 万年前,尼罗河流域就已经有人类居住了。探讨古埃及文明的起源问题,我们将从石器时代开始讲起。河谷与沙漠为文明的诞生提供了合适的温床。从一把粗糙的石斧到各式精美的随葬品,奔流不息的尼罗河和滚滚的黄沙见证了古埃及文明在石器时代漫长的发展足迹。

第一节 古埃及文明诞生的自然地理环境

尼罗河是埃及人的母亲河,这条大河塑造了埃及文化,滋养了辉煌的古埃及文明。尼罗河由南向北流经撒哈拉沙漠,冲积而成绵延数千米的河谷,在现在开罗附近流速放缓,形成数个支流,最终注入浩瀚的地中海。河谷两侧的沙漠地带是埃及人最早开始活动的地方,东部沙漠多高山、峡谷,西部沙漠则是平缓的平原和低洼的绿洲。随着气候变化，埃及早期先民逐渐由沙漠河谷之间周期性的游牧生活方式，转变为新石器时代"农业革命"影响下的基本在尼罗河谷生活的定居方式。相对适宜人类生活的河谷与沙漠塑造了古埃及文明的物质生活和精神世界，为埃及早期先民提供了必要的自然资源和地理环境。

尼罗河谷的自然地貌大概在 500 万年前上新世时代的地质运动后就基本成形了。气候的周期性变动使得尼罗河谷逐渐被冲蚀、沉积，形成土层深厚、土壤肥沃的冲积平原。尼罗河谷上游地势陡峭，形成河流湍急的瀑布区；向北 200 千米经过基纳（Qena）大转弯之后，河水流速变得平缓，河道变得开阔，一路向北可以看到一系列前王朝时期的文化遗址——涅伽达、巴达里和阿拜多斯等；开罗以北的尼罗河流速更加缓慢，形成大约 20 千米宽的冲积平原。另外，在开罗西南部位于西部沙漠内的法尤姆绿洲，也是早期埃及人活动的重要地点。

尼罗河全长约 6670 千米，发源于埃塞俄比亚高原和东非的维多利亚湖，非洲中部赤道附近的热带降水为尼罗河带来充沛的水源。古埃及沙漠遍布，高温干旱，年平均降雨量仅为 10 毫米，且多集中于北部地中海沿岸地带。但古埃及尼罗河水每年的泛滥不仅为埃及带来丰沛的水源，而且为农作物生长提供了肥沃的黑色泥土。在泛滥季节，尼罗河 83% 的水量由发源于埃塞俄比亚高原的青尼罗河提供。每年雨季到来之时，热带季风带来丰沛的雨水，雨水汇入河道中顺流而下，到了埃及境内，不再来势汹汹，而是变得温和平缓。洪水带来的淤泥含有大量热带地区的腐殖质，为作物生长提供了充足的养分。发源于乌干达境内的白尼罗河是尼罗河的第二大水源，占尼罗河水量的 16% 左右。虽然白尼罗河能提供的水量远远少于青尼罗河，但受季节影响较小。如果没有白尼罗河稳定的供水量，在埃及境内的尼罗河每年夏季就会断流。青尼罗河和白尼罗河在今天苏丹的喀土穆汇流，另一条河阿特巴拉河（River Atbara）汇入，流量仅占尼罗河总水量的1%。尼罗河是古埃及人重要的天然交通工具，由南向北的流向在古埃及人心中根深蒂固。当新王国时期图特摩斯三世（Thutmose III）远征到两河流域时（约公元前1530年），对由北向南的河水流向感到十分惊讶。[1]

尼罗河在今天的开罗附近分成了若干条支流。开罗以北的地区是尼罗河三角洲，又称下埃及（尼罗河下游），大约占古埃及总可居住面积的63%。公元前4000年左右，下埃及三角洲的地貌与现代基本无差别。三角洲是一片河网密布的沼泽，人们在地势较高的地方建造房屋。在泛滥季节，这些高地犹如海中星罗棋布的岛屿，从原初之水中出现的土丘。目前发现的前王朝和早王朝的遗址就是位于这些高地之上。现在三角洲主要有两条支流：达米塔（Damietta）和罗塞塔（Rosetta）。在古代可能有三条支流，古埃及人称为"普瑞之水"（water of Pre）、"普塔之水"（water of Ptah）和"阿蒙之水"（water of Amen），后来的希腊罗马古典作家分别称它们为：佩洛锡克（Pelusiac）、瑟本尼提克（Sebennytic）和卡诺匹克（Canopic）。在开罗以南，尼罗河冲刷出一条狭长的河谷，人们称之为上埃及。从埃及南部边境南阿斯旺地区到喀土穆，尼罗河流经的是坚硬的岩石区，河岸陡峭、乱石丛生、水流湍急，形成船只难以通行的六段瀑布区，为古埃及文明提供了天然的南部屏障。至此，古埃及的自然地理环境主要可以分为四个部分：上游狭长的河谷（上埃及）、扇形三角洲地带（下埃及）、东西沙漠以及其中的旱谷和绿洲。上下尼罗河河谷地区被

1　Brewer, *Ancient Egypt*, pp. 28-29.

埃及人称为"黑土地",东西沙漠被称为"红土地"。所以,在古埃及人眼中,埃及的自然地理环境可以进行二元划分:既有尼罗河谷上下埃及的划分,也有河谷与沙漠"黑"与"红"的差异。

大约12.5万年前,埃及比现在气候更为湿润,尼罗河周围的撒哈拉沙漠还是植被覆盖的草原。9万年前经历了短暂的干旱之后,5万年前又再次恢复了多雨湿润的气候。早期的沙漠岩画出现了草原地区的长颈鹿、瞪羚和鸵鸟。公元前1万年至前8000年,撒哈拉地区的气候变得更加干燥,原本生活在沙漠地区的一些游牧部落为了寻找新的水源而迁徙到尼罗河谷地区。公元前7500年至前5000年,世界范围内发生了一场"农业革命"。生活在东亚的黄河流域、南亚的印度河谷、美洲的安第斯山脉、西亚的美索不达米亚与非洲的埃及尼罗河谷的古人类,逐渐由采集狩猎社会向定居农业社会转变。[2] 谷物的种植和家畜的驯化首先出现在两河流域的新月地带,然后传播到了埃及。起初,尼罗河谷的原始人类采用半定居式的生活方式,在沙漠地带和尼罗河河谷之间季节性迁徙。随着农业产量的增加和人口的增长,定居生活方式逐渐形成。这场"农业革命"加快了古埃及向文明社会前进的步伐。农业的发展和农产品产量的提高,使得越来越多的人口从农业劳动中解放出来,专门从事手工业生产。社会分工的产生和产品交换体系的形成,为复杂社会的产生提供了前提条件。

古埃及是典型的农业社会,农业生产是文明建立的基础。尼罗河水不仅为农业灌溉提供了充足的水源,也为撒哈拉沙漠中的埃及带来了可供农作物生长的肥沃土壤。每年尼罗河泛滥时,洪峰水位的高

---

[2] Brewer, *Ancient Egypt*, p. 38.

图 2-1 阿斯旺地区尼罗河水位尺

低直接关系到全国的农业生产。因此,古埃及人对洪水十分重视,每年都会监视尼罗河水位的高低。在上埃及地区,人们供奉公羊神库努姆,祈求保佑每年都能有正常的洪水来临。前王朝晚期的蝎王权标头上的浮雕,展现了国王举行开凿尼罗河水渠的仪式,也说明尼罗河在古埃及国家管理中扮演着重要角色。在第一瀑布区的塞赫勒(Sehel)岛,托勒密王朝的统治者甚至树立了一座"饥荒碑",假托第三王朝国王乔赛尔(Djoser)向库努姆神庙献祭。测量尼罗河水位是古埃及统治者必须履行的职责,在刻有古王国年表的帕勒莫石碑上记录了每年尼罗河的水位高度。古埃及历史上王朝的兴衰与尼罗河水位高低息息相关。在早期国家的发展过程中,农业技术水平的提升和剩余粮食的增加在一定程度上促进了社会分工和社会文化的进步。与两河流域的不稳定、社会悲观的现实态度不同,尼罗河周期性的泛滥形成了埃及人热爱生命的天性,并将这份热爱延伸至对来世永恒的追求上。

第二章 远古的足迹

根据每年尼罗河洪水的涨落，古埃及人将一年分为三个季节：从7月到10月的泛滥季，从11月到次年2月的生长季，以及从3月到6月的干旱季。尼罗河泛滥的洪水因富含有机矿物质而呈现蓝绿色，因此古埃及人将尼罗河神哈皮（Hapi）的肤色也涂成蓝色，在神庙浮雕上经常能看到尼罗河神哈皮手捧着各种食物和生命形象。在泛滥季节来临之前，农民修筑好田埂；当尼罗河水位升高漫过堤岸，洪水会经过水渠引到田里；等水中的淤泥沉积在田地里，农民再将洪水排出，就可以开始耕种了。所以，与其他大河文明不同，古埃及人往往通过在尼罗河泛滥区边缘挖掘水塘来调节洪水，并为农田灌溉储蓄水源，积水工具也相对简单。尼罗河带来的淤泥富含磷酸盐和腐殖质，为农作物的生长带来了充足的养分。洪水退去之时，还会带走土壤中的盐分，困扰古代美索不达米亚人的土地盐碱化问题，在埃及几乎不存在。受到尼罗河恩惠的古埃及人，只需要将种子播种在泥土里，就可以静待来年收获季节的到来。农民将种子撒在土地上，用木锄或驱使牛只拉犁耕地，然后将羊和猪赶进田地里踩踏土地。谷物成熟后，农民用装有燧石刀刃的木镰收割，再将麦穗运送到打谷场，经过牲畜踩踏分离出谷粒，再用木铲扔向高空，在风中簸扬，最后用筛子过滤其中的杂质，将所得谷粒装运，送到谷仓保存。收割的秸秆也储藏起来，用于喂养牲畜和制造泥砖。古埃及人后来将农业生产的全过程装饰在墓室壁画上，确保死者在来世世界有充足的食物供给。

图 2-2 尼罗河神哈皮

图 2-3 墓主人坐在贡品桌前享用埃及的各种农产品

年复一年，只要有稳定的洪水，尼罗河两岸的农业周期就会不间断地持续下去。偶尔遇到灾荒的年份，往年的余粮也可以勉强维持，渡过难关。等到洪水再度来临，就会带来新的收成。这样得天独厚的条件，使得古埃及一直是地中海世界的粮仓。

除了谷物，埃及农民还种植亚麻。在炎热的埃及，亚麻布是古埃及人衣服的主要材料。棉布直到基督教时代才从努比亚引入埃及，丝绸也是丝绸之路之路开通后的舶来品。农民在靠近自己房子的园子里和堤坝上种植豆角、扁豆、鹰嘴豆、萝卜、洋葱、黄瓜和生菜等蔬菜，也会种植草药、油料作物以及生产香水和染料的经济作物。此外，人们还种植果树，如无花果、椰枣和石榴等。公元前4千纪末，葡萄由中亚地区引入埃及，埃及人的餐桌上又出现了葡萄汁和葡萄酒。葡萄酒酿造后放入双耳细颈、尖底的椭圆形罐子里储藏。另外，古埃及人也会收取沼泽地的纸草，留取纸草颈部，制成纸草纸用于书

图2-4 赶着小牛和羚羊的人群

写,以及席子、凉鞋等生活用品。

牛羊是埃及人主要的牲畜。古埃及人很早便开始驯化动物,狗、驴、牛、羊和猪相继被驯化成家禽,它们既是生产和生活的帮手,有些也是食物的重要来源。古王国时期,埃及人曾试图驯化鬣狗以供食用,但最终还是放弃了。除了饲养牲畜以外,捕鱼、狩猎和捕鸟在古埃及也是非常重要的经济活动。古埃及人常常在尼罗河用网、叉子捕猎各种水禽、河马,甚至是鳄鱼。

尼罗河不仅是生命之源,也是埃及的一条重要交通要道,促进了早期文明物质的交流和精神文化的传播,因而大部分村落和城镇都位于尼罗河两岸。人们在尼罗河上航行,向北顺流而下,向南则顺风而行。在古埃及语中,"顺流"一词的意思就是北方,"逆流"的意思就是南方。尼罗河便捷的水上交通促进了各地的商品贸易和原材料的运输,使得大型建筑的建造成为可能。古埃及人在靠近河谷泛滥区的

图 2-5 墓主人在尼罗河捕捉水鸟

图 2-6 头部装饰着羽毛的玛阿特女神

山脉设立采石场，开采巨型石块，再通过上涨的尼罗河水用船运送至泛滥区边缘的墓葬修筑地。

独特的自然地理环境塑造了古埃及人独特的二元对立世界观：红色的沙漠河谷与黑色的土地，南部狭长的河谷地区与尼罗河入海口广阔的三角洲，尼罗河的东岸与西岸。古埃及截然不同的两类地理环境带给了古埃及人二元对立的宇宙观，形成了在二元对立中谋求平衡的秩序观。善与恶、生命与死亡、光明与黑暗、文明的埃及与野蛮的外族以及国家的统一与分裂，这些都是宇宙的基本法则"秩序"——玛阿特（Maat）与"混乱"——伊斯弗特（Isfet）的体现。二元对立这一独特的哲学观念一直贯穿埃及历史的各个时期，是理解古埃及文化的关键。

在古埃及，"红土地"一词用来指代沙漠地区。尼罗河谷两侧，分别是多山的东部沙漠和砂石遍地的西部沙漠。几乎寸草不生的沙漠，与尼罗河谷的绿色生机形成了鲜明的对比。古埃及人将沙漠视为"异域""混乱"和"死亡之地"，但那里却蕴藏着丰富的自然资源，吸引着古埃及人前来。另外，沙漠也是死者安息的地方，是古埃及人的永恒之地，也是他们隔离外界的天然屏障。尼罗河东岸延续到红海之滨的沙漠被称为东部沙漠，那里山脉绵延、沟壑纵横，盛产石英岩、硬砂岩、灰花岗岩、斑岩、雪花石膏、紫石英等各种石料。东北部的西奈半岛是绿松石、孔雀石和铜的重要产地。

西部沙漠的地势相对平坦，自西北向东南分布着一系列绿洲——巴赫里亚（Bahiriya）绿洲、锡瓦绿洲、法尤姆绿洲、哈噶（Kharga）绿洲和达赫拉（Dakhla）绿洲。这些绿洲是埃及通向撒哈拉和努比亚地区的商贸中转站和军事要塞，沙漠商旅也要停靠绿洲补给。其中，达赫拉绿洲早在古王国时期就设立了行政管辖机构，是非常重要的城镇。法尤姆绿洲的自然地理条件较为优越,通过巴赫尔·约塞夫水渠（Bahr Yusef Canal）与尼罗河相连,是古埃及最早出现农业的区域之一,也是法老文明最主要的产粮区之一。中王国和托勒密埃及时期都进行过对法尤姆绿洲的农业开发活动。此外,法尤姆绿洲不仅是农业产区,也是古埃及人猎鱼和水禽的好去处。西部沙漠地区和东部沙漠一样,也出产各种有用的矿物：北部的旱谷盛产制作木乃伊和埃及珐琅所需的泡碱；法尤姆绿洲出产石膏；南部绿洲则盛产明矾。绿洲之外的沙漠山区也是许多宝石的产地,最常见的是水晶石。一些靠近尼罗河谷的地区还出产制造白陶原材料的泥灰土。

水源和淤泥是尼罗河的馈赠,各种丰富的石料则是沙漠对埃及的馈赠。古埃及人利用石料来建筑陵墓和神庙,也用石料制作各种雕像等物品。普遍使用的建筑石材是从孟菲斯附近开采的白色石灰石,这种石材硬度适中,易于制作浮雕,并容易上色,经常被用来建造墓葬和神庙的墙壁以及各种雕像。阿斯旺地区盛产的花岗岩也是古埃及人使用较多的建筑材料。花岗岩呈红色、灰色和黑色等多种颜色,质地坚硬、纹理美丽,常常被用来制作石棺、石碑和墓室中的石门。此外,阿斯旺附近的黄色砂岩和东部沙漠的哈玛玛特旱谷（Wadi Hammamat）的页岩也是古埃及人常用的石材。古王国第六王朝大臣温尼（Weni）的自传中,还提到国王赏赐给他各种白色石灰石制成的丧葬用品："当我请求王上赐予我一套白石制作的石棺时,王上就命财政官率领一队水手搬运这套棺材。他将它用宫中的大船运来,包括棺盖、一座门框、门楣、两根门柱以及一座祭坛。"[3]

金属矿藏方面,西奈半岛和东部沙漠是铜矿的重要产区。前王

3　蒲慕州:《尼罗河畔的文采》,台湾:远流出版社,1993年,第43页。

图 2-7　阿蒙霍特普三世的花岗岩雕像

朝时期，古埃及人已经掌握了提炼黄铜的技术，开始使用黄铜来制作首饰和护身符等小型装饰品。随着锻造技术的进一步提高，出现了铜质雕像。古王国后半期，黄铜制作的大型国王雕像已经十分普遍了。

在埃及国家建立之后，采石场和矿场都是由王室直接管理的。当国王决定要修建神庙或陵墓时，就会派发掘队前往沙漠中的采石场。发掘队一般由国王信任的官员带领，其中包括工匠、书吏、监工和士兵。发掘队会在矿山和采石场留下大量铭文。在尼罗河谷通往红海的沙漠哈玛玛特旱谷的岩石上，留下了新王国时期拉美西斯四世派遣远征队在那里采矿的记载。铭文将国王刻画成图特神，他查阅典籍，发现修建墓葬所需石材的地点，然后派遣自己的亲密朋友、上下埃及伟大的首领和王子、"生命之屋"书吏以及睿智之人前往奔奔（Benben）石山，开采石材，建造"永恒之所"（王室墓葬）。

国王（拉美西斯四世）派遣"生命之屋"书吏拉美西斯-阿萨哈布（Ramesses-ashahebu），阿蒙神庙高级祭司、法老书吏霍瑞（Hori），科普特斯（Coptos）地区敏（Min）神庙、荷鲁斯和伊西斯神庙的祭司乌塞玛阿特拉纳赫特（Usermaatranakht）前往调查奔奔石山，为其修筑"永恒之所"（皇室墓葬）做准备，这里的奔奔石山位于哈玛玛特旱谷，名为"真理之所"。[4]

这些铭文成为后世研究古埃及采石和采矿业的重要文献资料。完成任务后，发掘队的书吏会撰写详细的报告，这些报告一般保存在神庙的图书馆中。贵族官员也会在他们的墓葬墙壁上写下生前所立功绩，其中很多包含了他们领导发掘队去采矿的内容。他们还会在荒漠中搜寻各种可以制作工艺品和颜料的半宝石，如与铜矿伴生的绿松石、孔雀石，以及沙漠中的玛瑙、紫水晶、石榴石、绿长石和黑曜石等。

对古埃及历史更具深远影响的还是沙漠中丰富的金矿。古埃及的黄金主要有三个来源，按照埃及人自己的说法，就是"科普特斯的黄金""瓦瓦特（Wawat）的黄金"以及"库什的黄金"。"科普特斯的黄金"是指东部沙漠中的金矿；"瓦瓦特的黄金"是指在下努比亚地区的阿拉齐旱谷（Wadi Allaqi）和噶布噶巴旱谷（Wadi Gabgaba）的黄金；"库什的黄金"就是在努比亚地区的黄金。古埃及人从新石器时代就开始开采黄金，在阿拉齐旱谷发现了金矿附近的新石器时期的村落遗址。

埃及是古代世界黄金的重要原产国之一，黄金对古埃及政治和

---

[4] Alan H. Gardiner, "The House of Life," *The Journal of Egyptian Archaeology*, vol. 24, no. 2, p. 162.

经济的发展产生了不可低估的影响。古埃及人喜好以黄金为材料制造各种丧葬用品。法老图坦卡蒙的帝王谷墓葬里出土了大量黄金制作的轿子、板凳、凉鞋等随葬品，最为著名的是盖在木乃伊上的黄金面具。为了更好地控制黄金产地，在国家建立伊始，埃及就开始了对努比亚地区的军事征服。到了新王国时期，更是全面占领了努比亚，将其变成埃及的属地。古埃及人用黄金换取本国缺乏的资源，例如，用于造船和建筑的黎巴嫩雪松，就是在黎巴嫩地区用黄金购买的。到了新王国时期，黄金还是重要的"外交赠品"，法老们用黄金与当时的近东强国结好，或用黄金收买和拉拢黎凡特地区的小国。在当时的外交书信中，凡致信埃及法老的，必提及黄金，有学者因此称之为"黄金外交"（The Diplomacy for Golds）。这些外交书信以阿卡德语书写在泥板上，在阿玛尔纳城遗址内被发现。在一封亚述国王写给埃及国王埃赫那吞的信中，亚述国王抱怨埃及送的黄金太少以及使节被晒死：

> 致埃赫那吞，伟大的国王，埃及的国王，我的兄弟。这是亚述巴利特，亚述国王，伟大的国王。你的兄弟，祝愿你，你的家人，你的国家都好。我见到你的使节之后感到很高兴，你的使节应该与我住在一起，作为我的招待对象。我送给你一架原本是为我准备的漂亮的王室战车，两匹白马，一架没有装备的战车和一个漂亮的石头印章作为问候礼物。难道这就是伟大的国王赠予我的礼物？黄金在你的国家只是泥土，只用简单地把它收集起来就行。为什么你这么舍不得把它给我？我正在建造一座新的宫殿，你送给我装饰宫殿所需要的黄金……如果你想要得到真诚的友谊，请送给我更多的金子。这是你的地方，

你可以写信给我,然后得到你想要的。

我们的国家离得很远,难道我们的使节就要为了这样的结果来回奔波吗?……为什么你让使节们一直站在太阳下甚至死在了太阳下面?如果在太阳下面站着对国王来说有好处,那就让他们站在外面并在太阳下死去。但对国王来说,这必须要有好处。否则,为什么他们要死在太阳下?他们死在了太阳下面![5]

沙漠也是埃及人捕猎的场所。狮子、羚羊、瞪羚、鬣狗、鸵鸟、野驴等多种野生动物生活在尼罗河谷附近的沙漠地带。前王朝时期的调色板上常常装饰着捕猎动物的浮雕。已知最早的古埃及壁画墓——希拉康波利斯第100号墓葬的彩绘壁画生动地描绘了沙漠狩猎的场景。王朝时期,狩猎更是成了国王们展示自己勇武体魄的方式。在文献中,国王常常吹嘘自己"在短短的时间中射杀了几百头狮子"。

沙漠贫瘠的土地寸草不生,埃及人却将对沙漠的利用发挥到了极致。他们善于利用沙漠和山丘的地形建造陵墓,沙漠成为埃及人最后安息的地方。新王国时期的王室墓葬——底比斯的帝王谷和王后谷就建造在尼罗河西岸沙漠的隐蔽山谷中,而山谷形似金字塔。埃赫那吞宗教改革迁都的新城阿玛尔那是一座建在沙漠中的城市,它的东边是旱谷,处于两座山丘的翼护之下。城市墓地建造在旱谷中,与城市遥相呼应。在底比斯、贝尼-哈桑和阿斯旺等地,人们在可以俯视整个城市的沙漠山丘上开凿墓葬。荒凉的沙漠也是埃及

---

5 William L. Moran, *The Amarna Letters*, Baltimore and London: The Johns Hopkins University Press, 1992, p. 16.

人的"风水宝地",人们在那里建造自己的安息之地,沙漠则默默保护着死者的安宁。

第二节 石器时代的埃及

远古时代,非洲北部撒哈拉一带的气候和地貌与现在截然不同。那时撒哈拉沙漠尚未形成,埃及的气候相对湿润,东西部沙漠中植被丰富,是适宜古人类居住的亚热带草原。古人类在沙漠岩石上留下了长颈鹿、瞪羚和鸵鸟等动物的岩画,说明当时的环境很适合动植物生存。如今生活在非洲更干旱地区的许多动物当初都曾在埃及出没。埃及地区的古人类从石器时代开始,经历了采集渔猎社会、半游牧的农耕社会、定居农耕社会等几个发展阶段,最终步入文明时代。农耕和手工业出现、社会阶层分化、宗教和丧葬仪式的发展、权力观念的诞生等文明要素在新石器时代萌芽,最终成长为古埃及文明的参天大树。回顾埃及旧石器时代与新石器时代早期的漫长历史,不禁让人感慨,文明时代相对于人类社会的漫长演化而言不过只是短短的一瞬。在这之前的几十万年中,古埃及的祖先们在不断地摸索前行。

埃及有人类居住的历史可以上溯至约30万年前的旧石器时代早期。旧石器时代的埃及先民在尼罗河东部与西部的沙漠地带经历了漫长的游牧生活。人类学家在开罗至喀土穆沿线发现了一系列早期人类活动遗址,并发掘清理出不同类型的加工石器。在苏丹北部的哈尔法旱谷(Wadi Halfa),考古学家发现了一处大约10万年前的人类遗迹,其中包括一处长约2米,宽约1米的椭圆形建筑。该建筑由砂石建造，带有深约30厘米的椭圆形坑基，可能是早期人类临时或季节性迁徙时使用的居所，这也是目前发现的最古老的房屋型建筑。离哈尔法旱谷不到50千米的尼罗河西岸也有一处早期旧石器时代的遗址：阿尔金8号（Arkin 8）遗址。考古学家在大约3200平方米的范围内发现了3000余件打制石器，包括砍削石器、圆盘形或半圆盘形器以及球状多面石器。这些石器大多由石英石制成，也有一些由砂岩制作。在位于沙漠深处的比尔·撒哈拉（Bir Sahara），考古学家在一处干涸的泉眼附近发现了打制石器、鸵鸟蛋壳与动物骨头。

现在的沙漠地区当时还是一片平坦的草原，与如今的荒芜景象大不相同，长颈鹿、山羊、大象、河马等动物出没频繁。旧石器时代的埃及先民在草原上狩猎，并随着气候周期性的干湿变化迁徙，过着逐水草而居的生活。旱季来临时，他们会迁徙到沙漠中的绿洲。这样的生活模式给早期遗址的发掘整理带来了一定困难。人们四处迁徙，居无定所，导致早期打制石器的分布十分分散。

旧石器时代中期（约始于10万年前），生活在埃及的古人类掌握了打制石片技术，开始能制作出尖头工具和石片，即勒瓦娄哇石片（Levallois Flake）。人们开始把石器和木头绑在一起，制成长矛等工具，极大地提高了狩猎的效率。在这一时期的遗址中经常发现大量野牛、瞪羚、羚羊、野驴、狐狸、豺狼、疣猪、鸵鸟、乌龟与鸟类的残骸。公元前5万年至3万年之间，非洲北部地区再次迎来了湿润气候，新技术带来了生产力的提高，远古人类的数量也有所增加。从苏丹到尼罗河谷，再到红海沿岸与利比亚沙漠等地，都能发现旧石器时代的遗址。从这些遗址中发掘出的动物骨骼表明，当时的人们开始倾向于狩猎野羊等几种固定动物，从而使驯养家畜成为可能。旧石器时代中期的阿特里安文化（Aterian Culture）在距今4万年至3万年前繁荣起来。阿特里安文化来自莫斯特文化（Mousterian Culture），后者是在撒哈拉草原地带发展起来的。阿特里安人可以制作精美的石片和长矛。在阿特里安遗址内发现了大量动物遗骸，说明当时食物来源十分充足。

大约在公元前3万年，湿润的气候周期结束，撒哈拉地区又一次迎来了干旱气候。撒哈拉的草原地带逐渐沙漠化，动植物也逐渐消失殆尽，形成了与今天类似的自然环境。埃及先民在沙漠中难以维持生计，纷纷迁徙到了更宜居的尼罗河谷附近。这次大规模的迁徙使得更多部族相互接触融合，在手工艺技术上也互通有无，极大地促进了社会发展。在上埃及地区南部的孔姆-欧姆波（Kom Ombo），考古学家发现了一处旧石器时代晚期的遗址——塞比利安文化（Sebilian Culture）。塞比利安人擅长制作细石器（Microliths），他们用燧石工具制作薄片石刀，也制作弓箭和鱼叉。公元前1.7万年左右兴起的哈尔法文化（Halfan Culture）可能已经开始了早期的定居生活。他们善于在沙漠地带捕猎大型动物，遗址中出土的石器也非常集中，说明他们可能很少进行季节性的迁徙。同时代的法胡利安文化（Fakhurian Culture）也十分擅长制作细石器，他们甚至可以制作出长度小于3厘米的细小石器，用于弓箭和鱼叉，为埃及人在尼罗河谷的渔猎生活提供了更为便利的工具。

上埃及地区的旧石器时代晚期（约公元前1.7万年—1.5万年）遗址主要包括库巴尼亚文化（Kubbaniyan Culture）、伊德夫安文化（Idfuan Culture）与卡丹文化（Qadan Culture）。在库巴尼亚旱谷（Wadi Kubbaniya）发现的库巴尼亚文化具有明显的季节迁徙特征：每年冬季和春季（11月至次年6月）在尼罗河泛滥平原的边缘地带安营扎寨，在尼罗河中捕鱼,也在沙漠中狩猎;泛滥季节则撤离到沙漠边缘的丘陵上躲避洪水,在泛滥平原的池塘和湖泊中捕鱼,在沙漠的绿洲中狩猎。库巴尼亚人还会把食物储存起来以备不时之需。储存食物这一经济活动表明当时的社会已经具备了一定程度的组织形式。

伊德夫安文化遗址中并没有发现细石器,当时人们还是依靠旧石器时代中期的石器狩猎。在尼罗河第二瀑布区发现的卡丹遗址(约公元前 1.3 万年—前 9000 年)可以说是旧石器时代晚期真正意义上的"文化"遗址。在卡丹遗址中,考古学家发现了专门的墓区,其中出土的早期人类骸骨为研究石器时代人类的饮食、营养、体质和疾病提供了重要的样本。研究结果显示,关节炎、骨炎、脊髓结核病及各种牙齿问题是当时较为常见的疾病。墓葬的形制也为了解石器时代人类的丧葬习俗和原始信仰提供了依据。墓区出土了 59 具骸骨,包括男子、妇女与儿童。遗骸均呈左侧卧曲折状,头顶朝东,面朝南,两人以上的合葬墓较为常见。墓坑呈椭圆形,上面覆盖着平整的石灰石板。卡丹文化以狩猎与采集为主,但在采集植物的过程中,可能已经发展出了原始农业。人们开始在湿地上放火烧荒,以便为来年植物的生长提供更多肥料。在遗址中,考古学家还发现了用研磨石研磨谷物的痕迹,在炉火遗迹附近还有大量尼罗河鲶鱼的骨骼。这些鲶鱼可能是在产卵季节被捕获后制成熏鱼储存起来的。

古气象学研究显示,当时的尼罗河很可能经常爆发大规模洪水,使得人们无法通过采集植物种子与果实来获得足够食物。在卡丹文化的墓区中,超过 40% 的人类骸骨有被箭或矛等尖利石器刺伤的痕迹,多位于脊椎、胸腔、下腹部、四肢和脑颅等处。这些伤痕表明当时部落之间可能经常为争夺资源而进行争斗。这些骸骨的主人就是部落战争的受害者。

埃及旧石器时代晚期的经济形态与社会组织结构一直是令学界困扰的问题。旧石器时代的遗址多为季节性迁移的居住地，狩猎和采集为主要的经济形态。旱季来临时，人们迁徙到湿润的尼罗河谷和沙漠绿洲；雨季来临时，再迁回沙漠草原区域。这种经济模式在一些遗址中间一直持续到了大约公元前 5000 年。

在社会组织结构上，埃及旧石器时代晚期的遗址呈现出与世界其他地区的不同。英国人类学家罗伯特·弗利（Robert Foley）研究发现，旧石器时代末期的狩猎与采集社会经历了一场社会组织结构变革。在狩猎与采集社会中，性别分工非常明显，男性成员负责狩猎大型哺乳动物作为部族的主要食物来源。女性作为采集者收集植物类食物。到了旧石器时代末期，气候变化使得大型动物数量锐减，植物的种类和数量则大幅度增加，人们不得不以植物、小型动物、鱼类和鸟类为主要的食物来源。女性从事的采集工作变得越来越重要，男女两性的社会分工也更趋向平等。[6] 在这种变化之下，为了获得更为稳定的食物来源，人们开始尝试播种植物与驯养动物，为原始农业与畜牧业的诞生奠定了基础。

然而，从库巴尼亚遗址的考古发现来看，埃及旧石器时代的社会结构变化可能发生得更早。大约在距今 2.1 万年前，埃及就已经完成了弗利所说的旧石器时代的社会结构转变。依赖于尼罗河谷的湿地环境，埃及社会在旧石器时代晚期并没有显示出过多的性别分工，大型动物的狩猎十分有限，水生植物和鱼类是食物的主要来源。考古学家在库巴尼亚遗址发现了大量鱼类和鸟类的骨骼，大型哺乳动物的骨

6　R. Fohey, "Hominids, Humans and Hunter-Gatherers: An Evolutionary Perspective," in Tim Ingold, David Riches and James Woodburn（eds.）, *Hunter and Gatherers 1: History, Evolution and Social Change*, Oxford: Berg, 1988, pp. 218-220.

骸却比较少见。[7]

公元前1.2万年到公元前1万年是埃及由旧石器文化向新石器文化过渡的时段，上埃及和努比亚地区的旧石器文化有了很大发展。在石器制作上，细石器取代打制石器。饮食结构上，人们对植物的依赖更为普遍，这一时期的遗址中几乎很少发现动物的骨骼。优越的自然环境可能也延缓了对食物生产的热忱。早在公元前8000年，两河流域就出现了以农业生产为主的村镇。然而，埃及的情况与两河流域大不相同。在农业产生后，埃及原本的狩猎与采集经济并没有因为农业种植的到来而土崩瓦解。相反，农业种植是逐步嵌入采集与狩猎的经济形态之中的。这种奇妙的组合方式可能是由尼罗河谷的自然条件决定的。一旦发生洪涝灾害，埃及先民只能放弃农业种植，回到以采集和狩猎为主的经济模式上，将鱼类和水生植物作为食物来源。从公元前1万年开始，气候变得温和湿润，尼罗河水流量逐渐稳定下来，包括法尤姆绿洲在内的尼罗河沿岸地区逐渐形成了我们今日所见的样貌。公元前6000年至前5000年左右，农业在尼罗河谷出现。农业在三角洲地区的出现或许更早，但也不会早于公元前7000年。[8] 从公元前1万年的全新世开始到农业出现的这3000多年间，埃及仍处于狩猎与采集社会。遗憾的是，这个时段的遗址存留较少，因而对其研究也不是很充分。

公元前7000年，法尤姆地区出现了卡茹尼安文化（Qarunian Culture，又称法尤姆B文化）。同尼罗河谷一带的文化相似，卡茹尼

---

[7] Wilma Wetterstrom, "Foraging and Farming in Egypt: The Transition from Hunting and Gathering to Horticulture in the Nile Valley," in Thurstan Shaw et al. (eds.), *The Archaeology of Africa: Food, Metals and Towns*, London and New York: Routledge, 1993, pp. 171-179.

[8] Wetterstrom, "Foraging and Farming in Egypt," p. 201.

安文化也处于狩猎与采集阶段。法尤姆绿洲的鱼类资源十分丰富，是水禽的重要栖息地，沙漠中的野生动物也会到此处饮水休憩。卡茹尼安人在绿洲的湖泊边缘定居，制作细石器，在鱼类产卵的季节集中捕鱼，然后贮藏以供食用。块茎类植物也是重要的食物来源，考古学家发现了大量种子以及烧荒的痕迹。卡茹尼安遗址也呈现出一定的季节性使用特征。

在上埃及的塔里费安（Tarifian）遗址，考古学家发现了制陶遗迹。塔里费安遗址距今大约7000年，处于旧石器时代末期的狩猎与采集社会，尚无农业生产的迹象。陶器的出现最早可以追溯到公元前9千纪，在西部沙漠靠近今天埃及与苏丹边境的比尔·凯施巴（Bir Kiseiba）与纳布塔·普拉亚（Nabta Playa），这一地区同时产生了畜牧文化。[9]

在向新石器时代过渡的过程中，农业种植和畜牧驯化动物在尼罗河谷大范围地出现。埃及农耕社会从狩猎与采集社会内部产生。在旧石器时代末期的各个文化中，人们就已经开始将捕猎来的动物加以驯养，并且开始了类似烧荒的农业尝试。在狩猎与采集活动的同时，人们开始小范围地种植植物和放牧动物作为食物来源的补充。从目前发现的新石器时代早期遗址来看，当驯养的动植物传入埃及时，尼罗河谷的居民们很快接纳了这些新的生产方式。[10] 人们居住在村落中，播种大麦和小麦，饲养牛、羊和猪。

新生产方式的传入有两个可能的来源：一是西部沙漠的纳布

9　Noriyuki Shirai, *The Archaeology of the First Farmer-Herders in Egypt*, Leiden: Leiden University Press, 2012, p. 16.
10　J. D. Clark, "A Re-Examination of the Evidence for Agricultural Origins in the Nile Valley," *Proceedlings of the Prehistoric Society*, no. 37, 1971, pp. 55-56.

塔·普拉亚与比尔·凯施巴，二是亚洲古代黎凡特南部地区。在西部沙漠，考古学家发现了距今 8000 多年的谷物与驯养牲畜的遗迹。在尼罗河谷的新石器时代早期遗址中发现了大量与撒哈拉遗址相似的器物，包括扁斧（ground axes）、扁型燧石器（tabular flint）、透镜状双面箭头（lens-shaped bifacial arrowhead）、凹型箭头等石制工具，鸵鸟蛋壳和羽毛制成的饰品、珠子以及陶器。在撒哈拉沙漠旱谷的岩洞中，学者发现了描绘各种动植物的岩画，这些岩画可能来自早期的农业与畜牧业实践。如纳布塔·普拉亚遗址的居民以游牧为主，但也种植作物。其中一些部族可能已经过上了定居生活。黎凡特地区是世界上最早开始进行农业生产实践的地区，山羊、绵羊，以及包括二粒小麦、大麦、亚麻、豆类在内的农作物，很可能都是从黎凡特地区传入埃及的。埃及东北部沙漠地区与同处于新石器时代的黎凡特地区的文化具有相似之处：埃及出土的陶器上刻画的飞鱼骨图案也出现在公元前 6 千纪黎凡特南部的亚尔姆凯安文化（Yarmukian Culture）中；在埃及北部三角洲的梅里姆达（Merimde）遗址与法尤姆遗址内发现了具有西亚风格的器物，如锯齿形带翼箭头和磨制石盘。从气候变化和遗址分布情况来看，新的农业生产技术或许经由人们迁徙带来埃及。气候变化导致东地中海一带的一些地区不再宜居，黎凡特居民开始迁移到环境更为适宜的尼罗河三角洲与河谷地带生活。

无论经过怎样的传播路径，农业与畜牧业带来的生产方式变革标志着埃及进入新石器时代。从世界范围来看，大约公元前 7500 年至前 5000 年，两河流域、埃及、东亚、印度河谷、安第斯山脉等地都出现了类似的生产方式变革，是为"农业革命"。生产方式的变化为埃及文明时代的到来奠定了基础。农业技术的发展极大地提高了生产力。有了稳定的食物供给，村落人口也持续增长，甚至出现了手工业。在此基础之上,一场观念领域的变革也呼之欲出。

大约从公元前 5200 年至前 4000 年,尼罗河北部法尤姆地区出现了一系列新石器时代的村落。20 世纪 20 年代,英国考古学家汤普森与 E. W. 加德纳（E. W. Gardner）首次对该地区进行发掘,将其命名为法尤姆 A 文化（Fayum A Culture）。[11] 几乎所有的法尤姆 A 文化遗址都位于湖泊边缘地带,当然,当时的湖岸位置与今天法尤姆地区的湖岸是不同的。20 世纪 70 年代,学者在该地区又进行了更为细致的发掘工作,为系统全面地研究埃及新石器时代早期村落的发展提供了大量信息。[12] 法尤姆 A 文化一方面仍保持着以狩猎和采集为主的经济模式与季节性迁徙的生活方式,在固定季节居住在水源附近,捕捉鱼和鸟来作为食物;另一方面,他们开始种植谷物,并开始饲养牲畜。考古学家在遗址中发现了羊牛骨骸与谷仓遗迹,同时还发现了种植二粒小麦和大麦的痕迹。[13] 考古证据显示,以采集和狩猎为主的法尤姆 A 文化可能尚未完全进入农耕社会。实际上,仅凭考古证据,我们可能很难判断农耕文明出现的时间。狩猎所得的动物,食用后会留下骨骸,而种植的作物食用后鲜有剩余,即便是不可食用的秸秆也能被用作燃料使用。另外,植物类物质极易腐败,很难留下痕迹。二粒小麦由于有着坚硬的谷壳和苞片,更容易保存下来。因此这些作物在居民食物总量中所占的比例难以判断。

目前已知埃及最早的农耕社会是位于三角洲的梅里姆达文化。梅里姆达位于距离开罗西北方向大约 45 千米的尼罗河三角洲边缘地

---

11 Gertrude Caton-Thompson et al., *The Desert Fayum*, London: Royal Anthropological Institute of Great Britain and Ireland, 1934, pp. 1-2.
12 参见 Shirai, *The Archaeology of the First Farmer-Herders in Egypt*, pp. 40-43。
13 Wetterstrom, "Foraging and Farming in Egypt," in Shaw, et al. (eds.), *The Archaeology of Africa*, pp. 209-211.

带。梅里姆达新石器村落大约在公元前 5000 年至前 4100 年间出现。在遗址最古老的地层中，考古学家发现了牛、猪与山羊等牲畜的骨骼；在随后的地层中，出现了大量椭圆形房屋，建筑物的结构也更加复杂，出现了大型储藏室，以及泥土与兽骨混合砌成的墙壁；在最新的地层中，出现了规模较大的椭圆形泥砖建筑，可能是村落中具有特殊用途的公共设施。与法尤姆 A 文化相比，梅里姆达文化更依赖农业生产，大量房屋和仓储设施说明农业已经成为主要生产方式。

公元前 4000 年左右出现的埃尔－欧马里文化（El-Omari Culture）也是埃及早期新石器文化的重要遗址。遗址位于开罗以南 23 千米处，包括 100 余座椭圆形半地下房屋与数量众多的储藏设施，谷仓的墙壁涂有灰泥或者贴有草席。在埃尔－欧马里，狩猎与采集已经完全让位于农耕经济。[14]

在尼罗河谷，已知最早的新石器农耕文化是约公元前 4400 年至前 4000 年的巴达里文化（Badari Culture）。巴达里文化是上埃及地区前王朝文化的源头，它得名于其典型遗址所在地埃尔－巴达里（El-Badari），其中包含从巴达里到卡乌·埃尔－克比尔（Qau el-Kebir）的诸多遗址。埃尔－巴达里位于开罗以南大约 400 千米处，遗址位于尼罗河东岸，南北延伸约 35 千米。巴达里文化发展十分迅速，向南传播至希拉康波利斯，向东传播至哈玛玛特旱谷，向北到达阿尔芒特（Armont）。农业生产在巴达里得以发展，并以此为中心向外传播，使得上埃及各村落都建立起了以农业生产为主，捕鱼狩猎为辅的经济模式。畜牧业在巴达里文化中也占有重要地位，在一些村落

---

14 Wetterstrom, "Foraging and Farming in Egypt," in Shaw, et al.（eds.）, *The Archaeology of Africa*, pp. 212-214.

中仍然存在着游牧与半定居的生活方式。巴达里文化遗址以墓葬为主，村落遗址较少。一方面，尼罗河泛滥与改道可能淹没了大部分村落遗址；另一方面，这可能也与游牧半定居的生活方式有关。巴达里文化的丧葬习俗也显示出游牧生活的特点。墓穴中的骸骨多由兽皮包裹，牛角是重要的随葬品。有学者认为，巴达里文化的建立者可能是来自西部沙漠的游牧部落，进入尼罗河谷后逐渐定居下来，与当地采集狩猎部族相融合，因此保留了大量游牧社会的习俗。[15] 牛、山羊、羚羊、猫和狗是巴达里文化的重要家畜，大麦、小麦和亚麻是最主要的作物，刮刀、雕刻刀、穿孔器、箭头和镰刀等石质工具也十分常见。

目前发现的巴达里文化遗址包括 40 余座小型村落与 600 余座位于河谷与沙漠边缘地带的墓穴。村落中房屋的建筑形式较为复杂，出现了土墙与嵌入式木柱。谷仓的体积大为增加，有些直径达到了 1.35 米，深度达 1 米，底部还垫有草席。[16] 在一些储藏设施中还发现了亚麻的痕迹。[17] 村落中有石器制造作坊，其中出土了石斧、双面石镰和凹底箭头等石器。在西部沙漠地区，考古学家发现了巴达里文化的单面打制石片，这或许可以证明巴达里文化与西部沙漠的新石器时代文化有着密切联系。从巴达里文化开始，铜进入了古埃及人的生活。[18] 锻造的铜制品开始作为随葬品出现在墓穴之中。

在墓葬形式上，巴达里文化以土坑葬（pit burial）为主，埋葬方

---

15 David Wengrow, *The Archaeology of Early Egypt: Social Transformations in North-East Africa, 10,000 to 2650 BC*, Cambridge: Cambridge University Press, 2006, pp. 63-71.
16 Guy Brunton, *Matmar*, London: Bernard Quaritch, 1948, p. 5.
17 Guy Brunton and G. M. Morant, *Mostagedda and the Tasian Culture*, London: Bernard Quaritch, 1937, pp.15, 58, 68.
18 Brewer, *Ancient Egypt*, p. 83.

式为左侧屈身葬,头顶向南,面朝西方,多为合葬墓,成年人与婴儿合葬的情况十分常见。从埋葬方式来看,巴达里文化可能已经开始出现了原始信仰。头部指向南方可能与尼罗河由南向北的流向有关。古埃及宗教将人的生死与太阳的东升西落相联系,墓葬大多修建在尼罗河西岸的沙漠地带。面朝西方的埋葬方式反映出当时社会可能已经产生了朴素的生死观,即将人的生死与自然现象联系起来。骸骨一般用芦席或兽皮覆盖,有时在骸骨与兽皮之间还垫着一层衣物,在骸骨之下通常垫有芦席,头部则垫有稻草或动物皮革(可能是羚羊的皮)卷成的头枕。从骸骨上残留的衣服来看,死者入葬时穿着亚麻或衬着亚麻的动物皮革制成的缠腰带。大多数墓坑中的随葬陶器放置在兽皮之下,而在个别墓坑中,陶器被放置在较高的位置,也就是说,人们是在埋葬死者后才将随葬陶器放置于墓坑内。[19]考古学家还在墓坑中发现了调色板。调色板是古埃及人用来研磨颜料涂画眼影的器物。巴达里文化的随葬调色板一般由粉砂岩制成,呈长方形或椭圆形,有一些调色板上有明显的使用痕迹,还有一些甚至残留有赭石或孔雀石粉末。与调色板一起出现的还有研磨石。调色板的出现意味着当时的人们已经开始使用化妆品涂抹眼部,这进一步证明了当时的社会已经出现了原始信仰与巫术。人们在日常生活中使用眼影来驱魔辟邪,也将具有同等功能的调色板带入墓中,供墓主人在来世使用。燧石刀、古针、骨梳、贝壳或石头珠子制成的项链以及象牙或陶制女性小雕像也是常见的随葬品,在一些墓坑中还有小型铜制工具和装饰别针。此外,装饰着动物形象的骨梳和象牙梳、手镯、戒指、勺子等首饰和化妆用品也十分常见。

---

19 Brewer, *Ancient Egypt*, p. 78.

巴达里文化的典型陶器是直口波纹红陶钵，这种陶器由制陶工匠手工捏制而成，表面装饰着锯齿状波纹。黑顶红陶在发掘中十分常见，其表面比后来涅伽达文化一期的黑顶红陶更光滑。一些陶器上带有少量几何纹饰以模仿篮子的纹理。在墓葬环境中发现的精美陶器很可能是专门作为随葬品生产的。陶罐中还装入了谷物和面包，作为献给死者的供品。[20] 在王朝时代，古埃及人也会将面包作为供品进献给死者的灵魂。在陵墓祭堂的壁画中，死者端坐在供桌前享用供品的场景是最为重要的装饰主题。从随葬品的分布来看，巴达里文化已经出现了初步的贫富分化，较富裕的墓葬与较贫穷的墓葬分别位于墓地的不同区域。

在巴达里文化之后发展起来的就是涅伽达文化（约公元前4000年—前3000年）。涅伽达时期又称前王朝时期，是埃及社会从原始社会向等级社会转型的关键时期。古埃及文明就是在涅伽达文化中孕育成长起来的。涅伽达文化历经千年，在这一时段内，埃及社会在经济制度、社会结构以及宗教文化与艺术等方面都经历着前所未有的深刻变革，很多贯穿古埃及文明历史长河的社会制度和思想观念都是在这一时期萌芽的。在经历了漫长的石器时代后，古埃及文明终于从涅伽达文化中破茧而出，农业村落扩大为区域性政治中心，并最终演变为统一国家。

20　Brunton and Morant, *Mostagedda and the Tasian Culture*, p. 58.

第三章

古埃及国家的诞生

早在旧石器时代，尼罗河沿岸就有人类居住。从简单的石器工具到建造巨大的金字塔，古埃及社会从简单到复杂，经历漫长岁月一点一滴的积累，文明的种子最终破土而出，生长成枝繁叶茂的参天大树。公元前7千纪以后，古埃及的新石器文化如雨后春笋般发展起来。下埃及三角洲地区，主要是法尤姆A文化、梅里姆达文化、埃尔-欧马里文化以及马阿迪文化。上埃及河谷地区，主要是塔萨（Tasia）文化、巴达里文化，以及后来成为埃及文明源头的涅伽达文化。[1] 辉煌璀璨的古埃及文明就是从涅伽达文化发展起来的，社会逐渐从平等社会走向等级社会，而作为文明的象征——国家，也是在涅伽达文化时期诞生的。

1　Kathryn A. Bard, "The Egyptian Predynastic: A Review of the Evidence," *Journal of Field Archaeology*, vol. 21, no. 3, 1994, pp. 265-288.

第一节　涅伽达文化的社会政治经济结构

涅伽达文化是古埃及新石器文化的最后一个阶段，也有学者称这一时期为铜石并用时期。涅伽达文化的命名来源于前王朝时期上埃及三个区域性中心地之一的涅伽达遗址。说起涅伽达文化，就不得不提起埃及考古之父、埃及学研究的奠基人威廉·弗林德斯·皮特里。皮特里倾其一生在埃及的沙漠里进行发掘工作，参与发掘了一系列重要的史前遗址，对古埃及早期国家的研究做出了重要贡献。他将科学系统的考古发掘方法引入埃及，并且确立了以陶器形制研究为基础的"年代序列法"。1895年至1896年的冬天，皮特里在涅伽达附近发现了大型史前墓地，大约有1.5万余座墓葬。这些墓葬与之前发现的法老时代的墓葬大为不同，后者往往有较为丰富的随葬品，器物也更具有埃及文明的鲜明特色。而在这些史前墓葬中，随葬品基本都是与法老时代的风格截然不同的简单陶器。摩根首次提出这些墓葬的主人是生活在尼罗河流域的史前人类，而皮特里随后的研究也证实了这一说法。这些墓葬属于古埃及统一国家建立之前的时代，它们开启了研究古埃及文明起源的大门。

皮特里根据随葬陶器形制的差别，采用"年代序列法"，为古埃及统一国家形成的关键时期——前王朝时代进行分期。他整理了中埃及地区的胡和阿巴底亚遗址大约900座墓葬里的陶器，系统分析了装饰图案和形状，总结出陶器形制发展演变的规律。如早期球形波浪把手的陶罐逐渐演变成圆柱形陶罐，而原本具有实用功能的波浪形把手逐渐演变成圆柱形陶罐上部的波浪形条纹装饰。依靠这种方法，可以简单地判断出墓葬的相对年代。皮特里由此划分出50个相对年代，以30为起始编号，分别以各自典型的遗址来命名：阿姆拉文化（年代序列 30—38）、格尔津文化（年代序列 39—60）与塞美尼文化（年代序列 61—80）。有趣的是，皮特里以 30 为起始是为了给尚未发现的、比涅伽达文化更早的时期预留位置。而之后不久，布鲁顿就在巴达里地区发现了早于涅伽达时期的文化遗址。

年代序列法为考古学研究提供了重要的帮助。在没有碳 –14 测年法的时代，这种断代方法第一次帮助研究者厘清了古埃及文明史前时代的发展脉络，为古埃及早期国家的研究奠定了基础。但皮特里的年代序列法也有一定局限性，比如，他没有考虑到墓坑的水平分布问题。然而，皮特里创造的这套基本研究方法，以及为古埃及史前文明研究所构建的分期框架，却一直为后世埃及学家所沿用。年代序列法后来被不断地修正，却从未被推翻，后来的学者在皮特里的基础上将前王朝埃及的断代和分期进一步精确和细化。

1942 年，沃尔特·费登（Walter Federn）对美国布鲁克林博物馆的摩根藏品进行分类时，发现皮特里在研究陶器时，忽略了陶器的材质对其传播和分布的影响。20 世纪 60 年代，通过对阿尔芒特地区墓地的系统分析，德国考古学家维尔纳·凯瑟发现在同一墓区的墓葬也存在年代上的差异，并将涅伽达文化分为三期，即涅伽达文化一期、二期和三期，基本对应之前的阿姆拉文化、格尔津文化和塞美尼文化三个时期，每一期又包含若干段。20 世纪 80 年代，斯坦·亨德里克斯将凯瑟改进的断代方法应用到全部涅伽达文化遗址，考虑到墓葬的空间分布状况，对前王朝时期的年代序列又进行了改进。[2]实际上，年代序列法只能推算出遗存的相对年代，无法准确了解某座

2　S. Hendrickx, "Predynastic-Early Dynastic Chronology," in Erik Hornung, Rolf Krauss and David A. Warburton（eds.）, *Ancient Egyptian Chronology, Handbook of Oriental Studies, Section One, The Near and Middle East 83*, Leiden: Brill, 2006, pp. 55-93.

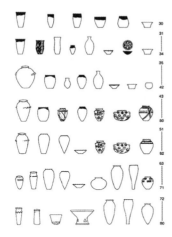

图 3-1　皮特里的"年代序列
　　　　（30—80）"[3]

墓葬的具体年代。因此，在年代序列法不断得到改进的同时，考古学家在 20 世纪 50 年代以后也逐步将碳 -14 年代测量法和热放射测定法应用到史前埃及的年代分析研究之中，从而解决了涅伽达文化绝对年代的问题。

涅伽达文化一期（约公元前 4000 年—前 3500 年），也称阿姆拉文化，由皮特里根据发现地埃尔-阿姆拉（El-Amra）命名。这个时期的古埃及社会位于从原始社会向阶级社会过渡的萌芽阶段。各遗址墓葬以椭圆形土坑葬为主，埋葬方式与巴达里文化类似，为左侧身屈肢葬，头顶朝向南方，面朝西方。在后来法老时代的丧葬文化中，西方是人死后要去往的地方，这种观念或许早在涅伽达文化早期就已经形成了。新石器时代晚期的重要墓葬遗址都在西岸，后来法老时代大

3　Brewer, *Ancient Egypt*, p. 76.

部分城市附属的墓葬区也都建在尼罗河西岸。死亡与方位的关系可能来自人们对太阳的观察。古埃及早期先民认为太阳从西方落入地平线之下、黑夜随之而来的自然现象,很可能与生物的死亡有着神秘的关联。此时墓葬尸体虽然没有进行"木乃伊"处理,但墓主人身下的芦席、稻草或皮革(通常是山羊或羚羊的皮革)说明人们已经开始尝试保存遗体,并将死亡与睡眠或休息等同起来。

涅伽达文化一期的墓葬一般是单室,也有多室墓葬,往往伴随着丰富而精美的随葬品。陶器是当时最为普遍的随葬品,一般为黑顶红陶,以陶碗、陶杯为主。涅伽达文化一期的中后期,黑顶红陶逐渐减少,而抛光红陶和彩绘红陶愈发常见。[4] 彩绘红陶是在赭红色的陶器表面,以白色颜料绘成各种图形的陶器,所以又称白色交叉线陶。上面的图案有各种几何形状、麦穗植物纹样以及河马等动物形象。另外,比较常见的图案还有成组的人物,如一个体型较大的人用绳索牵着一个或几个体型较小的人,这种图像很可能具有某种特殊的象征意义,代表着首领制伏敌人的"胜利"主题。这一主题是法老时代最为常见的艺术主题之一,表现了国王作为征服者战胜敌人,履行维护宇宙秩序的职责。[5] 在涅伽达文化一期的陶器上出现了这一主题,可能说明当时已经出现了首领,而首领在维护秩序和对外战争中具有重要作用。

涅伽达文化一期,石器制作工艺也达到了相当高的水平。石质调色板和研磨石是另一类常见的随葬品。调色板是一片磨成扁平状的

---

[4] Alice Stevenson, "Material Culture of the Predynastic Period," in Teeter (ed.), *Before the Pyramids*, p. 67.

[5] S. Hendrickx, "Iconography of the Predynastic and Early Dynastic Periods," in Teeter (ed.), *Before the Pyramids*, p. 75; Jaromír Málek, *Egyptian Art*, London: Phaidon Press, 1999, pp. 98-99.

图 3-2 涅伽达文化一期带有波浪形把手的陶罐

石头,古埃及人将颜料放在调色板上,再用圆形的研磨石将其磨碎制成粉末使用。使用颜料化妆、涂抹眼影,在古埃及先民看来这可能具有巫术功能,保护人们免受邪恶力量的侵袭,因此调色板一般会被放置在墓主人的头部附近。[6] 另外,古埃及人死后还会随葬精美的石制匕首。骨制和象牙制品在墓葬中也大量出现,如勺子、梳子等。铜制品也开始增加。[7]

这个时期的村落遗址发现得较少,目前的研究对当时人们的居住和生活情况的了解比较有限。涅伽达文化一期的人们可能居住在圆

---

6 在上埃及地区的墓葬内发现了涅伽达文化一至三期的各种形状的调色板,上面的浮雕内容呈现出从简单—复杂—简单的变化规律,人和动物是调色板主要的艺术元素。参见 F. W. M. Petrie, *Ceremonial Slate Palettes*, British School of Archaeology in Egypt and Egyptian Research Account 66 (A), London: British School of Archaeology in Egypt and Bernard Quaritch, 1953.

7 Stevenson, "Material Culture of the Predynastic Period," in Teeter (ed.), *Before the Pyramids*, pp. 69-73; Brewer, *Ancient Egypt*, p. 6; Paul T. Nicholson and Ian Shaw (eds.), *Ancient Egyptian Materials and Technology*, Cambridge, Cambridge University Press, 2000, pp. 177-179.

形草房聚集而成的村落中，以饲养牲畜和耕种为生，主要作物有小麦和大麦，主要牲畜是山羊、绵羊、牛和猪。在赫美尼亚（Hemenia）遗址中发现了直径为1米至1.25米的圆形棚屋，墙壁由芦苇编织而成，表面再涂以泥浆。通常较小的棚屋可能是贮藏室，较大的棚屋内一般有火炉，用于居住。在涅伽达地区的埃尔－喀塔拉（El-Khattara）附近，类似的棚屋组成了大小不一的村落，面积从几百平方米至几公顷之间，而存续的时间超过了200年。[8]在巴达里地区的哈马米亚（Hammamiya）发展出了带有壁炉的长方形房屋，屋内有支撑的柱子。[9]还有一些圆形建筑，里面是大量牲畜的粪便，[10]这可能是饲养牲畜的圈栏。希拉康波利斯附近，距离尼罗河泛滥平原大约1.5千米的阿布·苏凡旱谷（Wadi Abu Suffian）内，发现了一系列直径约8米的由木杆组成的以及泥砖砌成的半圆形食槽和水槽，食槽里还有大麦的麦穗。这些建筑可能是当时季节性喂养牲畜的场所，附近还有供人居住的圆形棚屋。此外，还发现了由木杆支撑、表面涂泥的芦苇篱笆，石制研磨工具，石块砌成的壁炉以及放置大型贮藏陶罐的土坑。[11]这些村落遗址表明当时的埃及人过着以农耕为主的生活。但是，放牧也是埃及社会经济的重要组成部分。人们可能根据作物和草场的生长情况，在尼罗河泛滥期迁徙到沙漠的边缘地带或旱谷中生活。

　　涅伽达文化一期，墓葬随葬品和规模的差异反映出明显的贫富

8　Brewer, *Ancient Egypt*, p. 91.
9　Guy Brunton and Gertrude Caton-Thompson, *The Badarian Civilisation and Predynastic Remains near Badari*, British School of Archaeology in Egypt and Egyptian Research Account 46, London: British School of Archaeology in Egypt and Bernard Quaritch, 1928, pp. 82-88.
10　Wengrow, *The Archaeology of Early Egypt*, pp. 78-79.
11　Ibid., p. 78.

分化，埃及逐渐从原始社会向等级社会过渡。涅伽达文化的另一处重要遗址希拉康波利斯，开始出现大型长方形墓葬。编号29的墓葬中发现了地上建筑的遗迹，可能是院墙，并附有壕沟和柱坑。墓葬使用木棺或泥棺，随葬品相当丰富。在两处墓坑中，都发现了蝶形斑岩的权标头。权杖是古埃及文明非常重要的器物，在王朝时代，它是王权的象征，神庙塔门上经常装饰着法老手持权杖打击敌人的图像，代表国王对敌人的征服以及维持宇宙秩序的能力。涅伽达文化一期的权标头一般为石制蝶形，中间有孔，原本是绑在木棒的顶端，作为打击武器。在史前采集和狩猎社会，埃及先民将石块绑在木棒的顶端，用来近距离打击猎物和敌人。慢慢地，实用性武器演变为权力象征的权杖。这些蝶形权标头，石头纹路精美，几乎没有使用过的痕迹，可能是专门为陪葬或者丧葬仪式而精心制作的明器。墓主人很可能是当时社会中比较重要的人物，比如部落的首领或祭司。

涅伽达文化一期的埃及社会以自治村落为政治经济的基本单位。随着社会经济的发展，村落首领逐渐掌握越来越多的权力，各个村落之间的联系也在逐渐增加。经济往来和战争可能在当时的社会交往中占有相当大的比重。强大的村庄往往会兼并弱小的村庄，村落之间也会相互联合形成村社联盟。墓葬的贫富分化说明首领掌握了更大的权力，控制了更多的资源，形成了酋邦（chiefdom）。首领拥有自己的徽标。目前已经在上埃及地区发现了49个不同的徽标，很可能分布着至少49个独立的酋邦。[12] 这些酋邦或许成为后来埃及诺姆行省（nome）的雏形。法老时代，埃及每个行省都有自己的徽标，徽标的

---

12 Branislav Anđelković, "Political Organization of Egypt in the Predynastic Period," in Teeter (ed.), *Before the Pyramids*, p. 28.

出现很可能源于统一国家之前的新石器时代。涅伽达文化一期的晚期，上埃及的徽标数目大大减少，说明社会政治力量间的兼并加剧，出现了村落联盟，而村落联盟又开始结成更大的社会权力组织。埃及社会正逐步从自治村落社会向权力社会迈进。

涅伽达文化二期（约公元前3500—前3200年），又称格尔津文化，最初由皮特里在尼罗河西岸法尤姆绿洲东部发现的埃尔－格扎（El-Girza）遗址而得名。涅伽达文化二期是涅伽达文化一期的延续，墓葬贫富分化更加明显，有的墓葬是简单的椭圆形坑墓，只有零星的随葬品；有的则是大型泥砖长方形墓葬，有多室墓和丰富的随葬品。棺椁是制作简单的泥棺，还有少量的木棺。[13] 人们开始对遗体进行初步处理，用树皮缠绕尸体，或用厚泥覆盖尸体，还出现了肢解尸体的葬俗，可能是古埃及最早的人牲。

这一时期典型的陶器是红绘白硬陶（又称装饰陶器），这种陶器使用沙漠边缘地带的高岭土矿制作，与尼罗河冲积淤泥相比，高岭土颗粒更小，烧制后呈乳白色。[14] 白硬陶的表面用赭石颜料描绘出各种图案，包括几何图形、人物形象、神龛与船只等。其中一些艺术主题沿用至法老时代，例如纸草船、舞者、羚羊等动物，沙漠、山丘以及后来埃及神庙里专为神祇所用的标杆。[15] 早期王权符号也在陶器上出现：一只陶瓶表面装饰着四只蝎子组成一排的图像，下面有一条横线，连接着一艘船；在一幅岩画上，头部是动物头形状的船上有一头

13　Shaw（ed.）, *The Oxford History of Ancient Egypt*, pp. 53-54; M. A. Murray, "Burial Customs and Beliefs in the Herafter in Predynastic Egypt," *The Journal of Egyptian Archaeology*, vol. 42, 1956, pp. 86-96.
14　Nicholson and Shaw（eds.）, *Ancient Egyptian Materials and Technology*, pp. 131-132.
15　John Baines, "Origins of Egyptian Kingship," in David P. Silverman and David O'Connor（eds.）, *Ancient Egyptian Kingship*, Leiden: Brill, 1994, p. 106.

公牛，一只鹰在公牛的上面。[16] 在后世的文献和艺术主题中，国王常常被比喻成公牛等猛禽，这些早期的蝎子、公牛以及鹰的形象很可能是早期国王的雏形。另外一种典型的陶器是加炭粗陶，主要出现在村落遗址中。到涅伽达文化二期的晚期，加炭粗陶大幅度增加，出现了专业的生产作坊。随葬陶器也发生了变化，之前少量精美的陶器逐步被大量粗陶代替，陶器盛有食物，如面包、啤酒、肉类，甚至出现了以沙土代替食物来填充陶罐的现象，黑顶红陶几乎消失了。[17] 陶器一个重要的发展是陶器标记的出现，即烧制后在陶器上刻画的特殊符号。这些标记符号种类繁多，包括人物、动物以及抽象符号，如箭头、三角形和月牙形等。对于陶器刻画符号的具体含义，学界尚有争论，或是制作者陶工的签名，或是墓主人身份的标识。另外，随葬铜制品的数量也在不断增加，包括戒指、手镯和珠子等各种饰物，以及铜斧和铜刀等铜制工具。金银的使用也大幅度增加，埃及由于银矿稀少，银在古代埃及被视为比黄金更昂贵的金属。

大型墓葬中较为常见的另一类陪葬品是石制器皿，它们不仅具有实用价值，还具有仪式功能。石质器皿一般采用旋挖钻法制作。器皿材质多样，包括角砾岩、粉砂岩、雪花石膏、石灰石，甚至坚硬的黑色玄武岩。[18] 这些石质器皿制作工艺精良，器壁很薄，被打磨得十分光滑。很多石材是从较远的地方运送过来的。一些石质器皿用来盛放化妆品，供社会上层人士使用，这说明当时的社会可能已经出现

---

16 Bruce Williams, Thomas J. Logan and William J. Murnane, "The Metropolitan Museum Knife Handle and Aspects of Pharaonic Imagery before Narmer," *Journal of Near Eastern Studies*, vol. 46, no. 4, 1987, pp. 259-260; Michael A. Hoffman, *The Predynastic of Hierakonpolis: An Interim Report*, Giza: Cairo University and Western Illinois University, 1982, pp. 61-65.
17 Stevenson, "Material Culture of the Predynastic Period," in Teeter (ed.), *Before the Pyramids*, p. 69.
18 Ibid., pp. 69-71.

了专门为统治阶层服务的工匠，以及有组织的运输和贸易网络来为这些贵族提供制作奢侈品的原材料。[19] 涅伽达文化二期的燧石刀变得更加精美，出现了工艺精湛的波韧燧石刀。远距离贸易发展起来，大型墓葬里出现了大量外来物品，包括阿富汗的青金石、黎巴嫩的雪松、西奈地区的绿松石以及埃塞俄比亚的黑曜石。[20] 石质调色板的制作也更为精良，形状发展为长方形或菱形，并装饰以浮雕。蝶形权标头逐渐被梨形权标头取代。

涅伽达文化二期，埃及社会已经由村落社会演变为等级社会，开始出现复杂的社会权力结构。上埃及地区形成了规模较大的政治体。涅伽达、阿拜多斯和希拉康波利斯成为上埃及地区三个重

图3-3 涅伽达文化二期女性雕像

要的区域性权力中心。涅伽达位于哈玛玛特旱谷的入口处，旱谷盛产黄金，涅伽达的发展很可能与黄金产地有关联。19世纪末，皮特里和奎贝尔在涅伽达发现了长约50米、宽约30米的长方形建筑遗迹，建筑物的南边还有长方形的围墙遗迹，这些长方形房屋和围墙是涅伽达二期较为典型的房屋样式。

涅伽达文化二期的社会结构变得更加复杂，区域性权力中心已

---

19 S. Hendrickx, "Crafts and Craft Specialization," in Teeter (ed.) , *Before the Pyramids*, p. 95.
20 Günter Dreyer, "Tomb U-J: A Royal Burial of Dynasty 0 at Abydos," in Teeter (ed.) , *Before the Pyramids*, p. 135.

图 3-4　石质权杖头

经具备了原始国家的性质。希拉康波利斯和阿拜多斯进行联合,形成了跨区域的政治联合体。[21] 区域性的权力中心很快就走上了扩张的道路。涅伽达文化不仅仅局限于埃及中部的涅伽达地区,还向南传播至努比亚地区,向北扩张至尼罗河三角洲。涅伽达文化一期的末期,马阿迪文化占据了整个三角洲地区,而到涅伽达二期的后期,涅伽达文化取代了马阿迪文化。在三角洲北部的布托遗址,从出土陶器的类型来看,马阿迪文化和涅伽达文化曾并存过一段时间,但是到涅伽达文化二期末期,马阿迪文化的陶器类型已近乎绝迹。

　　文化的变动过程很可能伴随着军事的征服以及人口的迁徙,也伴随着经济的不断发展。上埃及各村落的人口逐渐增加,人们向北部

21　Andelković, "Political Organization of Egypt in the Predynastic Period," in Teeter (ed.), *Before the Pyramids*, pp. 29-30.

迁徙，也将涅伽达文化带到三角洲地区。逐渐地，具有原始平等社会性质的马阿迪-布托文化被外来的涅伽达文化取代。与此同时，涅伽达文化向南扩张至努比亚地区的北部，即下努比亚地区，这一地区出现了许多具有涅伽达文化特征的新石器时代遗址。总之，贫富分化的加剧、私有观念的产生、权力的集中、生产的专门化、对外贸易的发展以及文化的扩张，都证明涅伽达文化二期的社会政治经济结构已经相当复杂了，这为埃及统一国家的诞生创造了条件。

第二节　涅伽达文化的扩张

涅伽达文化三期（约公元前3200年—前3050年）是古埃及国家发展成型并走向统一的时期。至涅伽达文化二期的中期，在上埃及的阿拜多斯、涅伽达和希拉康波利斯已经形成了区域性政治中心。涅伽达文化发展壮大并向北扩张，将北部三角洲地区纳入涅伽达文化的权力体系之中，从而为古埃及国家的形成奠定了基础。随着社会阶层的进一步分化，希拉康波利斯和阿拜多斯开始出现强有力的统治者。他们为自己修建大型陵墓，这些陵墓通常带有多个墓室和丰富的随葬品。考古学家还在其中发现了代表王权的符号以及早期的文字。可以说，这些陵墓在一定程度上已经具备了王陵的性质。

希拉康波利斯位于上埃及地区，往南大约100千米就是埃及的南部边境阿斯旺。作为前王朝时期最重要的政治中心，希拉康波利斯是王权之神荷鲁斯的祭祀中心。希拉康波利斯是希腊语音译，意思是"鹰之城"，其本来的埃及语名称是奈垦（Nekhen）。19世纪末，英国考古学家奎贝尔和弗雷德里克·威廉·格林（Frederick William

Green）对该地区进行发掘，发现了埋藏于神庙地基之下的窖藏——"大宝藏"，其中埋藏了多件前王朝至早王朝时期的纪念物，包括著名的纳尔迈调色板（Narmer Palett）与蝎王权标头。进入20世纪70年代，考古学家又对希拉康波利斯进行了更为系统的发掘，仔细勘察了前王朝时期的村落和墓葬遗址。[22]

在巴达里文化（约公元前4500年）和涅伽达文化早期（约公元前4000年—前3700年），希拉康波利斯开始出现零散的农业村落。涅伽达文化一期末至二期初，农业村落向外扩张，出现了具有一定规模的定居村落，村内出现了长方形房屋和陶器生产作坊。到涅伽达文化二期末，农耕定居点已经延伸至沙漠边缘地区，灌溉工程已经出现，大型椭圆形庭院的神庙建筑也初具规模。涅伽达文化三期（约公元前3200年—前3100年），尼罗河泛滥洪水水位较低，大多数沙漠定居点都被废弃，但城市区域的发展并没有停止。此时已经出现了大型宫殿和神庙建筑。

希拉康波利斯的前王朝遗址分布在泛滥平原与沙漠边缘地带，沿沙漠边缘长约2.5公里，向河谷地带纵深约3公里，遗址内包括墓葬、手工作坊、宗教仪式中心、城镇以及宫殿等多种建筑类型。目前发现的居住遗址包括圆形与长方形房屋，一些房屋还有围墙和外层附属建筑。例如，在第29号定居点，考古学家发现了一座长方形的半地下房屋，屋内还有柱坑遗存。

生产啤酒的手工作坊位于村落北部。在这一区域，考古学家发现了10个高约40至60厘米，直径约60至85厘米的圆锥形啤酒罐。埃及是世界上最早酿造啤酒的地区之一。啤酒生产作坊与大型储酒罐

22　B. Adams, *Ancient Hierakonpolis*, Warminster: Aris and Philips, 1974.

的发现说明当时已经出现了明确的社会分工与高度组织化的生产模式。[23] 有趣的是，在遗址内的居民房屋中并没有发现储存容器。这说明涅伽达时期的希拉康波利斯采用了集中存储、统一分配的经济模式。古埃及国家诞生后所采用的再分配制度或许正是脱胎于希拉康波利斯的早期实践。

在村落的边缘地带还有一座涅伽达文化一期的制陶作坊。作坊由泥砖修葺，呈长方形，长约 4 米，宽约 3.5 米，深入地表半米左右，有 8 根木质柱子支撑屋顶和土墙，房屋东侧连接着窑炉。整座房屋有被火烧过的痕迹，可能是烧制陶器时不小心起火导致的。

位于沙漠边缘地带的希拉康波利斯遗址的墓葬区有 7000 多座前王朝时期的坟墓，其中编号为 HK6 号的墓区大约包含 200 余座墓葬，均为涅伽达文化一期至二期的大墓。HK6 墓区中墓葬的排布经过了精心规划，其中丰富的随葬品是当时村落或聚落首领权力与身份的象征。[24] 在这一墓区中，考古学家发现了现存最早的陵墓祭堂。一些大墓的地上建筑虽然已经荡然无存，但柱坑显示其原本有高大的地面建筑，很可能是供奉死者的祭堂。不仅如此，许多法老时代的丧葬习俗都可以在希拉康波利斯墓葬中找到痕迹。例如，在墓区的第 23 号墓中发现了最早的等身大小的石质人像残块，这意味着人像在丧葬领域的使用最早可以追溯到涅伽达文化中期。

HK6 墓区的第 16 号墓长 4.3 米，宽 2.6 米，深 1.45 米，是带有随葬坑的复合大墓。尽管墓室曾遭盗掘，但仍出土了包括 100 余件陶器在内的大批随葬品。在诸多随葬品中有两枚保存完好的陶制面具，

---

23 Renée F. Friedman, "Hierakonpolis," in Teeter（ed.）, *Before the Pyramids*, p. 34.
24 Friedman, "Hierakonpolis," in Teeter（ed.）, *Before the Pyramids*, p. 36-43.

面具侧面有孔,可穿绳系在死者头部。这是目前发现的埃及最古老的丧葬面具。到了法老时代,丧葬面具是高规格陵墓中必备的随葬物品,其中最为知名的就是法老图坦卡蒙的黄金面具。这两枚陶制面具的发现,说明法老时代的丧葬习俗或可追溯到涅伽达时期。

在第 16 号墓的随葬坑中出土了 36 具人类骸骨。鉴定结果显示,骸骨主人的年龄都在 8 至 35 岁之间,大部分是 15 岁左右的青年男女。其中还有一具骸骨属于一位侏儒。考古学家目前尚无法确定这些随葬坑中的骸骨是否代表涅伽达时期的希拉康波利斯存在殉葬习俗。在主墓的西南侧出土了 46 具动物骸骨,包括非洲象、野牛、河马、大羚羊各一头,狒狒三只,大山羊两头,狗二十七条,猫六只,以及牛羊等。这些动物由亚麻布或席子包裹,且放置于单独墓坑。

贵金属与半宝石也开始作为随葬品出现在希拉康波利斯的墓葬中。在第 11 号墓中,考古学家清理出红玉髓、石榴石、绿松石、黄金和白银等材质制作的珠子,天青石和象牙雕刻的艺术品,黑曜石和水晶刀刃,以及床腿雕刻成公牛腿的木质床。大型墓葬与丰富的随葬品,甚至数量众多的牺牲,都表明墓主人在当时具有极高的身份。他们可能是希拉康波利斯政治体的统治者或大祭司,享有很高的社会权威,也控制着大量社会财富。

在希拉康波利斯的沙漠边缘地带,考古学家发现了属于涅伽达文化二期的宗教建筑群(HK29A)。遗址占地约 1 公顷,带有长约 45 米,宽约 13 米的椭圆形院墙,以及长约 50 米的木质围栏和由四根木柱组成的大门。围墙之内的地面铺有泥砖,考古学家推测,这里可能是举行宗教仪式的场所。遗址内还有用于加工石质器皿和珠子的手工作坊,作坊的地面残留着加工燧石刀的剩余石料以及来自东部沙漠的彩色石料。[25] 在遗址附近的垃圾坑中，考古学家发现了大量动物骨骼，包括牛、羊等家畜，河马、鳄鱼、乌龟、鬣狗等野生动物以及鱼类，现场还有大量石刀。学者推测，这里可能是某种祭祀场所，当时的祭司可能在仪式中集中屠宰大批量的动物。[26] 古埃及文明崇尚秩序，狩猎与献祭野生动物代表着人对自然混乱力量的控制，前王朝时期的调色板和刀柄的装饰图案也经常以狩猎为主题。在祭祀活动中宰杀并献祭野生动物，将人类控制自然的力量进行了仪式性重演，强化了秩序战胜自然混乱的宇宙真理。在同一遗址中还出土了一枚陶片，上面刻画了巴特（Bat）女神制服敌人的场景，这一场景无疑也代表着秩序对混乱的控制。

在与 HK29A 遗址毗邻的 HK34B 遗址中，考古学家发现了早期的宫殿建筑。这一建筑遗址宽约 13 米，带有大型柱子，显示出法老时代大型石质建筑的式样。[27] 在宫殿遗址附近还有带柱厅的行政性建筑。

希拉康波利斯最著名的墓葬当属带有彩色壁画的第 100 号墓。第 100 号墓位于希拉康波利斯墓区东南角，地下墓坑长约 4.5 米，宽约 2 米，主墓室的墙壁上绘有目前已知埃及最古老的壁画。1898 年，奎贝尔与格林发现该墓，发现时墓壁上遍布铁锹痕迹，因此判断该墓在之前就已经遭到过盗掘。尽管如此，在墓中仍清理出十余件陶器与燧石刀，这些器物现保存于英国阿什莫利博物馆。墓室中的彩绘壁画也

---

25 Wengrow, *The Archaeology of Early Egypt*, p. 80.
26 Renée F. Friedman, "The Ceremonial Centre at Hierakonpolis Locality HK29A," in A. J. Spencer (ed.), *Aspects of Early Egypt*, London: British Museum Press, 1996, p. 24.
27 Wengrow, *The Archaeology of Early Egypt*, pp. 81-82.

图 3-5　希拉康波利斯第 100 号墓壁画

被切割下来，运送到了埃及开罗博物馆，现仅存局部，且破损严重。[28] 壁画位于墓室西南壁，长约 4 米，高约 1.5 米，底色为鲜黄色，由黄色赭石颜料在墓室的泥砖墙壁表面均匀涂抹而成，可能是尼罗河谷沙漠地区自然景观的再现。画面上有五条白色的船和一条黑色的船。这些船只没有划动的船桨，而是在船头抛锚固定，展现了船只停靠在尼罗河沿岸港口的景象。船舷上绘有红色的船舱。船体周围分布着姿态各异的人物与动物形象，包括羚羊、曲角羚羊、山羊、鸟、猎狗、大型猛禽等。从壁画中我们可以看到人制服猛兽、猛兽追逐羚羊、较大的人物手持权杖制服敌人和猛兽等"暴力"主题。壁画中没有任何解释说明的文字可以佐证，来建立图像的历史语境，但其中的诸多要素却是法老时代浮雕壁画的传统主题。例如，壁画中多处出现手持权杖的人物形象。在手持权杖的人面前，还排列着捆绑跪地的敌人或俘虏。同时，在画面的左上方和右上方出现了狩猎场景。

有学者认为，壁画是墓葬整体的有机组成部分，是墓主人生前自传的视觉化呈现，死者是这些墓葬壁画的观者。因此，"暴力"主

28　J. E. Quibell and F. W. Green, *Hierakonpolis*, 2 vols, British School of Archaeology in Egypt and Egyptian Research Account 4-5, London: Bernard Quaritch, 1902, p. 20.

题中较大的人物形象代表前王朝时期希拉康波利斯地区的首领，甚至是早期的国王。壁画展现的正是统治者抵御敌人入侵的场景。[29] 还有学者认为，希拉康波利斯地处上埃及的南端，位于通往南部努比亚的交通要道上，努比亚盛产的象牙、皮革、木材和香料等珍贵物品都集中在希拉康波利斯。[30] 因此壁画中的黑色船只代表东地中海地区的部落，到富庶的上埃及进行贸易或抢劫，他们就是后来埃及人所提及的"东部入侵者"。[31]

然而，墓主人与壁画"暴力"图像中的"大人物"是否一致，由于缺乏文字佐证而难以考证清楚。与其说壁画中的暴力主题代表了墓主人生前的事迹，不如将其看作早期权力观念的艺术再现。此外，"暴力"图像也可能并非来自对社会的写实，而是图像化的巫术，即通过模仿巫术达到原始艺术"所现即所盼"的目的。[32] 这也是绝大部分原始艺术的诠释都会用到的交感巫术原理。然而，这种带有本质主义的诠释模式虽然难以被驳斥，但忽略了古埃及图像艺术中的暴力主题区别于其他早期文明的独特性。

对古埃及史前艺术进行历史性或宗教性的解释时，我们很难找到牢靠的理论和事实依据。这些艺术可能是历史事件的反映，也可能是神话传说的视觉体现。无论如何，前王朝艺术中的暴力主题反映了

29　H. Case and J. C. Payne, "Tomb 100: The Decorated Tomb at Hierakonpolis," *Journal of Egyptian Archaeology*, vol. 48, 1962, p. 18; Kemp, *Ancient Egypt*, p. 81; M. A. Hoffman, *Egypt before the Pharaohs: The Prehistoric Foundations of Egyptian Civilization*, New York, London and Henley: Alfred A. Knopf, Routledge and Kegan Paul, 1980, p.109; B. Adams, "Elite Graves at Hierakonpolis," in Spencer(ed.), *Aspects of Early Egypt*, p. 1; David Wengrow, *The Archaeology of Early Egypt*, p. 115; 刘文鹏：《希拉康坡里画墓及其壁画》，《内蒙古民族师院学报（哲学社会科学·汉文版）》，1992年第1期，第1—9和42页。

30　Case and Payne, "Tomb 100," p. 17.

31　Hans A. Winkler, *Rock-Drawings of Southern Upper Egypt*, vol. 1, Archaeological Survey of Egypt, London: Egypt Exploration Society and Milford, 1938-1939, p. 26.

32　J. Capart, *Primitive art in Egypt*, trans. A. S. Griffith, London: Grevel, 1905, pp. 214-215.

早期部落首领之间进行的斗争，以及围绕着这些斗争而展开的权力争夺，进而展现了从聚落社会到早期国家的发展进程中权力整合的过程。[33] 简言之，暴力主题是法老时代王权艺术表达的雏形。早期国家的形成不仅是物理上疆域的统一，也是文化上共同理念和价值观的统一。对权力的认知与对自身文化和身份的认同都促进了统一国家的形成。V. G. 柴尔德（V. G. Childe）认为，根据墓葬建筑形制，希拉康波利斯第 100 号墓的主人是原始社会的氏族首领，当时的古埃及社会正处于从部落原始社会向文明王权社会的过渡阶段，而彩绘壁画的内容是权力的叙述方式，并非宗教仪式。[34] 在古代埃及社会，狩猎象征着权力和控制力，人类社会是秩序的象征，而野生动物则代表了混乱的自然之力。艺术作品中的狩猎场景实际上表达了秩序对混乱的控制。狩猎场景是法老时代墓室壁画中常见的主题。例如，中王国时期，中埃及地区羚羊省的长官库努姆霍特普（Khnumhotep）在贝尼-哈桑的墓室墙壁上就绘有狩猎题材的精美壁画。[35] 墓主人站立在纸草船上，在沼泽中穿行，他将手中的打鸟器高高举起，试图将其投掷出去，以捕猎纸草丛中栖息的野鸟。

值得一提的是，在希拉康波利斯第 100 号墓的壁画中，船只的图像也具有深刻的含义。在画面中的六条船上都有神龛形状的船舱。在

---

33 B. Adams, "The Painted Tomb at Hierakonpolis," *Nekhen News*, vol. 11, 1999, p. 23; T. A. H. Wilkinson, *Early Dynastic Egypt*, London and New York: Routledge, 1999, p. 26; Midant-Reynes, *The Prehistory of Egypt*, p. 207; Hendrickx, "Iconography of the Predynastic and Early Dynastic Periods," in Teeter (ed.) , *Before the Pyramids*, p. 77; Andelković, "Political Organization of Egypt in the Predynastic Period," in Teeter (ed.) , *Before the Pyramids*, pp. 27-28; Baines, "Origins of Egyptian Kingship," in Silverman and O'Connor (eds.) , *Ancient Egyptian Kingship*, p. 97; Williams, Logan and Murnane, "The Metropolitan Museum Knife handle and aspects of Pharaonic Imagery before Narmer," p. 256.

34 V. G. Childe, *New Light on the Most Ancient East*, New York: Routledge and Kegan Paul Ltd, 1958, p. 80.

35 Percy E. Newberry, *Beni-Hasan*, vol. 1, London: The Egypt Exploration Fund, 1893.

法老时代，神庙中的神像出行时都乘坐类似的船形步辇。同时，船在丧葬仪式中也具有重要作用，是死者去往冥界的交通工具。太阳神拉（Ra）乘坐太阳船巡游天空，君主死后也加入其中，乘坐太阳船与拉神一起巡游。希拉康波利斯第100号墓壁画中的船只或许也反映出船在丧葬仪式中的重要性。船上的箱形船舱是否代表神龛？附近的人物形象是否代表祭司？这样的图像元素是否可以从宗教的角度进行解读？我们很难给出这些问题的确切答案，但涅伽达文化中船只的意象与法老时代的艺术具有明显的延续性。这或许说明，艺术所表达的关于政治、宗教与丧葬习俗方面的观念先于国家而诞生，并在古埃及国家的形成过程中起到了关键的作用。

到了涅伽达文化三期后期，希拉康波利斯出现了带有"宫殿正门"样式的建筑结构，即由泥砖砌成的凹凸交错的高大宫墙。"宫殿正门"结构在古埃及是王权的象征。鹰神荷鲁斯站立在"宫殿正门"的图样之上，将王名书写在"宫殿正门"之内，这就成了"王名框"（serekh）。王名框是古埃及国王书写王名的标准方式。在三角洲地区的布托遗址也发现了类似的建筑结构，并在其中发现了黏土制作的封印。布托的宫殿建筑可能是早期国家在三角洲一带的管理中心，掌握着当地的生产与贸易活动。

位于尼罗河三角洲的马阿迪－布托文化是有别于上埃及地区涅伽达文化的另一个新石器晚期文化。涅伽达文化的遗存主要是墓葬，且保存状况较好。涅伽达文化扩张到埃及全境后，埃及逐步开始了文明的进程。因此，对涅伽达文化的研究往往集中于探讨权力社会与国家的诞生。马阿迪－布托文化所在的北部三角洲地区在地貌特征上与上埃及明显不同，尼罗河下游支流在此地形成了大片沼泽湖泊。当地遗址以村落遗址为主，但保存情况较差。涅伽达文化一期时，上埃及的涅伽达文化和下埃及的马阿迪－布托文化各自独立发展。马阿迪－布托文化涵盖了从地中海沿岸的布托至开罗南部的广大地区，也包括法尤姆地区。布托是马阿迪－布托文化的重要遗址。涅伽达文化扩展到三角洲地区后与当地文化融合，包括布托在内的各个地区最终被纳入上埃及文化圈内。因此，对三角洲村落遗址的研究不仅可以向我们揭示新石器晚期社会生活的各方面情况，也展现了涅伽达文化传播到三角洲地区后与当地文化融合的过程。

法尤姆 A 文化和梅里姆达文化是新石器时代三角洲地区最早的农业定居村落。西亚地区种植与畜牧技术的传播可能对这些地区的农业发展产生了一定的影响，如法尤姆 A 文化诞生了埃及最早的谷物种植技术。法尤姆地区具有良好的农耕条件，当地村落经济繁荣，但并没有像上埃及涅伽达文化那样出现明显的财富分化和权力集中的趋势。三角洲的农耕与畜牧技术向南传播，被埃及中部河谷地带的巴达里文化接受。

在法尤姆 A 文化和梅里姆达文化之后发展起来的是马阿迪－布托文化，主要遗址包括马阿迪、迪格拉旱谷（Wadi Digla）、图拉（Tura）、艾斯－萨夫（Es-Saff）、布托、艾兹贝特·埃尔－克达赫（Ezbet el-Qerdahi）、孔纳斯耶特·艾斯－萨杜斯（Konasiyet es-Sardushi）、戴尔·埃尔－法哈（Tell el-Farkha）、孔姆·埃尔－赫尔甘（Kom el-Khilgan）以及戴尔·埃尔－伊斯维德（Tell el-Iswid）等。这些地区的新石器晚期村落普遍与巴勒斯坦地区保持着密切的商贸往来，遗址内的房屋和布局具有明显的巴勒斯坦地区的特点。[36]

---

36 Yann Tristant and B. Midant-Reynes, "The Predynastic Culture of the Nile Delta," in Teeter (ed.), *Before the Pyramids*, p. 48.

在这些遗址中，马阿迪形成较早。马阿迪文化的建筑与手工制品并不突出，遗址中也没有发现贫富分化与权力集中的现象。居民饲养牛、羊、猪、狗等家畜，种植大麦。墓葬以单人坑屈肢葬为主，随葬品较简单，多为陶器与贝壳。马阿迪文化的陶器呈现出独特的形制，这一类陶器均为平底，带有细颈、口缘呈喇叭形，包括酒杯、瓶、碗和杯子等器型。在马阿迪遗址内，涅伽达文化的陶器与带有巴勒斯坦文化元素的陶器，以及使用当地黏土制作的涅伽达陶器的仿制品都十分常见。与上埃及遗址中普遍缺乏金属器皿的状况不同，考古学家在马阿迪发现了包括铜斧、铜刀、铜钩和铜锭在内的多种铜制品。制铜技术源自巴勒斯坦地区，而这些器皿所使用的铜矿则来自埃及东北部的西奈半岛。此外，遗址还出土了精美的刀具，刀具平直的边缘和两侧的罗纹装饰与迦南刀具非常相似，以及出土了用于焚香的巴勒斯坦的树脂、涅伽达文化特有的石质调色板、象牙梳子、雪花石膏制成的圆形权标头等。种种证据表明，马阿迪很可能是巴勒斯坦地区与上埃及进行商贸往来的中转站，如在巴勒斯坦地区也发现了马阿迪出产的鱼和运送鱼的陶罐。

遗址内的房屋呈椭圆形或长方形，屋内有柱坑、沟渠、木杆、灶台及各种陶器。房屋规模普遍较小，排布缺乏规划。其中还有一种由泥砖和石头砌成的半地下式房屋，样式与青铜时代早期的巴勒斯坦地区的房屋非常相似，因此有学者提出马阿迪文化是古巴勒斯坦居民在尼罗河三角洲地区建立"殖民地"的产物。[37] 我们可以在马阿迪文化末期的墓葬中看到逐渐产生贫富分化的过程。一些墓中的随葬品明

---

37 Tristant and Midant-Reynes, "The Predynastic Cultures of the Nile Delta," in Teeter（ed.）, *Before the Pyramids*, p. 50.

显增加，还出现了狗与羚羊的墓葬。到了涅伽达文化二期中期时，马阿迪文化逐渐衰落，而布托文化开始兴起。

布托文化是在马阿迪文化之后发展起来的三角洲本土文化。布托城在今天亚历山大里亚城东南方向约95千米处，坐落在尼罗河支流瑟本尼提克河岸边，距离河流入海口不远。在早王朝时期，布托是早期国家在三角洲地区的行政中心，第一王朝时建造的王宫到第三王朝时仍在使用。

在布托遗址前王朝时期的地层中，考古学家发现了两河流域乌鲁克文化特有的圆锥形泥砖，这种泥砖在乌鲁克等地专门用来装饰神庙外墙。布托出土的一些陶片上带有白色条纹，是叙利亚地区典型的"阿姆克F型器"（Amuq F ware）使用的纹样。这些证据表明，布托文化通过北叙利亚，与乌鲁克文化有着密切的贸易往来。除此之外，布托本地陶器的生产深受上埃及涅伽达文化影响。布托遗址最为重要的意义在于，在其连续的七个前王朝地层中可以看到马阿迪文化向涅伽达文化的转化，即涅伽达风格的陶器逐渐增多，马阿迪风格的陶器逐渐减少。尽管如此，我们从马阿迪和布托遗址中仍然能够看到一个与北方涅伽达文化平行发展的独立文化体。这个三角洲的本土文化有着与涅伽达文化类似的发展轨迹，即从相对平等的村落社会向等级社会发展，随着社会复杂性的增加而演化出自己独特的宗教信仰、仪式、神话和社会体系。在戴尔·伊布拉辛－阿瓦德（Tell Ibrahim Awad）、戴尔·埃尔－茹巴（Tell el-Ruba）、戴尔·埃尔－法哈、孔姆·埃尔－赫尔甘和戴尔·埃尔－伊斯维德等布托文化遗址中，考古学家都观察到了类似的现象。

布托文化的村落由椭圆形或长方形房屋组成，屋内通常有柱子。戴尔·埃尔－伊斯维德遗址的房屋内有灶台、地窖与柱子等遗迹。戴尔·埃尔-法哈遗址的房屋多为长方形，且带有地下窖藏。村落中还有酿造啤酒的作坊和储藏啤酒的大型陶罐。布托文化的墓葬形式与马阿迪文化类似。孔姆·埃尔-赫尔甘遗址的50余座墓葬都是单室墓，骸骨呈现蜷缩姿态，头部没有固定的朝向，随葬品较为单一，多数墓内仅有一件陶器，约三分之一墓葬内有2至5个陶罐，偶尔有贝壳制作的工艺品。

戴尔·埃尔-法哈遗址位于三角洲东部，在开罗东北方向120千米处，占地面积约4公顷。大约公元前3600年，戴尔·埃尔-法哈就出现了定居村落。到了大约公元前3300年，南方的涅伽达文化开始渗透到三角洲东部，戴尔·埃尔-法哈逐渐成为第零王朝与早王朝时期埃及重要的贸易集散地，同时也成为三角洲地区重要的行政管理中心与宗教中心。戴尔·埃尔-法哈遗址一直持续到第一王朝。

涅伽达文化三期的早期，戴尔·埃尔-法哈遗址出现了较为明显的贫富分化。在居住区域出现了用于宗教仪式或行政管理的较大规模的建筑结构，在墓区则出现了大型砖石墓。村镇已经出现了功能分区，建筑沿街道有序排列，房屋带有围墙。从总体上看，遗址西部是神庙与居住区，中部是手工业与居住区，而东部是墓区与村庄。这样的建筑分布说明该村镇的建造经过了一定规划，并不是自发形成的。在遗址西侧的大型建筑内，考古学家发现了大量还愿塑像，有陶质的，也有泥质与石质的。此外，还有仪式用的酒器，以及不同材质制作的人物与动物塑像，包括河马、裸体或身穿长裙的妇女、怀抱婴儿的妇女等。儿童像表现出吸吮手指的动作，这是法老时期孩童的经典形象。另外，还有一尊男性塑像引起了考古学家的注意。这尊塑像上的男子身着长袍，与国王在赛德节（Heb Sed）上的装扮十分相似。侏儒和手臂缚于背后的俘虏雕像也十分常见。遗址内还出土了眼镜蛇塑像。眼镜蛇是女神瓦杰特（Wajdet）的象征，这位女神是下埃及地区的保护神，在法老时代，与代表上埃及的奈赫贝特（Nekhbet）女神一起作为王权的保护者，写入了国王的头衔之中。在遗址内，考古学家还发现了两尊覆盖着金箔的直立男性人像。两尊人像分别高57厘米与30厘米，带有硕大的耳朵与生殖器，眼部由来自阿富汗地区的天青石制成，眉毛由沥青与乌木制成。这两尊雕像或许是当地的一位首领及其继位者。[38]

遗址东部墓区的历史存活于前王朝至第四王朝初期，共有墓葬120余座，其中早期的墓葬规模较大，随葬品也较为丰富。到了早王朝与古王国时期，墓葬规模大为缩减，这反映出戴尔·埃尔－法哈衰落的过程。在同一时期，考古学家还发现了一座占地约300平方米的大型建筑。建筑围墙厚达2.5米，形制规整，呈正方形，内有墓道通往地下墓室。这一建筑形式或为早王朝时期马斯塔巴墓的前身。墓区中出土的陶器上带有陶器刻画符和早期象形文字符号，这些符号可能是陶罐所盛放物品的产地。此外，考古学家还在陶罐上发现了前王朝时期的王名。

戴尔·埃尔－法哈的兴衰与涅伽达文化的扩张和古埃及国家的建立密不可分。作为上埃及与东地中海地区和两河流域的交通要塞，这座古老的城镇成了不同文化要素的汇集地。在上埃及地区，随着社会复杂化程度的加深与等级社会的形成，统治阶层需要通过远程贸易获得奢侈品，作为身份与权威的象征。在这样的背景之下，上埃及与巴勒斯坦地区的贸易中转站戴尔·埃尔－法哈率先接触到了

---

[38] Krzysztog M. Cialowicz, "The Predynastic/Early Dynastic Period at Tell el-Farkha," in Teeter (ed.), *Before the Pyramids*, pp. 55-64.

涅伽达文化。

涅伽达文化对三角洲地区的渗透可能是通过贸易往来而非战争手段实现的。考古资料显示，三角洲诸遗址均没有明显的战争破坏痕迹。上埃及政权统一了下埃及政权从而形成上下埃及统一国家的叙述逻辑，是在法老时代形成的政治宣传。实际上，三角洲地区通过与涅伽达文化的接触而逐渐与之融合。涅伽达移民来到下埃及后，在当地实施涅伽达的行政管理模式，将下埃及地区的居民也纳入了早期国家的管理框架内。与此同时，下埃及的物产以及东地中海地区的贸易商品也经由更加高效的行政管理体系源源不断地运送到上埃及涅伽达文化的核心区域。

涅伽达文化对三角洲的扩张与渗透是一个漫长而复杂的过程。一方面，当时的上埃及地区可能存在多个相互牵制的政治体；另一方面，三角洲地区的布托文化也开始走向复杂社会。三角洲本土文化的权力结构如何？外来的统治秩序与本土原有的权力结构发生了怎样的碰撞？随着近年来在三角洲地区考古发掘的不断深入，这些问题都一一浮出水面，等待着考古学家的解答。伴随着对这些问题的解答，古埃及国家形成的过程也会更加清晰地呈现在世人面前。

第三节　早期埃及国家的政治图景

古埃及文明国家的形成经历了一个漫长的过程。尼罗河先民们从村落走向城市和文明，大约用了1000年的时间。在涅伽达文化一期，埃及各地形成村落，文明的种子开始萌芽。从原始村落到统一国家，政治结构不断演变，日益复杂。在这一过程中，自治村落简单的政治结构随着权力的集中向村落联盟、部落、酋邦和国家演变。具体而言,埃及国家的诞生过程可分为六个阶段。[39] 第一阶段,约公元前4000年至前3900年,上埃及地区形成独立的自治村落。第二阶段,即涅伽达文化一期的前半段,跨村落的政治联盟形成,出现了首领。首领的权力迅速扩大,各个村落联盟可能因为争夺土地而发生战争。这一阶段出土的陶器和调色板上的旗子图案,可能代表上埃及地区原始的政权中心。第三阶段,即涅伽达文化一期中后期至涅伽达文化二期中期,旗子图案的数量明显减少。到了涅伽达文化一期末,上埃及地区出现了八个政治中心——阿拜多斯、阿巴底亚、涅伽达、格贝林(Gebelein)、希拉康波利斯、埃尔-卡布(El-Kab)、埃德夫以及象岛。其中阿拜多斯、涅伽达与希拉康波利斯的实力最为强大,逐渐兼并了其他的区域性政治中心。这个时期的器物上,出现了凯旋、战俘与献祭等主题,权力的观念已经融入涅伽达文化中。第四阶段,即涅伽达文化二期中后期,此时最为强大的政治体是阿拜多斯和希拉康波利斯。上埃及已经具备了国家的雏形,并开始向北部三角洲扩张。北部的马阿迪-布托文化逐渐接受了涅伽达文化。第五阶段,即涅伽达文化二期末期至三期中期。在此阶段,埃及形成了政治上的统一体,王权已经形成,统治者开始使用荷鲁斯名和王名框。这个阶段又被称为第零王朝或原王朝时期。此时,摇篮中的埃及文明已经扩张到东地中海南部。第六阶段,即涅伽达文化三期的中后期,第一王朝开始,埃及形成庞大的统一国家。

  涅伽达文化三期是埃及完成国家统一并建立起王权的时期。此

---

[39] Andelković, "Political Organization of Egypt in the Predynastic Period," in Teeter(ed.), *Before the Pyramids*, p. 28.

时，权力的中心向北移至阿拜多斯，很可能是希拉康波利斯和阿拜多斯建立了外交联盟。从希拉康波利斯沿尼罗河顺流而下，经过基纳大转弯，就到了阿拜多斯。阿拜多斯的墓葬考古发掘成果将进一步帮助我们了解古埃及王权的表达和向国家演进的方式。阿拜多斯的考古发掘早在19世纪中期就开始了。从国家建立之前的涅伽达文化三期到希腊罗马时代，阿拜多斯一直是古埃及国家的宗教圣地。从早期的王室墓地到后来的奥赛里斯崇拜中心，阿拜多斯在古埃及的历史舞台上一直发挥着举足轻重的作用。在涅伽达文化三期，阿拜多斯的地方首领、第一王朝的所有君主以及第二王朝的最后两位国王都将自己的陵墓建在阿拜多斯。这个时期也是埃及国家、政治和宗教体系形成的关键时期。可以说，阿拜多斯的考古发掘是研究埃及文明和国家诞生的关键。

在阿拜多斯的乌姆·埃尔-卡布（Umm el-Qa'ab）地区，[40]考古学家发现了一系列大型墓葬，即U号墓地与B号墓地。在这些墓葬中发现了一些王名，包括尼-荷尔（Ny-Hor）、哈特-荷尔（Hat-Hor）、佩-荷尔（Pe-Hor）、荷德-荷尔（Hedj-Hor）、伊利-荷尔（Iry-Hor）、卡（Ka）、鳄鱼王、蝎王二世以及可能是更早期没有姓名只有王名框的国王，至少有11位君主。[41]在乌姆·埃尔-卡布的U-j号墓中还发现了一些符号，目前还不清楚是表示王名还是神名。[42]实际上，王权的形成先于国家的统一，标志是王名框的出现。早期的国王会将自己的名字写入王名框中。"王名框"是一个表示"宫殿正面"

---

40 乌姆·埃尔-卡布是现代阿拉伯语"陶罐之母"的意思，因当地遍布远古时代的陶罐而得名。
41 Andelković, "Political Organization of Egypt in the Predynastic Period," in Teeter（ed.）, *Before the Pyramids*, pp. 25, 30.
42 Jochem Kahl, "Inscriptional Evidence for the Relative Chronology of Dynasty 0-2," in Hornung, Krauss and Warburton（eds.）, *Ancient Egyptian Chronology*, pp. 95-96.

的正方形框,代表了君主居住的宫殿。在王名框上站着鹰隼神荷鲁斯,它是王权的化身。

U墓区和B墓区有许多涅伽达文化三期的双室大墓。B墓区是埃及国家统一之后的国王墓地。其中,B墓区西南边的大型墓地中有第一王朝国王阿哈(Aha)的陵墓,南边是第一王朝其他君主以及王后美利尼特(Mereneith)的陵墓,西北方向是第二王朝的两位君主佩尔伊布森(Peribsen)和哈赛亥姆威(Khasekhemwy)的陵墓。而在U墓区,埋葬的是更早的前王朝时期的十几位国王。U墓区到B墓区的墓葬规模和结构存在着一些变化,但从基本形制来看是一脉相承的,这也说明早期王权继承的连续性和早期国家政治发展的延续性。

阿拜多斯的涅伽达文化三期U墓区的陵墓就规模而言不算大,但相对同时代其他地区的墓葬而言,这些"王陵"无论是从规模上还是建筑形式上都是十分突出的。墓葬位于沙漠深处,呈长方形,墓室由泥砖砌成,用木材和芦苇席封顶,并以夯土覆盖。有些墓室上还有地面建筑,可能是由芦苇、皮革或亚麻布制成的帐篷。在靠近河谷的居住区还有专门的祭庙。U墓区中最著名的陵墓是编号为U-j的墓葬,该墓呈长方形,占地近70平方米,由12间墓室组成。东北角较大的墓室可能是主墓室,在里面发现了木质神龛。墓室之间的墙壁留有窄缝,使得彼此相通,很可能是供墓主人灵魂出入的通道,后来埃及墓室中的"假门"结构可能就源于此。[43]墓室中随葬品众多,包括大量的骨器、象牙器、陶器,仅来自巴勒斯坦地区的陶罐就有700余件,陶罐里还有残留的葡萄酒,单只陶罐的容量可达4至5升。这些

---

43 Dreyer, "Tomb U-J," in Teeter(ed.), *Before the Pyramid*, pp. 128-130.

陶罐都密封完好,带有完整的封泥,上面的封印为滚筒印章所制,可以辨别出羚羊、鹰隼和鱼叉等图案,这些图案在古埃及具有非常重要的象征意义。不仅如此,在陶罐表面上还发现了一系列符号,包括鹰隼、蝎子、蜘蛛、螺贝壳、大象以及公牛等。德国考古学家衮特·戴叶(Günter Dreyer)认为,这些符号很可能是早期国王的名字,[44]之所以刻在陶罐上可能是为了表明陶罐中所盛贡品的来源,它们来自这些国王建立的庄园。科普特斯的敏神雕像以及同时代用于仪式的调色板上都有相似的符号。[45]在 U-j 墓中还发现了 150 余枚带孔的象牙标签,标签上雕刻的图案很可能是埃及各地城市的名字,其中一枚标签上刻着下埃及城市布巴斯提斯的象形文字符号。这些标签可能原本是拴在陶罐上,用来标明里面所盛的物品及其产地。这些物品可能是地方向统治者进献的贡品,也可能是墓主人的庄园出产的产品。根据刻于陶器上的蝎子图案以及在墓中发现的象牙权杖,U-j 号墓可能是阿拜多斯的一位早期统治者,埃及学家称其为蝎王一世。[46]滚筒印章和象牙标签的使用表明当时已经出现了复杂的管理体系、中央集权和对经济资源的分配体系。[47]

古埃及国家的统一并不是现代学者提出的概念,古埃及人也认为他们的国家是由一名英勇睿智的君主将上埃及与下埃及两片土地统一起来,最终形成了一个国家,即赛玛-塔维(sema-tawy),在古埃及语中的意思是"两片土地的统一"。根据曼尼托的记载,古埃及国家的开国之君是美尼斯,在都灵王表与阿拜多斯王表中,也出现了

---

44 Dreyer, "Tomb U-J," in Teeter (ed.), *Before the Pyramid*, pp. 134-135.
45 Baines, "Origins of Egyptian Kingship," in Silverman and O'Connor (eds.), *Ancient Egyptian Kingship*, pp. 107-108.
46 Dreyer, "Tomb U-J," in Teeter (ed.), *Before the Pyramid*, p. 135.
47 Wengrow, *The Archaeology of Early Egypt*, p. 203.

"美尼"的王名。然而，考古学家并没有在涅伽达文化三期或早王朝时期的考古遗址中发现"美尼"的名字。相反，"开国之君"可能要归于一位叫纳尔迈（Narmer）的君主。1898年，英国考古学家奎贝尔在希拉康波利斯的荷鲁斯神庙的奠基坑中，发现了一件制作精美的大型灰绿色粉砂岩调色板，这就是著名的纳尔迈调色板。纳尔迈调色板可以说是古代埃及最重要的历史文物之一，因为它第一次记载了埃及历史上国家的建立和统一。

纳尔迈调色板呈盾形，长约64厘米，两面都刻有浅浮雕，可能是用作祭祀或纪念的礼器。调色板最初为研磨、混合颜料的板盘，主要是制作眼影使用。纳尔迈调色板的一面由两只怪兽的长颈相交形成圆形凹陷区，仍保留了作为调色板的实用功能，但其装饰的复杂和精美使其性质与实用功能越来越远。最早研究纳尔迈调色板的皮特里将调色板表现的内容与古埃及早期国家的统一和王权的表达联系在一起。调色板的两面都是极具象征意义的浮雕图案。正面由横线水平分为四个区域。最上面是代表巴特（Bat）女神的一对牛头，牛头之间是王名框，其中写有纳尔迈的名字。王名框代表的是宫殿正门，这样的图案可以理解为纳尔迈入主王宫，具有和神一样的地位。在第二行中，纳尔迈头戴代表下埃及（三角洲地区）的红冠，由侍从陪伴，正在检阅被处决的俘虏。在这十名俘虏之上是船只的图案，船上有象征王权的鹰神荷鲁斯。在船的前面，还有另外一只正在开门的鹰。这些俘虏的头都被砍掉，放在两腿之间。而在纳尔迈之前，有侍从高举着旗标，在他之后，还有手持凉鞋的侍从。在这一场景的下一行，刻有一对双颈相交环绕的长颈兽，双颈围起来的圆形区域是调色板用来研磨颜料的地方。这一对长颈兽的脖子上都套着绳索，被旁边的人牵着。制服猛兽代表着秩序对混乱的控制，这也是古埃及艺术中常见的

图 3-6　纳尔迈调色板

主题。同样的主题也出现在最下一行，在这里，公牛正攻陷堡垒，踩踏敌人。从法老时代埃及的艺术中可知，公牛是国王的代表，这里想要表达的可能是纳尔迈作为国王具有强大的武力。在调色板的背面，调色板被分为水平的三个区域。最上层仍然是代表着天空和神圣领域的巴特女神，以及纳尔迈的名字。在中间的区域，纳尔迈头戴代表上埃及（尼罗河谷）的白冠，手持权杖，高举手臂，正在打击敌人。在跪倒在地的敌人头上，鹰隼神荷鲁斯出现，它正拿着钩子，勾住敌人的鼻子，而敌人的身体则化成了代表下埃及的纸草符号。在调色板的最下层，是两名被击败倒地的敌人。

　　对于纳尔迈调色板的用途和意义，学界有不同的看法。多数学者倾向于认为纳尔迈调色板并不是对某一次历史事件的记录，而是纪念性的物品，代表的是国王的胜利。英国埃及学家贝恩斯认为，调色板的图像表达了拥有者或下令制造者对统治权力的渴望，也是王权在

第三章　古埃及国家的诞生

图 3-7　头戴红白双冠的国王形象

艺术品上的表达，即图像的功能在于表达王权。工艺复杂、制作精良的纳尔迈调色板可能是国王献祭给神庙的贡品，并非实用物品。也有学者从"字面"上对纳尔迈调色板上的浮雕装饰进行解读，认为这是对真实历史事件的记录，即纳尔迈通过战争征服了三角洲地区，在历史上第一次建立了统一的埃及国家，成为"上下埃及之王"。[48] 不管怎样，在纳尔迈调色板上，考古学家第一次发现代表上埃及的白冠和代表下埃及的红冠出现。纳尔迈佩戴红白两色王冠，可能象征着在他的统治时期，上下埃及已经实现了统一。更多学者倾向于认为，埃及的统一并非是某一任君主发动战争的结果，而是长期以来各个地方政治实体通过经济和军事上的较量，相互博弈的结果。也是因为涅伽达文化在政治经济上的实力增强，最终形成了强大的文化凝聚力，从而

48　Dreyer, "Egypt's Earliest Historical Event," pp. 6-7.

使得上下埃及各地在文化上自发地聚合在了一起。前王朝时期是古埃及国家逐渐形成的时期，也是王权政治在图像表达上发展演变的时期。最终在前王朝晚期，实现了质的飞跃。[49] 国王的主要职责是消除混乱从而维持宇宙秩序，而这种混乱的力量往往塑造为异族形象。消除混乱、维持宇宙秩序的观念衍生出仪式性杀戮的图像主题。这种图像体现了暴力与秩序，自我身份认同与象征他者的异族形象之间紧张的对立关系，由此形成了一种神话式的图像叙述模式。在这类图像叙述的两极对立关系中，国王成为打击、狩猎的一方，并以各种服饰符号象征王权；而另一方则是敌人，同样借助肢体语言和服饰来象征混乱。至于图像所反映的具体人物关系和历史事件，往往众说纷纭。

上下埃及的统一并不是由某一位伟大的君主通过武力征服而实现，而是经历了漫长的历史过程，这一过程始自涅伽达时期。尽管现代学者根据研究需要从考古学上将前王朝时期分为涅伽达文化一至三期，又根据其可能的政治状况进行了历史发展阶段的分期，但历史本身是延续的。这些分期方式旨在还原文明诞生的发展脉络，揭示发展的内在规律与根本原因。找到文明发展的动力是早期文明研究面临的根本问题。为何涅伽达文化能够最终发展成统一而强大的古代国家？文明诞生的动因究竟是什么？针对这些问题，学者们提出了不同的理论模型。

农业社会内在动力模型认为农业社会的内在驱动力推动了文明的诞生。早期的原始农业社区为了控制生产的风险而推举首领来组织农业生产活动，随着农业社区的扩大，开始产生等级差异，进而出现

---

[49] T. A. H. Wilkinson, *State Formation in Egypt: Chronology and Society*, Oxford: Basingstoke Press, 1996; Baines, "Origins of Egyptian Kingship," in Silverman and O'Connor (eds.), *Ancient Egyptian Kingship*, pp. 95-156.

地区性政权。[50] 首领们拥有了政治权力，伴随而来的是象征权力和身份的各类随葬品。与此同时，周边游牧民族的侵扰刺激了军事力量的增长，继而产生了更深层的权力观念，即首领是秩序的维护者。权标头、调色板等礼器和随葬品成为权力的象征。约公元前3300年，上埃及的两大权力中心涅伽达与希拉康波利斯合二为一，向北部扩张，控制了北部三角洲的产粮地带。与西亚地区的贸易往来使政治中心从南部的阿拜多斯转移到了位于尼罗河三角洲和河谷交界的孟菲斯。国家与王权的形成是一个漫长的过程，从首领的产生到国家的形成，大约经历了五个世纪。早期农业社区的土地逐渐成为氏族的共有财产，从而产生了原始的所有权观念，世袭观念也随之产生。伴随着政治权力的诞生，原始巫术向宗教神权转化。

　　城市化模型强调城市化在国家形成中的作用。尼罗河提供了便捷的交通，为各地往来提供了极大的便利。因此在尼罗河沿岸逐渐形成了一系列城镇，城镇管辖着周围的土地，国家统一就是在这一基础之上实现的。[51] 城市发展意味着农业生产水平的极大提高，有足够多余粮来养活城市内不直接从事农业生产的人口，如统治阶层、祭祀阶层（可能与统治阶层是相同的群体）、手工业者（如制陶、纺织、造船等行业的工匠）等。城市的出现意味着政治体系进一步复杂化，从而为国家的出现提供了可能。在涅伽达文化后期，王名出现在陶器、印章与象牙小牌上，并写入王名框。系在陶罐上的小牌则表明当时社会已经出现了税收体系，统治阶层控制着远程贸易。城市的发展伴随着国家的形成并植根于官僚系统中。围绕神庙的建造发展成了以宗教

50　Hassan, "The Predynastic of Egypt," *Journal of World Prehistory*, vol. 2, 1988, pp. 154-175.
51　Kathryn A. Bard, "Urbanism and the Rise of Complex Society and the Early State in Egypt," in L. Manzanilla（ed.）, *Emergence and Change in Early Urban Societies*, New York: Plenum, 1997, pp. 59-78.

为中心的城镇；围绕着皇室庄园、地方行政税收和再分配体系则形成了行政性城镇。因此，城市化进程与国家的形成和统一难以分割。当然城市化模型最根本的一点是农业发展之后有了足够的余量来养活城市内从事非农业生产的人口。然而，这一模型很难解释为何埃及在早期城市发展后迅速形成了统一国家，而其他文明（如两河流域和古希腊）则发展成了城邦国家。

贸易模型认为埃及国家的形成与统一是贸易发展的结果。[52] 涅伽达文化是国家起源的中心，涅伽达文化向北部扩张的动力是为了控制通往东地中海地区的贸易线路。贸易模型更倾向于将埃及国家的统一看作是和平发展的过程，即南部的文化通过渗透的方式统一了北方。南方和北方在经济上可以互补。承载大宗贸易的大型船只的建造需要大量木材，而埃及本土木材较稀缺，需要从东地中海地区进口。上埃及地区拥有黄金和石材，下埃及地区则缺少这些资源。贸易上的需求使得涅伽达地区的一些居民逐渐向北部移民，充当了贸易中间人的角色，[53] 从而完成了国家和平统一的进程。前王朝时期埃及与东地中海地区贸易之发达，远远超出了人们的想象。当时的埃及，既没有马匹（第二中间期时传入埃及，大约公元前2千纪中期），也没有骆驼（阿拉伯时代传入埃及），却与东地中海地区保持着频繁的贸易往来，也与努比亚地区、东部沙漠来往密切。来自阿富汗地区的天青石甚至也可以通过转手贸易成为远古埃及人的装饰品。伴随着贸易往来，不同地区之间的文化也相互影响。然而，贸易模型并没有解释频繁的贸易

---

52 Bruce G. Trigger et al., *Ancient Egypt, A Social History*, Cambridge: Cambridge University Press, 1983, pp. 1-70.
53 Bruce G. Trigger, "Egypt, A Fledgling Nation," *Journal of the Society for the study of Egyptian Antiquities*, vol. 17, 1983, p. 61.

往来背后的动因,即为何远古人类如此热衷于贸易?他们通过远程贸易获得异乡产品究竟是出于怎样的需求?另一方面,就两河文明的情况而言,城邦国家之间也存在着频繁的贸易往来,甚至为了贸易的控制权而经常发生战争。[54] 这与埃及的情况大不相同。贸易模型无法解释埃及为何可以实现"和平贸易"与"和平统一"。

有学者提出,文明的诞生并不能归结为单一的因素,因此,综合因素模型应运而生。该模型认为,埃及国家的形成是各因素共同作用的结果。[55] 手工业分工、远距离贸易、城市化、社会结构的复杂化在埃及国家统一之前就已经存在了,其中最早出现的是手工业分工。起初,手工业生产是以家庭为单位并附属于农业生产的。随后,手工业从家庭中分离出来,形成了专门的手工业生产者阶层。随着分工的发展,贸易也兴盛起来。例如,在马阿迪出现了专门生产玄武岩器皿的手工业,这些高质量的器皿通过贸易传播到了埃及各地。上埃及特有的硬陶也通过贸易在埃及各地流通,最远可以到达东地中海地区。贸易的发展催生了对经济进行控制的需求,临近的村落开始争夺贸易控制权。同时,专门化生产使得社会结构趋于复杂,继而产生了社会阶层,权力也逐渐落入少数人手中。在这种情况下,为了应对社会的复杂性,书写系统应运而生,以便对社会经济进行管理。随后,文字又被统治阶层用于身份和地位的表达,一系列王家头衔由此产生。[56] 孟菲斯由于地理位置的优越性而成为首都——向南通过尼罗河控制上

---

54 Bruce G. Trigger, *Early Civilizations, Ancient Egypt in Context*, Cairo: The American University in Cairo Press, 1993, pp. 71-72.
55 E. Christiana Köhler, "The Rise of the Egyptian State," in Teeter(ed.), *Before the Pyramids*, pp. 123-125.
56 也有学者认为,与两河流域不同的是,埃及文字不仅仅起源于经济的需要,也起源于宗教仪式的需要。参见 David Wengrow, "The Invention of Writing in Egypt," in Teeter(ed.), *Before the Pyramids*, p. 99; John Baines, *Visual and Written Culture in Ancient Egypt*, Oxford: Oxford University Press, 2007, pp. 281-297。

埃及地区，向北控制三角洲面积广阔的农业区，向东方便与西亚地区进行贸易。

综合因素模型很好地解释了文明诞生时产生的一系列变化，深入探讨了社会经济各要素之间相互促进又相互制约的复杂机制。此外，还有一些理论从社会意识和文化层面对文明的诞生进行了剖析。政治扩张模型认为，文明诞生的动力是对政治权力的争夺。在涅伽达文化内部产生的权力观念促使其走向扩张的道路，从而形成了统一国家。埃及文明的诞生包括两方面因素的共同作用，即自然因素（被动因素）与社会因素（主动因素）。尼罗河的基纳河套（从阿拜多斯到希拉康波利斯的一段河谷，尼罗河在这一段向西弯折形成河套）是涅伽达文化的发源地，洪水带来的肥沃土壤以及强烈的日照使当地的自然条件格外优越。此外，丰富的矿产，特别是来自东部沙漠的金矿也极大地促进了涅伽达文化的发展。尼罗河便利的水上交通使其成为埃及南北交通的枢纽。在社会层面，涅伽达文化内部蕴含着国家形成的主动因素，主要体现在"对秩序的维护"上。权力观念产生后与宗教观念相融合，进而导致王权与神权相结合，产生了神化的君主。而君主维护世界秩序的责任促使涅伽达文化不断扩张，最终形成了统一的国家。文化也是埃及国家诞生的重要因素。文化统一模型认为，埃及国家的形成与统一是以"文化统一"为基础的。[57] 与两河流域不同，埃及文明早期的发展并不是以城市化和官僚体系发展为基础。在两河流域，出于对劳动力与资源控制的需要，管理技术也在不断进步，因此出现了文明与城市。相反，早期埃及文化中保留了大量游牧部落习俗与传统，社会具有很大的流动性。对宗教仪式的需求催生了祭司阶

57　Wengrow, *The Archaeology of Early Egypt*, pp. 82-83.

层，后者逐渐掌握了权力。在与周边文化的交往过程中，人们需要对传入的新宗教进行掌控。在这一过程中，祭司的权力又进一步得到了加强。

实际上，国家的形成不仅包括物质上的统一，如官僚体系的建立、地理上的统一、物质文化上的富足（专业化分工和贸易的发展）以及军事上的征服，还体现在观念上国家的形成，即人们在意识形态上的同一化，并对国家这一组织形态持普遍认同的态度，在宇宙观与价值观上也能保持一致性。这些精神领域上的转变是国家诞生的精神基础。人们通过长期地交往，形成了共同的理念与价值观，例如对权力的认知，对文化身份的认同，以及类似的宗教观念。这些理念上的同一化促进了统一国家的形成，也维护了统一国家的稳定。[58] 在这一点上，文化统一模型道出了古埃及文明诞生的关键性因素，这也在一定程度上解释了为何两河流域没有能够像古埃及这样形成长期统一的国家。

国家统一是古埃及文明内在的核心价值观。埃及国家统一的观念，并非现代学者的想象，而是古代埃及人自身的观念，通常表述为赛玛-塔维，在古埃及语中的意思是"两片土地统一起来"——赛玛的意思是"结合在一起"，塔的意思是"土地"，塔维就是"两片土地"。古代埃及国王的头衔之一，就是上下埃及之王，国王拥有两顶王冠，分别是代表上埃及的白冠与代表下埃及的红冠。在埃及的神话中，也有关于国家统一的描述：统治上埃及的赛特（Seth）神与他的侄子、统治下埃及的荷鲁斯神进行了一场战争。国家形成的过程中虽然难免伴有武力和战争，但绝不是几场战争所能主导的。正如政治扩

58　Kemp, *Ancient Egypt*, p. 60.

张模型与文化统一模型强调的那样,国家的统一不仅仅是地理上的统一,更重要的是文化上的统一,思想意识与宗教观念都在埃及王权的形成过程中起到了重要的作用。在人类历史上,有很多文明盛极一时,却昙花一现。埃及文明能延绵3000年,正是因为在文明诞生初期形成的各种思想观念,一直维系着埃及文明的延续。埃及文明得以长久延续的动因也是埃及国家形成的动因,这两者在根本上是一致的。而这一动因,正是埃及人的文化身份认同。

文化身份的认同既具有时间上的维度,又具有空间上的维度。时间上的维度是指,在某一历史时期之后,生活在尼罗河谷与三角洲各村落的居民可以被称为文化意义上的"古代埃及人",而不再是人类学或考古学意义上的原始人类。虽然这种术语上的区分在多数学术著作中都无法体现,但从"原始人类"到"古代埃及人"的转变无疑具有划时代意义,这一转变也体现了埃及文化身份认同的演变。文化身份认同的形成过程也是人们在文化层面"走出"家庭与村舍的过程。此时,个人需要在更为广阔的社会范围内寻找自身的位置,面临的文化处境也更为复杂,不再仅仅局限于家庭与地方村舍。文化身份认同的另一方面是空间上的认同,即在既定的历史时期内,埃及人如何区分"自己人"与"外邦人"。在王朝时代的墓室壁画或神庙浮雕上,外邦人通常在相貌与穿着打扮上与埃及人有着明显的不同,如不同的发型、首饰、服装和武器。在文学作品中,对外邦人的描述通常是负面的,埃及人认为外邦人相对本邦人而言更为劣等。从中王国时期的文学作品《辛努亥的故事》(*The Story of Sinuhe*)中,我们可以看到埃及人是如何看待本国与外国的。辛努亥由于害怕受到宫廷政变牵连而逃往西亚,并在异域功成名就,生儿育女,过着富足的生活。然而异乡的生活却不能使他感到满足。当他年老时,他非常忧虑,不禁向神祷告,希望能回到他朝思暮想的埃及,他说道:"请让我看到那个我日夜思念的地方,还有什么比埋葬在故乡更为重要的事情?"[59] 后来,辛努亥受到国王的召唤,赦免了他的一切过错,请他回到埃及。当国王见到辛努亥时,对王后说:"辛努亥回来了,(打扮得)像个叙利亚人!"[60] 随后,他"剃干净了胡子,梳好了头发,衣服都还给了沙漠里的外邦人,穿上上好的细麻布,涂上上好的香油",他"终于睡在了床上",工匠为他建造了金字塔,国王赐予他陵寝、田地与花园,还任命他为首席顾问。[61] 从这一段描写中,可以看出埃及人对国家与文化的认同感。这些认同不仅体现在生活习惯上,也体现在发自内心的优越感上。更重要的是,埃及的宗教与丧葬观念影响着埃及人的宇宙观与价值观。对埃及人而言,恰当的葬仪能实现时间意义上的人生价值,而国王则象征着空间意义上的人生价值。前者指向死后世界的永生,而后者决定了在此生与永生中所在的位置。这些思想虽然在王朝时期历经演变,其原形仍植根于前王朝时期。

埃及人的文化身份认同决定了埃及人对统一国家的需求。埃及国家的精神基础是"神圣秩序",具体表现为对过去的延续、将疆土统一神圣化与仪式化,以及对强有力统治者的需要。[62] 这三者实际上分别对应着文化身份认同的三方面内容:其一,文化身份认同的时间维度,通过对过去的重复延续认同感;其二,由文化身份认同产生的空间上的认同感,即空间维度;其三,对秩序的维护以及对文化内核

---

59 R. B. Parkinson, *The Tale of Sinuhe and Other Ancient Egyptian Poems, 1940-1640 BC*, Oxford: Oxford University Press, 1997, p. 34.
60 Parkinson, *The Tale of Sinuhe and Other Ancient Egyptian Poems*, p. 40.
61 Ibid., p. 42.
62 Kemp, *Ancient Egypt*, p. 61.

的维护。一方面，文化身份认同诞生于国家之前，为国家的形成提供了文化上的基础。早在涅伽达文化一期，文化身份认同可能已经在小范围内产生了，并随着时间的推移，逐步在空间上扩大。另一方面，这种文化认同不断被强化，从而形成了文化内核，其制度化的结果，就是需要强大的君主来维持埃及文化内核中所期待的秩序。

埃及君主不仅仅是政治上的君主，也是宗教上的君主，其神性比政治性占有更重要的地位。埃及君主同时也是埃及文化身份的象征。文化内核的具体表现形式则体现在各种文字与图像之中。其次，文化身份认同发展的过程也伴随着与周边文化的融合。涅伽达文化的来源是多方面的，包括对巴达里文化的继承与对游牧民族信仰的吸收（如牛崇拜），努比亚地区与两河文明也给埃及文明带来了深刻的影响。在多种文化碰撞之下，涅伽达地区形成了多元与包容的文化核心。其包容性体现在能够吸纳各种文化要素上。例如，古代埃及宗教中神祇的数量众多，不同的地区有不同的守护神，这很可能是由于早期各个地区相互融合形成统一国家时，保留了地方的宗教与文化。

但是，古埃及国家在吸收周边文化要素的同时，也明确了自身与外部文化的边界。文化的边界虽然与地理边界相关，却无法完全重合，因为文化的边界不是二维的，而是多维度的。正如在辛努亥心中，埃及的土地并非仅仅指地理上的尼罗河谷，还包含了植根于埃及文明中的宇宙观与价值观。正是由于地方文化能够得以保留，文化边界得以明确，才使得埃及完成了文化上的统一，这也是文化身份认同的形成过程。这一过程很可能是在涅伽达文化二期内完成的。然后，文化身份认同支持了埃及文明长达3000年的延续。在这一漫长的历史时期内，埃及文明虽然经历了一系列变化，但是其文明的内涵始终保持不变。这一点尤其体现在艺术的连续性上。最后，埃及的统一在意识形态领域上则表现为一位强有力的君主统治埃及，为埃及带来繁荣，也为子民指明通往来世的途径，即通过国王最高祭司的职能与神进行沟通，从而维护世界的秩序，指明通往来世的道路。正是这种文化上与心理上的需求，最终使埃及走向统一。

第四章
早期国家的发展成形

在国家建立之后，古埃及文明如蝴蝶破茧而出，向世人展现精美绝伦的翅膀。从早王朝时期开始，古埃及社会无论是在经济上还是文化上，都经历了迅猛发展。在这一时期，王权得到了进一步巩固，政治和经济体制也日趋完备，国家的各项制度都建立了起来，国家的管理也日臻成熟，形成了直接效忠于国王的职业官僚系统。在宗教领域，太阳神信仰与王权相结合，对死去国王的祭祀也达到了空前的规模。国家对经济的控制更为有效，经济的发展也使得大型建筑的建造成为可能。原来朴素的墓坑，在短短几个世纪之内，就演变成如高山一般耸立的金字塔。在这一时期，古埃及文字也从简单的符号发展为成熟的书写体系。最早的宗教经文《金字塔铭文》(*Pyramid Texts*)出现在了金字塔墓室的墙壁上，让人们能够了解古埃及人向往的彼岸世界。

第一节　早王朝时期的埃及国家

在通行的埃及历史教科书中，纳尔迈通常被算作是第零王朝的最后一位君主，或是第一王朝的首位君主，是承前启后的重要历史人物。第一王朝与第二王朝被称为早王朝时期，从公元前3000年开始，大约经历了三个世纪之久。早王朝时期是埃及国家政治体制和经济结构得以确立的时期。作为人类历史上第一个有着统一疆域的大国，这些早期的君主面临着前所未有的挑战。在政治领域，他们需要建立起完备的统治机制，使国家权力能够得以实施；在经济领域，早期的君主们需要对全国的农业和手工业生产进行控制，以保障统治的经济基础；在文化和宗教领域，他们则需要承担起祭司的职责，充当人与神沟通的桥梁。

墓葬考古与文献资料显示，古埃及早期国家是以王室宫廷为核心的国家管理模式，同时，以官僚贵族为核心的精英阶层逐渐形成。纪念物、陵墓与建筑上用特定的装饰与铭文表达精英阶层的价值观，成了当时社会的高级文化。在早王朝时期和平稳定的局面中，古埃及国家在王权、政治制度、经济体制等方面都得到了极大的发展。这些发展为后来金字塔时代的到来奠定了坚实的基础。

从墓葬和村镇遗址出土的年签与印章中，我们了解到早期国家的国王世系、国王在任时发生的大事以及官僚管理体系逐步演化发展的过程。例如，从纳尔迈王陵出土的一枚标牌上记载了埃及对利比亚的征服。在赫尔万（Helwan）、扎维耶特·埃尔－阿伊安（Zawiyet el-Aryan）、塔尔汗（Tarkhan）、阿拜多斯、涅伽达等地，以及尼罗河和红海之间的旱谷一带，都发现了带有纳尔迈名字的器物。遍布埃及各地的器物反映了国家统一之初统治者对埃及各地的控制。在纳尔迈之后进行统治的是阿哈，他的名字在埃及语中是"战斗"的意思。阿哈的母亲是尼特霍特普（Neithhotep）王后，她名字的意思是"尼特是喜悦的"。尼特女神是一位女战神，是位于三角洲北部塞斯城的守护神。阿哈曾前往赛斯参拜尼特女神的神龛，并在那里主持宗教仪式。阿哈在涅伽达地区为他的母亲尼特霍特普王后建造了巨大的马斯塔巴墓。

马斯塔巴墓是现代学者对早王朝时期和古王国时期的一种长方形大墓的称呼，因其梯形体的地上建筑酷似阿拉伯板凳而得名。尼特霍特普王后埋葬在涅伽达是颇有深意的。如前文所述，前王朝时期和第一王朝的统治者都在阿拜多斯建造陵墓，尼特霍特普王后陵墓的选址很可能表明她是来自涅伽达统治家族的一位公主，这种政治上的联姻代表了当时地方各政治势力之间的联合。阿哈统治时期，国家的行政中心由上埃及转移到了位于尼罗河三角洲顶点的孟菲斯。在之后的1000年里，这座古城一直是埃及帝国的都城。作为世界上最有权势的君主，埃及法老在孟菲斯统治着自己的国家，建造了世界上最伟大的奇观。而阿拜多斯作为宗教中心的地位在第一王朝时期无法动摇，那里是君主的安眠之地。然而，作为统治中心的孟菲斯也越来越重要，很多高级官吏的马斯塔巴墓都建造在距离孟菲斯不远的萨卡拉地区。第一王朝的君主延续前王朝时期的惯例在阿拜多斯地区为自己修建陵墓，但规模较之前更大。阿哈在阿拜多斯建造了自己的王陵，其中出土的标牌记录了君主打败努比亚敌人的事迹。根据帕勒莫石碑的记载，阿哈曾多次远征，击败亚洲人与埃及周围的游牧部落。在阿哈统治时期，埃及政府在恩·贝索（En Besor）设立定居点，直接控制与黎凡特地区的贸易。

到了第一王朝中期，在登（Den）统治期间，埃及国家的政治制度得到了进一步的确立。登是第一位使用"上下埃及之王"头衔,并以头戴双冠形象出现的君主。所谓双冠,就是把纳尔迈调色板中纳尔迈佩戴的上下埃及王冠合二为一的王冠。此外,这位颇有作为的君主还建立了一系列宫廷仪式,确立了臣民对君主效忠的制度,这些制度为后来的统治者所沿用。根据帕勒莫石碑记载,登推行了行政管理改革,开始大范围地进行对人口与土地的清查与统计工作。早王朝的统治者从一开始就经略四方,帕勒莫石碑铭文写道:"荷鲁斯登……击败贝都因人……击败亚洲人之年……击败狼族之年……击败穴居人之年……在赛德节成为上下埃及之王之年……。"[1] 西奈半岛有古埃及稀缺的铜矿资源。早期国家的统治者派遣探险军控制当地的铜矿,并在山崖上留下岩画,展现国王征服西奈地区的雄姿。在岩画中,登以打击敌人的形象出现。画面中除了站在"宫殿正面"上的鹰隼神荷鲁斯,还有开路者瓦布瓦特以及头戴羽毛装饰的阿什神。[2]

登在阿拜多斯的陵墓(Tomb T)长约 53 米,宽约 40 米,墓室的地板上铺设了来自上埃及阿斯旺地区的红色和黑色花岗岩,这是古代埃及第一次在大型建筑中大规模地使用硬石作为建筑材料。大型王陵的建造说明国家的政治权力发展到了一个新的高度。王陵不仅仅是埋葬死去国王的墓穴,更是国王神圣权力的代表。也就是说,当时的埃及国家建立起了王权与神权相结合的政治制度,国王统治的核心是民众对法老神化权力的崇拜。

在登之后登上王位的是阿涅德吉布(Anedjib)。阿涅德吉布在位

---

[1] T. A. H. Wilkinson, *Royal Annals of Ancient Egypt: The Palermo Stone and its associated fragments*, London and New York: Kegan Paul International, 2000, pp. 103-110.

[2] M. R. Ibrahim and P. Tallet, "King Den in South-Sinai: The Earliest Monumental Rock Inscriptions of the Pharaonic Period," *Archéo-Nil 19*, 2009, pp. 179-184.

期间，后宫制度得到完善。在出土文本中出现了"后宫"这一专有名词，很多宫廷女性的头衔都包含"后宫"一词。

第一王朝的最后一位君主是卡阿（Qaa）。在卡阿的统治之下，埃及经历了长时间的稳定与繁荣。然而，根据记载，在卡阿驾崩后，王位继承可能出现了危机。最终，霍特普赛亥姆威（Hetepsekhemwy）结束纷争，登上了上下埃及之王的宝座，开始了第二王朝。霍特普赛亥姆威这个名字是"两位有大权者之和解"的意思。第二王朝的前三位君主并没有像第一王朝的君主那样在阿拜多斯修建陵墓，相反，他们大多埋葬在了首都附近的萨卡拉地区。

埃及早期国家的建立与权力的制衡密不可分。虽然国王控制全国的土地、人口等资源，但地方的离心倾向仍然不可忽视。第二王朝的最后一位国王是哈赛亥姆威，他的名字意为"两位有大权者之显现"，这可能也暗示了国家在他的统治之下再次被统一起来。哈赛亥姆威王陵位于阿拜多斯的乌姆·埃尔-卡布。除此以外，他还在希拉康波利斯、阿拜多斯和萨卡拉建造了巨大的祭庙。祭庙是死去的君主接受供奉并举行宗教仪式的场所，外有高大的围墙，内有土丘形建筑。由于环绕着高大的锯齿状围墙，早期考古学家误将这些祭庙当作城堡。

哈赛亥姆威的前任君主是佩尔伊布森，与其他君主不同，他没有使用荷鲁斯王名框，而是使用了赛特王名框。古埃及的君主是鹰神荷鲁斯的化身，荷鲁斯是王权之神，他的形象往往出现在代表着宫殿正面的王名框之上。然而，佩尔伊布森的王名框上却是涅伽达地区的守护神赛特。在古埃及神话体系中，赛特是代表混乱与战争的神明。这种变化使埃及学家们颇为困惑，因为王名框代表着王权和神权，王名框的变化是否意味着国家的政治和宗教产生了深刻的变化呢？早期学者对这一现象的解释是，当时的统治者进行了宗教革命，改变了王权的守护神。然而，种种证据表明，在佩尔伊布森的时代，荷鲁斯和赛特神都在接受王室的供奉，并不存在背弃荷鲁斯而供奉赛特神的情况。现在比较流行的观点是，当时的埃及可能出现了两王共治的情况，佩尔伊布森统治着上埃及地区，因而王名框上只出现了赛特神的形象。

然而，当时的埃及是否真的分裂成了两个国家呢？这是很有可能的。当时的埃及已经统一了三个世纪之久，远离都城孟菲斯的上埃及可能产生了分裂势力。然而，考古学家并没有发现任何内战或者经济衰退的证据，埃及社会似乎在有条不紊地维持着原状，从萨卡拉地区高级官吏的马斯塔巴墓到平民墓地，没有一丝被扰乱的痕迹。因此，比较合理的解释是，当时的埃及由两位法老一南一北进行共治，其目的是维护国家统一与政治稳定。也有可能这一切都是佩尔伊布森的政治策略，为了笼络上埃及的分裂势力，加强对上埃及地区的管理，因此将上埃及的守护神赛特作为王位的守护神，甚至在阿拜多斯附近设立了行政中心，并在那里修建陵墓。他的继任者哈赛亥姆威曾将荷鲁斯和赛特神并立放置在王名框之上，这或许意味着当时的埃及帝国又重新进入了一位君主的治下。哈赛亥姆威的统治是古埃及国家从早王朝时期过渡到金字塔时代的重要转折点，他恢复了埃及国内的稳定，延续了之前统治者的内外政策，阿拜多斯哈赛亥姆威王陵的随葬印章显示他与第三王朝国王乔赛尔王的家族有关联。

仅就目前的考古发现而言，我们对第二王朝的王陵建筑所知甚少。但根据已有的证据显示，到了第三王朝，埃及王陵建筑产生了质的飞跃。首先，陵墓与祭庙相分离的传统在第三王朝被改变。在沙漠地带的陵墓和泛滥平原边缘地带的祭庙不仅合二为一，陵墓本身的建筑模式也发生了变化，体现在原来的马斯塔巴墓演变成了阶梯金字塔。阶梯金字塔尽管外形上与马斯塔巴墓有着天壤之别，但其整体建筑模式却是由早王国时期的马斯塔巴墓和祭庙建筑演变而来的。阶梯金字塔的围墙与之前的祭庙围墙如出一辙，都带有"宫殿正门"装饰；阶梯金字塔在围墙内的位置也与早王朝时期祭庙内泥砖土丘的位置相同。因此，阶梯金字塔建筑群可能是依照早王朝时期的祭庙建造的，早期祭庙内的土丘形建筑很可能就是阶梯金字塔的原型。在埃及创世神话中，在世界创立之初，混沌的努水中升起了原始的土丘。因此，无论是早王朝祭庙的土丘，还是阶梯金字塔，以及后来的金字塔，都是原始土丘的象征。

乔赛尔王的阶梯金字塔位于萨卡拉，共有六层，高约50米，底边长约140米，宽约118米。阶梯金字塔建筑群呈南北走向，围墙南北边长约545米，东西宽约277米。整座建筑由石块砌成，通常被认为是人类历史上第一座大型石块建筑。实际上，在阶梯金字塔西南方向不远处，还有一座第二王朝时期的阶梯金字塔。但这座建筑目前只剩下了围墙的遗迹，可能在当时也并没有完工。乔赛尔阶梯金字塔最初的设计方案也是将其建造为一座大型马斯塔巴墓。设计师伊姆霍特普（Imhotep）将长方体形状的马斯塔巴墓加以扩展，并在上方继续建造较小的马斯塔巴墓，从而将原来的长方形墓转变成了阶梯状墓。乔赛尔王的石棺就安置在金字塔之下的地下墓室中。

实际上，乔赛尔的阶梯金字塔建筑群虽然全部用石块建成，但保留了很多早期木质建筑的痕迹。如金字塔附属建筑使用的石柱，表面上有一道道凹槽作为装饰，实际上，这是模仿捆成一捆的纸莎草茎秆。这是因为埃及本地木材较少，人们常用成捆的纸莎草茎秆或芦苇茎秆来充当支撑房屋的柱子。在这里，用石柱支撑屋顶也是首次建筑尝试。古埃及的建筑师为此设计了半墙,并将柱子设计成嵌墙柱,以增加支撑建筑物的强度。柱廊天花板的设计也别具一格。横搭在石柱上的石材被雕成圆柱体,这是为了模仿木质房屋中的圆木。第一次尝试建造大型石块建筑的工匠将木质建筑的特色融入了石质建筑之中。或者说,他们企图用坚固的石材,为乔赛尔王建造一座永远不会腐朽的安眠之所——将国王生前居住的木质房屋和宫殿用石料重现,以供其来世享用。

在阶梯金字塔往南的广场上,考古学家还发现了一对耳朵形的石块。这一对石块是象征着埃及疆域的地标,因此可以推断出这个广场象征着埃及的领土。在南广场的一侧,还有模仿神龛形状的石灰石神龛。无论是神龛,还是耳朵形的地标,都是国王举行赛德节时场景的再现。每一位君主在即位30年后都要举行赛德节,以求重获年轻活力。举行赛德节的地点很可能是君主居住的宫殿。在赛德节上,国王要绕着代表埃及疆域的地标跑步,代表其对埃及领土的统辖。将赛德节的场景在墓园内再现的意义在于,死去的国王仍然可以继续在来世举行赛德节。此时的埃及人已经意识到,人们在日常生活中使用的木头和芦苇等有机材料终将腐朽,只有岩石能够被永恒地保存。因此,乔赛尔的陵墓以石材建造,赛德节的场景也以石材重现,表达了王权永恒的观念。因为赛德节可以永无止境地进行下去,国王也会源源不断地获得新的生命力,即永恒的生命。通过这种方式,赛德节把王权的永恒与国王的永生联系了起来。

在南广场的南侧还有单独的地下墓室,考古学家称为南墓。南墓中的装饰精美。墓室的墙壁上镶嵌着蓝色的埃及珐琅瓷砖。在其中一间墓室中,还有三幅刻有国王浮雕的壁龛,周围都以珐琅砖装饰,模仿卷帘的形态。在其中一幅浮雕中,乔赛尔王身着赛德节的礼服,被刻画成奔跑的姿态。南墓的具体作用目前还有待研究。有的学者认为，南墓是死去国王灵魂的居所，或是埋葬卡诺匹克瓮（canopic jar）的墓穴。[3]

虽然目前只有乔赛尔阶梯金字塔流传于世，但阶梯金字塔却成了第三王朝王陵建造的传统。在乔赛尔金字塔的西南方向，乔赛尔的后继者赛赫姆赫特也建造了自己的陵墓。但由于在位时间较短，陵墓并没有建造完成。根据现存铭文，伊姆霍特普很可能也参与建造了这座未完成的金字塔。在萨卡拉北部的扎维耶特·埃尔－阿伊安，还有一座未完成的阶梯状金字塔。这座金字塔修建于赛赫姆赫特的继任者哈巴（Khaba）在位时期，原计划可能是修建五至七层。

从马斯塔巴墓到阶梯金字塔的转变是古埃及陵墓建造史上的一次飞跃。阶梯金字塔墓葬形式的出现很可能与太阳神崇拜的兴起有关。阶梯金字塔犹如一道天梯，国王可以由此进入神的领域。

在公元前 3000 年前后，也就是古埃及国家形成并统一的时期，官员贵族的陵墓规模也出现了质的飞跃。早王朝时期，随着国家的建立而掌握了更多权力的达官显贵和皇亲国戚开始为自己修建巨大的马斯塔巴墓。在距离孟菲斯不远处的北萨卡拉和上埃及的涅伽达耸立着许多这样的陵墓。早王朝时期的马斯塔巴墓由泥砖建造，长约 30 至 50 米，宽约 15 至 30 米不等，内部一般有 16 至 42 间墓室，用于存放各种随葬物品。陵墓的外墙采用了凹凸相间的"宫殿正门"式样，有些还带有彩色几何图形装饰，这很可能模仿了当时的宫殿建筑。马斯塔巴陵墓的主墓室一般建造在地上建筑的正下方，向下一直开凿到岩

3　古埃及人在制作木乃伊时，会将尸体的肺、胃、肝和肠取出，装在四只罐中单独保存，即卡诺匹克瓮。

图 4-1 乔赛尔金字塔建筑群中带有宫殿正门式样的围墙

层。在主墓室旁边一般还有用于存放随葬品的附属墓室。墓室一般用木质横梁装饰,墙壁上覆盖着彩色芦苇席。一些墓室内还残留有木质地板的痕迹。虽然当时的陵墓主体是由泥砖建造,但内部装饰已经开始使用石材。例如,一些陵墓的主墓室带有巨大的石灰石吊门。这种使用吊门封闭墓室的方法一直沿用到了金字塔时代。与后来的金字塔建筑群类似,马斯塔巴陵墓也带有单层或双层外墙。不仅如此,就像后来的金字塔带有从属的卫星金字塔一样,很多大型马斯塔巴陵墓也带有附属墓葬。

由于早期的马斯塔巴墓葬规模巨大,装饰豪华,墓室中还出土了很多写有国王名字的陶器,早期学者甚至误将其当作王陵。事实上,有很多马斯塔巴陵墓确实属于王室成员。涅伽达的一座大型马斯塔巴墓属于第一王朝的尼特霍特普王后。她是纳尔迈的妻子,阿哈的母亲,古埃及国家建立后的第一位王后,也是人类历史上第一位留下姓名的女性。在北萨卡拉的马斯塔巴墓群中，目前发现的最古老的墓葬是第 3357 号墓。这座马斯塔巴墓建于阿哈王统治时期，被两重长方形泥砖围墙包围，外层围墙厚约 0.75 米，内层围墙厚约 0.5 米，两层围墙之间间隔 1.2 米，墓区涵盖了长约 48.2 米，宽约 22 米的区域。陵墓地下建筑部分包括五间墓室，墓室顶部由木质横梁支撑。地上建筑部分包括二十七间墓室。在陵墓北侧还有一座泥砖砌成的船墓、三座类似谷仓的建筑以及附属花园的遗迹。这座墓中出土了大量陶器，陶器表面写有阿哈的名字，墓主人可能是阿哈治下的一名高官，但其姓名已经无从知晓。

  新兴的统一国家促进了建筑艺术的繁荣，这一时期的建筑在形式上不断创新。第一王朝中后期出现了阶梯形状的马斯塔巴墓，这在埃及的建筑史上可谓一项创举。其中比较典型的是第 3038 号墓。该墓建成于阿涅德吉布统治时期，可能属于一位名叫奈比特卡（Nebitka）的高官。萨卡拉的第 3507 号墓也比较特别，它可能属于一位名叫赫尔尼特（Herneith）的王后，其特别之处在于，虽然墓葬外表看上去是长方形的马斯塔巴，内部却是由泥砖砌成的阶梯金字塔结构。长方形墓代表着北部孟菲斯的丧葬传统，阶梯形的坟丘很可能是上埃及阿拜多斯的传统，这座陵墓很可能是尝试调和北方和南方传统墓葬形制的产物。很多学者甚至认为，阶梯状的马斯塔巴墓就是后来乔赛尔王阶梯金字塔的雏形。另外，在赫尔尼特墓主墓室的天花板上，原本覆盖在木梁上的木板或芦苇席已经被石灰石板所取代。这可能是最早利用石材来装饰墓室的尝试之一。在同时代的王家陵墓附近的随从墓葬中常发现人殉。然而，在赫尔尼特墓附近，考古学家没有发现人殉的遗迹，却在墓室门口发现了一只随葬的犬。这或许可以说明，当时君主意识到了人口在经济生产中的重要性，不再施行人殉，而当时埃及人饲养犬只用于看家护院,并在死后将其带往来世,继续为主人服务。在墓的两边,考古学家还发现了超过300余枚完整的公牛头骨。这些公牛头骨很可能来自葬礼上的牺牲。如此大规模的献祭活动反映了当时王室对资源的控制已经达到了相当高的程度。除了赫尔尼特王后的墓葬,在另外一位高官的马斯塔巴墓附近也发现了大量牛头骨。规模巨大的墓葬和丰富的随葬品体现了早王朝时期官僚系统的发展,官员贵族参与管理国家,并控制了大量财富。陵墓中出土的印章也印证了这一点。印章上的铭文表明,古埃及早期国家官员的主要活动是管理王室在埃及各地的地产,从而为国王墓葬的修建以及死后的祭祀提供物质支持,各地的农产品及其加工品又通过再分配系统落入各级官员手中。由此可以推断,早王朝时期的埃及国家建立起了国家仓库和王室军队,一方面加强了对资源的管控,另一方面通过对外征服获得了更多资源。

早王朝时期持续了大约三个世纪,在此期间,埃及文明的基本框架得以构建,国家与王权的观念也逐步成形——国王是最高的祭司,是荷鲁斯神的化身,代表着神在人世间进行统治。从地方到中央的行政官僚体系也逐渐完备,国家机器开始被建立起来。君主意识到官僚和人力资源在政治经济管理中的重要性,不再施行人殉。书写系统的发明进一步使得中央政府可以通过文书和印章对国家政治经济事务进行管理。贯穿古代埃及文明3000余年的绝大部分重要观念都在此时萌芽。对诸多神祇的崇拜得以确立,在埃及各地形成了崇拜中心,神学体系也开始形成。如果说古代埃及文明是一棵参天大树,那么大树的幼苗在早王朝时期就已经深深地扎根,努力汲取养分茁壮成长。可以说,早王朝时期先王们的陵墓,就是金字塔时代建筑奇迹的坚固基石。

第二节　金字塔时代的国家结构

从第四王朝到第六王朝是古埃及文明的金字塔时代，几乎每一位君主都为自己修建了巨大的金字塔作为陵墓，在规模上尤以第四王朝为盛。古埃及文明从一开始就显示出了以大型建筑建造为核心的特征。金字塔的建造也在很大程度上塑造了古埃及文明——建造工程成了经济活动的中心，国家机构的设置和资源配置的形式都以此为基础，从而发展出独具特色的行政体系。可以说，古埃及国家的诞生和发展与金字塔建造紧密相关，若想理解古埃及国家的运行机制，就得先从对金字塔的研究入手。

阿拉伯谚语曾说道："世间万物都惧怕时间，而时间惧怕金字塔。"金字塔和木乃伊是古埃及文化的符号。公元前3000年左右古埃及国家建立，经历了大约五个世纪后，第四王朝的第一位法老斯奈夫鲁（Sneferu）建成了第一座真正意义上的金字塔，自此埃及文明迎来了金字塔时代。

从阶梯金字塔到真正的金字塔，其中变化的不仅仅是从阶梯到斜面这么简单，作为王家陵墓的金字塔无论在布局上还是建筑模式上，都加入了很多新元素。首先，金字塔建筑群的朝向发生了改变，从第三王朝的南北向变成了东西向。这是因为，随着太阳神崇拜的日益发展，金字塔建筑群也开始带有更为鲜明的太阳神崇拜特征，而东西朝向象征着太阳的运动轨迹。其次，金字塔建筑群本身的布局也发生了很大改变。第三王朝时南北走向的长方形围墙和南北广场消失，取而代之的是以金字塔为主体，包括金字塔大殿、围墙、甬道以及河谷享殿在内的综合性陵墓建筑群。作为主要祭祀场所的金字塔祭庙原来位于金字塔北侧，现在则移到了东侧。从金字塔祭庙到东边尼罗谷的方向出现了一条甬道，一直连通河谷边缘一带的祭庙。河谷祭庙是整座金字塔建筑群的入口。在国王金字塔的附近，还有附属的小金字塔供王后使用。

从长方形的马斯塔巴陵墓到阶梯状金字塔，再到真正的金字塔，古埃及人在建筑艺术上也经历了一个不断探索的过程。斯奈夫鲁在位期间一共建造了三座金字塔。第一座金字塔位于现在开罗以南大约100千米的麦杜姆（Meidum）。这座金字塔与后来的金字塔相比，在建筑方式上大不相同。它有一个阶梯状的内核，可能最初打算设计成一座阶梯金字塔，而后却将阶梯填平，改建成了斜坡金字塔。这可能代表了观念上的转变。如果说阶梯金字塔代表国王死后升入天界的阶梯，那么平滑的斜坡金字塔可能代表太阳的光线。具象化的拾级而上可能被抽象的"飞升"概念所取代。麦杜姆金字塔建成后以斜坡金字塔的样貌呈现，但在后世经历了坍塌，今天只能看到它的阶梯状内核。

在萨卡拉南边的达淑尔，斯奈夫鲁又建造了一座金字塔，即弯折金字塔。顾名思义，弯折金字塔的边缘呈现弯折的角度，下半部分的坡度较为陡峭，而上半部分的坡度较为平缓。显然，在建造之初，雄心勃勃的斯奈夫鲁可能想要建造一座高耸陡峭的金字塔。然而，过陡的坡度导致金字塔下半部分的石块无法承受上半部分石块的巨大压力。因此，宫廷建筑师不得不在中途改变方案，减缓了金字塔的坡度。弯折金字塔在西面和北面有两个入口，入口不在地面，而是在较高的位置。从入口进入金字塔内部，就可以看到狭长的甬道一直通到内部的墓室。北面的墓道长约74米，西边的墓道长约65米。西边的墓道强调了金字塔的东西走向，而北面的墓道则延续了自第一王朝以来王室陵墓的南北走向。这一设计可能代表着新旧观念之间的过渡。

图 4-2　弯折金字塔

斯奈夫鲁在墓室的建造上也采用了新的方式。从麦杜姆金字塔开始，墓室顶部开始采用叠涩法将巨型石块砌成高耸的三角形拱顶。弯折金字塔主墓室高约 16.5 米，站立在墓室内向上望去，可以看到尖顶向上延伸，仿佛没有尽头。在金字塔内部建造这样的空间，很有可能是出于对死后世界的想象。从第一王朝以来，王陵的墓室都在地面之下，而斯奈夫鲁的宫廷建筑师开始探索将墓室建在金字塔内部的方法。麦杜姆金字塔脱胎于阶梯金字塔，其墓室建在了金字塔底部中心的位置，高度与地平面持平。而弯折金字塔墓室的位置进一步抬高，已位于金字塔内部。

在弯折金字塔的北边，斯奈夫鲁还建造了另一座金字塔，因其核心部分的石灰石呈粉红色，考古学家称其为红色金字塔，斯奈夫鲁就埋葬在了这座金字塔中。红色金字塔是世界上第三大金字塔，也是第一座屹立不倒的真正的金字塔。红色金字塔的建造标志着金字塔建造技术日臻成熟。在随后的几十年中,斯奈夫鲁的后继者胡夫建造了世界上最大的金字塔——吉萨大金字塔。

胡夫的全名是库努姆胡夫(Khnumkhufu),库努姆是上埃及象岛地区的地方神祇,也是神话中在陶轮上创造人类的神。胡夫将他的建筑工地转移到了吉萨高原,在那里建造了一座底边长230.4米,高146.5米的世界奇观。胡夫金字塔继承了斯奈夫鲁金字塔的基本形制,有金字塔祭庙、甬道和河谷祭庙,还有三座附属的小金字塔。在金字塔祭庙、甬道和河谷祭庙的墙壁上,都装饰着浅浮雕。遗憾的是,这些浮雕由于年代久远已经完全损坏了。

在胡夫金字塔往南不远处,考古学家发现了巨大的太阳船随葬坑。胡夫的太阳船长约43米,几乎全部由黎巴嫩雪松制成。船体经过小心拆解后放入随葬坑中。在不远处的另一处随葬坑中,还埋藏着一艘太阳船。此外,在金字塔东边还有两处巨大的船形随葬坑,而第五处船只随葬坑则在甬道附近接近金字塔祭庙的地方。

船在丧葬文化中的重要性早在涅伽达文化时期就已经显露了出来。一方面,船在丧葬仪式中是运送遗体的工具;另一方面,亡灵需要借由航船从此岸到达彼岸,进入神的国度。在胡夫大金字塔附近埋葬的太阳船,很可能是国王的丧礼上实际使用过的灵船,而这些船只将会在来世载着国王到天空中与太阳神一起航行。

作为古代世界最高的建筑,胡夫金字塔是人类建筑史上的一座丰碑。大金字塔的建造耗时二十载,一共使用了约230万块石块,平均每块石块重达2.5吨。今天人们所见的大金字塔呈黄色,表面也十分粗糙。实际上,古时的大金字塔表面覆盖着一层洁白的石灰石外壳,这层外壳经过细致的打磨变得光滑而美丽,在阳光下闪闪发亮。中世纪时,一场巨大的地震损坏了部分石灰石外壳,而剩下的部分则被后人移走用于建造其他建筑，所以保存下来的是大金字塔未经打磨的内核部分。其他一些大型金字塔也都遭此厄运，在古埃及文明灭亡之后成了"采石场"。尽管如此，胡夫大金字塔的体积和建造工艺仍使人震惊。

胡夫大金字塔的入口在北面距离地面大约17米高的地方。在入口之后是一条向斜下方延伸的墓道，这条墓道在一定深度后又弯折向上，直通另一条巨大的通道，即"大走廊"。大走廊长近50米，高近9米，顶部采用向内叠涩的方法建造，从而能够使顶部承受的压力分散到墙壁上，避免石块断裂和坍塌。金字塔内部建有两个墓室，也就是通常人们所说的"国王墓室"和"王后墓室"。实际上，在古埃及，王后与国王一般不会葬在同一座陵墓中，这两个墓室都属于胡夫王，他的王后葬在不远处的小金字塔中。到了新王国时期，国王们都被埋葬在卢克索的帝王谷中，而王后们则在不远处的王后谷中安眠。

国王墓室位于较高处，也称为上墓室，很可能就是胡夫棺椁所在之处。这间由花岗岩砌成的墓室东西长约10米，南北宽约5米，内部只有一个简陋的长方形石棺。在国王墓室之上，还有一系列隐藏的小室，这些小室是为了减少国王墓室顶部的压力而修建的，因此只具有建筑结构上的意义。王后墓室的位置相对较低，也被称为下墓室，只有国王墓室的一半大，大约5米见方，东面墙上各开凿了一个壁龛。国王墓室和王后墓室都各有两个狭窄的通道沿南北方向向斜上方延伸。这些狭窄通道的用途还不明确，有学者认为，通道的方位可能指向一些特定的星座；也有学者认为，它们象征着死去国王的灵魂升入来世的通道。

斯奈夫鲁和胡夫王开启了金字塔时代，他们的继任者自然也不

图 4-3　从右起分别为胡夫大金字塔、狮身人面像、卡夫拉金字塔，狮身人面像前的建筑遗迹是祭庙

甘落后。卡夫拉在胡夫大金字塔的西南侧修建了自己的金字塔，但整体高度略低于胡夫金字塔，是古埃及第二大金字塔。虽然在金字塔的高度上略逊一筹，但是卡夫拉王修建了著名的狮身人面像，也就是希腊人所说的斯芬克斯。狮身人面像位于卡夫拉金字塔河谷享殿附近，长约70米，高约20米，利用一整块巨大岩石雕刻而成。卡夫拉金字塔建筑群比胡夫金字塔建筑群在建筑式样上更为复杂，位于金字塔正东方的金字塔祭庙也更宏大，河谷祭庙正北方还紧邻狮身人面像及其附属神殿。

对于从尼罗河谷向西穿过河谷享殿进入甬道去往金字塔的人而言，巨大的狮身人面像像是吉萨高原的守卫者，在王家墓地的入口处守护着法老的王陵。斯芬克斯神庙的建筑式样与后来的太阳神庙非常相似，这是因为狮身人面像本身就具有太阳崇拜的含义。下一任君主门卡乌拉（Menkaura）建造了吉萨的第三大金字塔。虽然在规模上有

图 4-4 瑞士摄影家爱德华·斯皮尔特里尼（Eduard Spelterini）于 1904 年拍摄的吉萨三大金字塔

所缩减，却使用了大量昂贵的花岗岩。

到了胡夫王的时代，参与设计和建造大金字塔的是宰相赫姆伊乌努（Hemiun），他的马斯塔巴墓就在大金字塔以西的贵族陵园中。赫姆伊乌努的父亲也是一位宰相，名叫奈弗尔玛阿特（Nefermaat）。奈弗尔玛阿特是一位王子，他的马斯塔巴墓建在麦杜姆，在斯奈夫鲁的金字塔旁边。奈弗尔玛阿特作为斯奈夫鲁的宰相，很可能也参与修建了金字塔。

金字塔的建造表明当时的建筑工艺和工程管理都已经达到了极高的水平，第四王朝的国力和政府对国家经济的控制能力也可见一斑——若非以举国之力，是不可能完成如此浩大的工程的。建造金字塔使用的大部分石灰石都是在吉萨本地开采的，而国王墓室的花岗岩石料则需要从 800 多千米以外的上埃及阿斯旺地区运送过来。

关于金字塔的具体建造方法，学界目前还没有定论，能够达成一致的是，金字塔是用坡面法建造的，即通过建造斜面将石块用人力运送到高处。但是，斜面究竟是以何种形式建造的，学者们也莫衷一是。有人认为，古埃及人在金字塔四周用沙土建造了坡度较缓的笔直斜面，然后通过斜面推送石块，再将石块一层一层垒砌起来；还有人认为，斜面坡道是呈之字形环绕着金字塔来建造的，这样斜面的占地面积比较小，建造起来也非常省力。不论哪一种方法，都会耗费巨大的人力、物力和财力。这也是为什么希腊古典作家断言金字塔是由成千上万的奴隶建造而成的，在他们看来，只有皮鞭之下的奴隶才能完成如此巨大的工程。

然而，建造金字塔的并不是奴隶，而是古埃及的自由民。古埃及国家虽然存在奴隶，但社会基本由自由民组成，包括居住在城镇中从事手工业和服务业的居民，及居住在乡村从事农耕和渔猎的农民。奴隶的使用只在非常有限的领域，如家庭劳动和手工作坊等。即便如此，以当时的技术水平，金字塔建造工程涉及的人力和物力在国民经济中占有大部分比重。可以说，自诞生以来，古埃及国家就围绕着大型建筑的建造而运行。从墓葬的分布也可以看出，当时埃及国家的全部资源都在向首都地区倾斜。从第三王朝到第五王朝中期，大型墓葬建筑大部分都集中于孟菲斯地区，地方的发展则极为有限。古王国时期的生活遗迹目前考古发现还不多，其中绝大部分都集中在吉萨高原的金字塔工匠村。这座小镇古时的名字已经无从考证，赫特·埃尔-古拉布（Heit el-Ghurab）工匠村是现代学者起的名字，在阿拉伯语中的意思是"乌鸦之墙"，是指一座200米长的石墙。这座石墙高约10米，宽约10米高，位于工匠村遗址的西北边界。

赫特·埃尔-古拉布金字塔工匠村遗址的面积约等于10个足球

场大小,是在建造胡夫大金字塔之初修建的,后来成为吉萨高地王家陵墓建筑群的工人大本营。与自然形成的城镇和村落不同,金字塔工匠村为了建造金字塔而生,因此也经过了精心的规划。工匠村最北边以巨大的"乌鸦之墙"为界限,南边的边界遗址目前尚未被发掘。城内有三条由北至南平行排列的主干道,分别是北街、主街和南街。这三条东西走向的街道在西边都设有门楼,且街道十分宽敞,特别是主街和北街,宽度可达5米左右。围墙与北街之间、北街与主街之间、主街与南街之间的三个街区都建有狭长的厂房式样的大房间,其中主街与南街之间的区域更大,有两组"营房"。工匠村从北往南一共有六组"营房"。营房由十余间长条形房间排列而成,狭窄的入口通向街道。这些房间带有壁炉和厨房,房间内还有高于地面的平台,类似于"通铺",考古学家认为,这里可能是工人居住的集体宿舍。根据房屋的面积进行估算,这些"营房"大概可以容纳1600人住宿。在南街附近还有烘焙面包的作坊,这里可能是为工人提供伙食的地方。工人日常食物的供给也比较充裕。考古学家在遗址中发掘出了大量牛羊等动物骨骼,因此可以推断除了面包和啤酒,后勤部门每天都会送来大量牛羊肉,特别是小公牛和小公羊是主要的肉食来源。[4] 最近十年的考古发掘显示,金字塔工匠村的食物种类非常丰富,不仅包含日常食物,还有大量的野生动物,如河马、羚羊以及大量的野生禽类。[5] 工人的食物绝大部分需要依靠王室庄园供给,如用于烹饪的牛很可能来自尼罗河三角洲西部。那里有一个叫作孔姆·埃尔-希辛(Kom

---

4　Mark Lehner, "Labor and the Pyramids: The Heit el-Ghurab Workers Town at Giza," in Piotr Steinkeller and Michael Hudson(eds.), *Labor in the Ancient World: a colloquium held at Hirschbach (Saxony), April 2005*, Dresden: Isley-Verlag, 2015, pp. 407-409.

5　Lehner, "Labor and the Pyramids," in Steinkeller and Hudson(eds.), *Labor in the Ancient World*, pp. 411-412.

el-Hisn）的遗址，可能自第一王朝以来就是王室养牛场。在那里，考古学家发现了大量猪骨，这说明当地人养牛主要是为了运送到其他地区，自己则以猪为主要肉食来源。因为相对于牛羊，猪更适合在村庄养殖，而很难进行长途运输。在工匠村出土的牛骨数量远多于猪骨，[6] 这样的考古发现验证了文献中的说法，即地方庄园的物资运送到首都地区，供居住在城市里的人们享用。在工匠村营房区还发现了很多来自黎凡特地区的陶器，甚至还有食用橄榄的痕迹，[7] 这说明当时的中央政府将进口物资运输到金字塔工匠村，并将这些产品提供给从事建造的工人享用。

考古学家将营房区东边的区域命名为东区。这一区域的房屋错落有致，但面积较小，约30至40平方米，都带有单独的厨房，说明这里的住户与营房中短期工作的工人不同，他们需要在家里做饭，而不是领取配给的面包和啤酒。因此，居住在这里的居民可能是长期在工匠村工作的工匠家庭或相关服务人员。东区内很多房屋都经过了若干代反复地修葺，因此更像是自然形成的村落。在工匠村附近的墓地中，墓碑上的铭文记载了居民的各种头衔，如"造墓工匠稽查员"和"造墓工匠总管"等。一些女性居民也有自己的职业，如哈托尔（Hathor）女神的女祭司和稳婆等。

营房的西南区域，考古学家称为西区。那里的房屋较大，与营房区域有围墙相隔。在西区，有一座编号为Unit 1的房屋面积达400平方米，是目前发现的遗址内面积最大的房屋。屋内出土了大量印章，上面刻有高级书吏的头衔。因此，这座建筑很可能是工匠村的行

---

6   Ibid., p. 409.
7   Ibid., pp. 413-415.

政中心，而居住在这里居民的则是工程管理人员和他们的家眷，考古学家称其为"王家办公楼"。在"办公楼"的庭院中有若干圆形筒仓，每一座筒仓的直径都是2.62米。目前，考古学家发现了7个筒仓，再往南延伸可能还有更多筒仓。筒仓旁边建有矮墙，这可能是为了方便工人从高处将谷物倒入筒仓入口而设置的。如果想要取出谷物，则使用底部的开口。在这一区域还出土了多枚滚筒印章及相应的封印。印泥和印章在行政和经济活动中必不可缺，因此，"办公楼"可能是金字塔工匠村的物资调配中心，也是工程建设的总指挥部。从地理位置上来说，"办公楼"占据着工匠村遗址的中心位置。在"办公楼"附近，考古学家还发现了纺织和制作铜器的痕迹、制作埃及雪花石膏的作坊以及制作燧石工具的工场。[8] 在西区的中间区域，有一幢大型建筑，这座建筑的结构十分独特，内部还放置着很多陶瓮。考古学家推测，这里可能是酿造啤酒的酒场。

  建筑金字塔的工人是如何被组织起来，又是以何种形式进行工作呢？在20世纪早期，考古学家赖斯纳发现了建筑工人在石块上留下的铭文。铭文显示，[9] 在建造金字塔的过程中，古埃及人采用了模块化管理的办法，把劳动者分为"营"（aper）和"团"（za）。[10] 而在营和团之下，还有分组，通常是将来自同一地区的工人分在同一组中。每个营都有自己名号，如"胡夫的朋友""胡夫强大的白色王冠的追

---

8 Lehner, "Labor and the Pyramids," in Steinkeller and Hudson (eds.) , *Labor in the Ancient World,* pp. 405, 410, 411.
9 这些铭文都刻在石块与石块的连接面上，在建筑建成后就无法再被看见，这些铭文可能是开凿和搬运石块时留下的重要记号。
10 埃及学家依据希腊文将其翻译为 phyle。

随者""门卡乌拉的朋友""门卡乌拉的醉汉"等等。[11] 通常的情况是将某一地区的工作分给两个营,每个营又分成四或五个团,每个团又再分为若干组。在门卡乌拉时期,一个团分为四个组。[12] 在这些劳动团体中,"团"是基本单位。这一组织形式也适用于祭庙和神庙祭祀,由祭司团负责祭祀活动。

古王国后期更为详细的涂鸦铭文显示,建筑工人通常来自某地区的大庄园,代表庄园支援王陵的建设,为工地搬运巨大的石块。这些庄园可能属于王室,也可能属于王室的重要亲眷或朝臣。[13] 在中王国时期的相关文献中也有类似的例子。随着对遗址的深入发掘,考古学家发现,金字塔工匠村的作用并不仅限于为工匠提供聚集住所,它还兼具港口的职能。[14] 工匠村的港口直接与原料产地的港口对接,是全国物资运输网络的终点站。同时它还接收来自海外的货物,如来自拜布罗斯(Byblos)的木材、黎凡特的油和香料等。在金字塔工匠村遗址发现了很多黎凡特风格的陶罐,这些陶罐被用来临时存放进口物品。最终,这些远道而来的奢侈品可能会作为王家和贵族官员的随葬品进入吉萨墓区。工匠村也有自己的生产区域,能够生产大量的陶器和工具。这样的配置使得金字塔工匠村成了王室庄园系统及户特

---

11 Ann Roth, *Egyptian Phyles in the Old Kingdom*, Chicago: University of Chicago Press, 1991, pp. 125-127, fig. 7. 2; Vassil Dovrev, "The Administration of the Pyramid," in Z. Hawass(ed.), *Treasures of the Pyramids*, New York/Vercelli: Barnes and Noble/White Star, 2003, pp. 30-31; George A. Reisner, Mycerinus, *The Temple of the Third Pyramid at Giza*, Cambridge, MA: Harvard University Press, 1931, p. 275; Miroslav Verner, "Zur Organisierung der Arbeitskräfte auf den Großbaustellen der Alten Reichs-Nekropolen," in Erika Endesfelder(ed.), *Probleme der frühen Gesellschaftsentwicklung im alten Ägypten*, Berlin: Humboldt-Universität zu Berlin, Institut für Studanarchäologie und Ägyptologie, 1991, p. 76; Lehner, "Labor and the Pyramids," pp. 417-418.
12 Lehner, "Labor and the Pyramids," pp. 432-433.
13 Ibid., pp. 421-422.
14 Ibid., pp. 425-426.

（hut）系统的重要组成部分。[15] 在萨胡拉（Sahura）金字塔祭庙甬道的墙壁上，有工人和船员划桨、摔跤和射箭的场景，这可能旨在表现金字塔完工时的庆典活动。[16]

建造金字塔是一项艰苦而危险的工作。在劳动中不幸死亡的工人和工匠埋葬在附近的工人墓地中。这些工人的墓葬与普通人墓葬并没有太大区别。对工人骸骨的研究显示，很多工人生前患有严重的骨关节病，还有一些人生前曾遭骨折，并且接受过相关的治疗。[17] 不仅在古王国时期，中王国和新王国时期的王家陵墓附近也有相应的"工匠村"，而这一传统在古王国时期就已经形成并发展完善了。

建造如此庞大的建筑所需的工人数以万计，古埃及国家是如何招募如此众多的劳动力，来到吉萨高原参与建造工作呢？学界普遍的观点是，工人来自埃及全国。建筑金字塔的部分建筑工人原本是村庄中的农民，被应征到吉萨主要从事搬运工作。此时的古埃及可能已经建立起了类似徭役制度的强制劳动体系，古埃及人称其为"巴克"（bak）。在古埃及社会中，个人不是独立存在的，而是要依附于社区和传统，而巴克就是传统之一。巴克可以看作是一种义务服务，每一个人都需要对其上级付出巴克，即便是高级官员，也需要对君主付出巴克。因此，来到吉萨为国王修建金字塔，可能是当时埃及国民应尽的义务。建造金字塔的主要任务是将在吉萨附近开采的石块搬运到金字塔的所在地，并用打磨好的石块来建造金字塔。这些都是依靠人力

---

15 Willems, Harco et al., "An Industrial Site at Al-Shaykh Sa'id/Wadi Zabayda," *Ägypten und Levante: Zeitschrift für Ägyptische Archäologie und deren Nachbargebiete,* vol. 19, 2009, pp. 293-331.
16 Lehner, "Labor and the Pyramids," pp. 461-462.
17 Zahi Hawass, "The Tombs of the Pyramid Builders-The Tomb of hte Artisan Petery and his Curse," in Gary N. Knoppers and Antoine Hirsch（eds.）, *Egypt, Israel, and the Ancient Mediterranean World,* Leiden and Boston: Brill, 2004, pp. 21-22.

来完成的。

近年来，也有学者对徭役制度和强制劳动体系提出了质疑，认为古埃及法老时代并不存在真正意义上的徭役制度，即正式、定期地征集农民来为国家无偿建造金字塔的制度。[18] 有学者认为，从古王国时期开始，埃及王室就曾派出远征探险部队，征服周边地区的游牧部落，将俘虏带回埃及后将他们安置在王室庄园中从事劳动，也让他们在矿山等地进行艰苦的开采工作，金字塔工匠村中搬运石块等重体力劳动也由这些战俘完成。[19] 也有学者认为，将外国战俘安置在埃及的定居点，让他们从事农业耕种，这在古王国时期是较为普遍的举措，但没有证据表明这些外国战俘会直接在金字塔工匠村中工作。[20] 在新王国时期，有证据表明，利比亚和努比亚战俘会被用于建造神庙，在神庙建成之后，他们将成为神庙的侍从，在神庙所属的土地上耕种。[21] 类似的情况可能也发生在古王国时期，不然难以解释建造金字塔的劳动力来源。[22] 总的来说，从目前的证据来看，金字塔的建造很可能既包含了部分战俘，也包含从全国征集来的劳动力。[23]

第五王朝和第六王朝的君主也热衷于修建金字塔，但此时金字塔的规模却大为缩减，修建地点也转移到了吉萨以南大约10千米的阿布希尔（Abusir）。在金字塔规模缩小的同时，金字塔祭庙的规模却逐渐增大了。第四王朝金字塔祭庙的形制还十分简单，而到了第五

---

18 Christopher Eyre, "Who Built the Temple of Egypt?" in Bernadette Menu (ed.), *L'organisation du travail en Égypte ancienne et en Mésopotamie*, Cairo: IFAO, 2010, pp. 117-138.
19 Lehner, "Labor and the Pyramids," pp. 476-482.
20 Christopher Eyre, "Work and the Organization of Work in the Old Kingdom," in Marvin Powell (ed.), *Labor in the Ancient Near East*, New Haven: American Oriental Society, 1987, p. 37.
21 Eyre, "Work and the Organization of Work in the New Kingdom," in Powell (ed.), *Labor in the Ancient Near East*, p. 189.
22 Lehner, "Labor and the Pyramids," p. 487.
23 Ibid., p. 490.

图 4-5　乌纳斯金字塔和甬道

和第六王朝,祭庙已经变得十分宏伟,犹如一座真正的神庙。此外,从第五王朝开始,国王不仅修建金字塔,还建造太阳神庙。到了第五王朝末期,太阳神庙的建造也停止了。从第五王朝的最后一位君主乌纳斯(Unis)开始,君主开始在自己的金字塔内部墓室的墙壁上篆刻铭文,也就是著名的《金字塔铭文》。《金字塔铭文》中的咒语可以保护法老顺利升入天国,进入神的领域,与众神合一。

建筑模式的变化反映了从第四王朝到第五王朝国家权力结构的变化。第四王朝时期,在朝廷担任要职的往往是国王的儿子或兄弟,如在第三王朝与第四王朝的大部分时期宰相都是由王子担任的。到了第五王朝,王室成员已不再担任朝廷要员,中层官员大量增加,国王逐渐将祭祀与司法方面的权力让渡给中层官员,非王室出身的官僚阶层得到了极大的发展。[24]官僚和祭司系统的发展使国家制度得以长久维系。毕竟巨大的金字塔一旦建立完成，工人就需要被遣散安置，周期性的大兴土木无疑会对埃及国家的经济运行造成巨大压力。金字塔祭庙规模的扩大可能意味着到了第五王朝和第六王朝，君主们更看重宗教仪式和死后的供奉。因此缩小金字塔的规模而增加祭庙的规模，建立更为完备的供奉制度，并为其配备相应的土地和人员，形成稳定持久的经济运行模式。

坟墓不仅仅是死者安息的场所，也是生者祭祀死者的场所。对死者特别是已故国王的供奉，可能会一直延续数个世纪。王家供奉庄园在国家经济中发挥了非常重要的作用。这些庄园的产出用来维护王室陵园的日常开销和对死去国王的供奉。在阿布希尔附近发现的第五王朝时期的纸草《阿布希尔纸草》（*Abusir Papyri*）上记载了王家祭庙的日常行政和两座太阳神庙的日常供奉，其中包括祭司职责、供品记录以及神庙财产清单。这份纸草是研究古王国时期神庙与祭庙经济活动以及祭司职能的重要文献。总而言之，金字塔建筑群模式的变化和规模的缩减，在一定程度上反映了国家行政制度的成熟，及其对经济资源更为理性地使用。大型陵墓的修建和对死去国王的供奉都纳入了国家的政治经济活动之中。神庙、祭庙及其附属机构也成了国家经济的重要部门，发挥着日益重要的作用。

古代埃及社会在希腊化时代以前都不曾使用货币，国家经济的运行和私人经济活动都是以物品或劳务的交换为基础的。也就是说，无论是朝廷里的高官，还是为国王建造金字塔的工匠，他们的"薪

---

24 Miroslav Bárta, "The Sun Kings of Abusir and Their Entourage: 'Speakers of Nekhen of the King'," in Miroslav Bárt and Hella Küllmer（eds.）, *Diachronic Trends in Ancient Egyptian History: Studies Dedicated to the Memory of Eva Pardey*, Prague: Charles University in Prague, 2013, pp. 24-31.

水"都以谷物支付。这些谷物一部分来自国家的税收，另一部分则直接来自王室庄园。

在早王朝时期，古埃及国家就已经建立起了税收系统。从纳尔迈和阿哈王陵中随葬品附带的标牌来看，当时的赋税是在上埃及和下埃及分别征收的，来自这两个地区的物产也是不同的。征集而来的实物税收存放在专门的仓库中，即佩尔－舍纳（per-shena）。到了第二王朝末期，还出现了与佩尔－舍纳相关联的机构——佩尔－赫尔－威杰布（per-heri-wedjeb），用于储藏将要发放给国家雇员和地方神庙的物品。为了更好地掌握全国的经济情况，在古王国时期，政府通常每隔两年就要对全国的牲畜进行大清查，将牲畜数量登记在册。

在早王朝和古王国时期发展起来的"王室庄园"是王室建立的具有农业生产和畜牧业生产功能的单位，包含了大量生产资料和人力，是国家行政管理系统的重要组成部分。王室庄园不仅仅是指王室拥有的某一片土地，还包括各种农业设施、谷仓、库房、工场以及附属在"庄园"上的人员，如农民和工场中的手工业者。可以说，"王室庄园"是以组织生产为目的的管理单位。全国各地的庄园形成了一个庞大的生产和分配网络，将全国的农业和手工业资源分配都置于王室的直接管辖之下。以庄园来组织农业生产和产品的存贮及配送，极大地提高了古埃及社会的经济效率。这就是古王国的基本经济组织形式——户特制。萌芽于早王朝时期的户特制，到了第三王朝乔赛尔王统治时期就已经初具规模了。考古学家在乔赛尔金字塔附近发现了上百只写有庄园名称和负责官员名号的陶罐，这些陶罐内都盛有该庄园向先王进献的供品。从陶罐上的铭文中，我们知道了户特制的存在。

随着中央集权对经济控制的加强和户特制度的发展，全国土地资源都逐渐纳入了国家经济的范畴，半自治的村镇逐渐衰落，村社拥有大量土地的情况也不复存在。与之相对应的是，通过王室权威在全国各地建立了若干政治经济机构，包括定居点（gerget）、家庭庄园（per）、生产中心、属于王室的庄园和大庄园以及大户特。[25] 大户特可能是比户特更高一级的管理中心。到了第四王朝，户特和大户特开始统辖一些地方上的城镇，并将它们纳入户特体系中。

全国各地的王室庄园为大型建筑的建造和向国外派出探险队提供了后勤支持。例如，埃德弗地区的王室庄园为红海地区的探险提供了支援。[26] 从中王国时期的铭文可知，当国王派出远征探险部队时，跟随部队行进的还有强大的后勤队伍，包括制造凉鞋的工匠、石匠、猎人、屠夫、面包和酿酒工人等等。[27] 根据帕勒莫石碑的记载，斯奈夫鲁统治时期，埃及远征探险军带回了 7000 俘虏和 20 万头羊。[28] 这些俘虏都被安置在王室庄园中，成为王家农民。[29] 大规模兴建的庄园为金字塔的建造提供了物质基础，也为金字塔工匠村配备了强大的后勤队伍。例如，猎人会为金字塔工匠村提供大量可供食用的野味，王室护卫也会狩猎河马和鳄鱼，再送到金字塔工匠村进行展示。[30] 这样的活动可能象征着王室的威严，也可能是工匠村的某种仪式性庆典，或工作之余的助兴。

---

25 Juan Carlos Moreno Garcia, "The Territorial Administration of the Kingdom in the 3rd Millenium," in *Ancient Egyptian Administration*, Leiden: Brill, 2013, pp. 1029-1065.
26 Juan Carlos Moreno Garcia, "La popultion *mrt*, une approche du problème de la servitude dans l'Egypte du IIIe millenaire（I）, *Journal of Egyptian Archeology*, 1998, pp. 71-83.
27 例如赛索斯特里斯一世（Senwosret I）统治的第 38 年在哈玛玛特旱谷（Wadi Hammamat）留下的铭文。Kemp, *Ancient Egypt*, p. 181.
28 Wilkinson, *The Royal Annals of Ancient Egypt*, pp. 141-143.
29 Wolfgang Helck, "Die Bedeutung der Felsinschriften J. Lopez, Inscripciones Rupestres Nr. 27 und 28," *Studien zur Altägyptischen Kultur*, no. 1, 1974, pp. 215-225.
30 Lehner, "Labor and the Pyramids," pp. 445-448.

国家控制经济，将产出收集起来再进行分配的做法，是一种再分配制度。古王国时期的埃及国家正因为实施了这样的经济制度，才能有效地调动全国资源大兴土木。而大型工程的修建也反过来促进了再分配经济模式的发展。此外，统治阶层还垄断了大宗商品贸易。地区之间有组织的贸易交换，包括埃及本土与外国市场之间的贸易往来都十分频繁。制造胡夫王太阳船的木材，就是从黎巴嫩进口的雪松。以再分配体系和官方贸易为主导的经济模式，一直以来都被认为是古王国时期埃及国家主要的经济运作方式。从理论上来说，在再分配体系中，市场的作用很小，私人部门也被严重压缩。但是在古王国时期，无论是市场还是私有经济，都获得了一定的发展。首先，工匠可以用自己的产品或服务在社区内进行交换；其次，河岸市场的存在也极大地弥补了再分配体系的不足。古王国的墓室壁画中记录了人们在尼罗河岸边进行交易的场景。实际上，目前掌握的材料主要来自官方记录，即国王与官僚的经济活动。无论是建筑奇观，还是出土的与行政管理相关的纸草，统治阶层永远是历史的书写者。而作为历史上"沉默的大多数"的普通民众，他们的大多数经济活动在历史上都是"隐形"的。这可能意味着，学者们在研究古王国的社会经济时，很大程度上低估了私人经济的作用，河岸市场与村镇之间的贸易交换可能在当时国民经济中占有很大比重。

在政治领域，掌握着全国资源的君主具有至高无上的权力。在君主周围是朝廷官员，他们效忠于君主，在君主的委托之下对国家事务进行管理。在高级官吏与高级祭司之下，是数量更多的中级和低级官吏、祭司。城市里富裕的手工业主也都依附于王室和官吏，成为国家系统的一部分。而生活在社会底层的是广大农民，他们或在属于王室的庄园中耕种，或拥有自己的小块土地，或隶属于某个神庙。

总而言之，在古王国时期，中央集权、统一计划与统筹管理是其基本特征。国王作为全国首领拥有国家的一切资源，所谓"普天之下莫非王土，率土之滨莫非王臣。"这种高度集中的经济体制是在埃及国家和王权的建立过程中逐渐发展起来的。

第三节 官僚系统的发展

随着早期国家和王权的发展，官僚制度也逐渐完善，职业官僚在国家政治中的作用也越来越重要。官员的职能和任命进一步制度化和规范化。很多高官不仅拥有行政职位，还兼任宗教职务，同时还负责大型工程的修建。在古埃及历史上，大型工程的组织和修建与行政事务密不可分。可以说，大型工程的修建将国家的经济管理、行政体系与宗教事务紧密地联系在了一起，并极大地促进了官僚管理系统的发展。

官员管理国家，首先要具备书写能力。因此，在进入"职场"后，古埃及官员都拥有"书吏"的头衔。早王朝时期，王室在北部三角洲地区拥有大片土地，这些土地都由效忠于王室的各级官僚管理。土地上的产出用于建造王陵与置办随葬品，余下部分则用于其他方面的政府开支。在王公贵族的墓葬中，考古学家发现了带有王室庄园名称的印章与封印，印章的铭文中可能还会提及庄园管理者的名字。例如，第一王朝的一枚印章上提到了一座王室庄园"荷鲁斯繁荣"，管理者名为赛赫姆卡塞第（Sekhemkasedj）。其余的王室庄园名称有"荷鲁斯，众神第一人""荷鲁斯，升起的一颗星""国王的船"等等。在第一王朝国王登统治时期，国王委派官员到地方进行管理，这些官员拥有"管理者"的头衔。

印章铭文也会提及国库。在古埃及国家,国库被称为"白房子"或"红房子"。与国库有关的官员头衔包括"白屋官员""王室掌印之人""下埃及之王的总管""再分配之屋管事"等。在国库之下,还有仓库和与再分配有关的机构。国库统一管辖农产品的加工,如制作面包、酿造啤酒、榨油等。农产品加工工艺较为复杂,不同的工序可能会由各部门分工协作完成。贵重的油类产品和肉类加工更是会受到政府部门的高度重视,如在国库之下设立了专门的屠宰和肉类加工部门。

早期国家开展的各项建筑工程都得到了国库的支持。虽然只有零星史料留存下来,但多少能了解到一些当时的生产和建设状况。例如,"工匠主管"与"王室石匠"都直接受政府管辖;国王的宗教仪式所需,如赛德节仪式上使用的船只也都由国库负责。

宫廷内有各种官员来管理国家不同的事务。官员与国王的关系是最重要的。对官员而言,与国王的亲疏远近直接体现了其在官僚体系中的地位。在国王身边的官员,如"国王的随从""国王的仆人""国王的主管""宫廷的管理者""宫廷监督者"等都具有较高的地位。官员之首是宰相,在第四王朝以前,宰相的职位都由国王的儿子或兄弟来担任。另外,根据官员的头衔可知,从早王朝到古王国,埃及国家官员的任命主要根据具体事务,即国家日常行政工作中的某项具体工作。有的官员负责国王的饮食起居,有的负责船只管理,有的负责建筑与石料开采,有的负责宗教事务,但这些官职之间的职阶并不明显。

中央对地方的统辖也在早王朝时期建立了起来。三角洲地区分为东西两个行政区域,与王室领地的管理重叠。在上埃及地区设立了"上埃及区域首都的管理者""市长""象岛的监督者"等职位。行省制经过早王朝时期的发展逐渐成形,成了贯穿古埃及文明始终的行政区划制度。国王委派官员到各行省管理当地事务。下埃及的行省与王室庄园相结合。行省制的出现使早期国家的统一得到巩固,各地资源得到了有效管理,使得中央能够调动这些资源进行大规模的建筑活动。为了加强对周边沙漠地区的控制,早期国家还委派了特别的官员进行管理,即"沙漠管理者"。就这样,古埃及国家形成了"中央—行省"与"河谷—沙漠"的双重管理模式,成了中央集权的统一国家。

位于官僚系统顶端的是一人之下万人之上的宰相,以及负责国家宗教事务的大祭司。修建大型建筑和王陵是这些高官最重要的任务,如乔赛尔阶梯金字塔的设计师是太阳神大祭司伊姆霍特普。赫利奥波利斯的太阳神信仰也是王室的信仰,伊姆霍特普设计的王陵体现了王室所推崇的太阳神信仰。除此之外,伊姆霍特普还是乔赛尔王的御医。伊姆霍特普的陵墓很可能就在萨卡拉的沙漠边缘地带,在乔赛尔阶梯金字塔以东,但是至今还没有被发现。

从第四王朝开始,在吉萨高地的三座大金字塔附近建造了官员与贵族的马斯塔巴陵墓。这些马斯塔巴墓排列整齐,结构相近,由国家统一建造而成并分配给官员和皇亲国戚使用。同时,放置死者供品的丧葬庄园也由王室提供。对与建造陵墓有关文本的研究发现,从第五王朝开始,个人及其家庭在陵墓建造方面发挥着越来越重要的作用,而王室对官员建造陵墓提供的物质支持则日益减少。到了第六王朝，建造陵墓逐渐成了墓主人自己的责任。[31] 官员们规模巨大的墓葬和丰富的随葬品体现了早王朝时期官僚系统的发展，官员参与管理国家，控制了大量的财富。

与陵墓建造相关的是官员的死后供奉。马斯塔巴陵墓一般带有地面祭堂。祭堂是供奉死者的场所，内部装饰着精美的浮雕壁画。浮雕壁画的内容非常丰富，包括耕种、收获、捕鱼、捕鸟、烤面包、酿造啤酒、制作陶器等"日常生活场景"，[32] 以及与丧葬习俗和宗教信仰有直接联系的场景，如奉献贡品、举行丧葬仪式、诵读咒语等。[33] 官员任命自己的丧葬供奉祭司，并将土地分配给他们。这样的丧葬供奉系统是古埃及社会经济和财产制度的重要组成部分。古王国时期是丧葬供奉制度逐步建立的时期，丧葬制度在此时尚未形成成文的法律或法规，人们在实践中主要受习俗影响，并以自身的实际利益为标准。官员的家庭成员和职业祭司都会参与到对死者的供奉之中。

官员在修建祭堂，为祭堂添加浮雕与壁画装饰时，往往以孟菲斯地区的官方艺术形式为样板。他们遵从自第一王朝以来建立的艺术法则，将古埃及社会推崇的秩序观念融入其中，将国家政治结构的等级次序相应地投射到家庭关系中。有学者甚至认为，整个古埃及国家

---

31 Violaine Chauvet, *The Conception of Private Tombs in the Late Old Kingdom*, Dissertation from Johns Hopkins University, 2004, pp. 403-404.
32 关于"日常生活场景"的讨论，详见 Pierre Montet, *Scenes De La Vie Privee Dans Les Tombeaux Egyptiens De L'ancien Empire*, Paris: Strasbourg University, 1925; Luise Klebs, *Die Reliefs Des Alten Reiches（2980-2475 V. Chr.）: Material Zur Ägyptischen Kulturgeschichte*, Heidelberg: Carl Winters Universität, 1915, pp. 1-117; Jacques Vandier, *Manuel D'archéologie Égyptienne IV*, Paris: A. et J. Picard, 1964。
33 关于丧葬仪式的场景，详见 Klebs, *Die Reliefs Des Alten Reiches*, pp. 119-141。威尔逊根据马利茹卡（Mereruka）与安柯马荷尔（Ankhmahor）墓中的浮雕复原了丧葬仪式的具体过程，见 John A. Wilson, "Funeral Services of the Egyptian Old Kingdom," *Journal of Near Eastern Studies* vol. 3, no. 4, 1944, pp. 203-218。关于浮雕与壁画中的祭司、祭司头衔与他们的形象，以及对 sAx 仪式的讨论，见 Jone Steven Jr. Thompson, "The Iconography of the Memphite Priesthood in Egypt's Elite Tombs of the Old Kingdom," Dissertation from University of Pennsylvania, 2014, pp. 236-278。

图 4-6　马斯塔巴陵墓祭堂浮雕，卡祭司为墓主人奉献牛腿

都可以算作一个巨大的家庭，这一巨大的家庭是"按等级制度组织起来的家庭"。[34] 因此，在官僚系统和官僚阶层发展的同时，"国"与"家"在结构上相互映照的关系也逐渐发展成型。

参与死者丧葬供奉的祭司叫卡祭司。顾名思义，卡祭司是侍奉卡（ka，即灵魂）的祭司，负责为死者提供供品并举行丧葬仪式。供奉死者是古埃及一项重要的经济活动。供品可能是本地土特产，也可能是来自神庙或王室祭庙的流转供品，或国家财政的供给。墓主人在生前通过遗嘱将一定量的土地授予卡祭司作为供品来源。到了古王国中后期，随着王室物质支持的减少，墓主人开始在祭堂铭文中强调自己的经济独立性，如"我是用自己的财产建造的这座陵墓"，以及"他

34　Kate Spence, "Ancient Egyptian Houses and Households: Architecture, Artifacts, Conceptualization, and Interpretation," in Miriam Müller (ed.) , *Household Studies in Complex Societies: (micro) Archaeological and Textual Approaches*, Chicago: Oriental Institute, University of Chicago, 2015, p. 85.

以他自己的双手建造了陵墓"。与此同时,来自墓主人自己的财产、父亲先辈的财产、国王的财产也被加以区分。[35] 到了第五王朝末期,以君主名字命名的丧葬庄园数量减少,取而代之的是以个人名义建立的丧葬庄园。不仅墓主人本人,其子女、弟兄甚至父母和其他亲属都可能是陵墓建造的支持者。例如,根据泰提赛奈布(Tetiseneb)的铭文,他的陵墓是由子女和兄弟建造的。[36]

官员的薪俸是其土地和财产的重要来源。国王将土地及附属人员赐给官员作为薪俸,该土地上的产出归官员所有。在古王国时期,私人墓葬入口处的祭堂墙壁上往往刻有墓主人的自传体铭文。从朝廷要员的墓志铭中可以知道他们生前的任职情况。事业有成的高官会例数自己职业生涯中的闪光点,其中包括国王给他们的赏赐。很多官员都提到了君主赐予他们土地,或将国家的庄园委托他们经营管理,这样庄园的利润或部分利润就可以用来充当薪酬。然而,仅根据墓志铭很难区分哪些土地是国家委托官员进行管理的,哪些是国王赐予的,而赏赐给官员的土地究竟是否可以算是私有土地,这些都是值得商榷的问题。以第三王朝乔赛尔王治下的一位名叫麦杰恩(Metjen)的官员为例,他在三角洲地带控制着大量土地,这使他成了目前所知的古埃及历史上第一个拥有私人土地的人。除了这些土地,麦杰恩还管辖上埃及的两个行省,并帮助国王管理当地的王室庄园。[37] 然而,在某种意义上,纵使是赏赐给官员的土地,虽然实际的使用权已经让渡给

---

35 Chauvet, "The Conception of Private Tombs in the Late Old Kingdom," pp. 191-199, 212-216, 403-404.
36 Naguib Kanawati and Ali El-Khouli, *Excavations at Saqqara: North-West of Teti's Pyramid*, vol. 2, Sydney: Ancient History Documentary Research Centre and Macquarie University, 1984, pp. 7-11.
37 Sally Katary, "Land Tenure," in Juan Carlos Moreno Garcia and Willeke Wendrich (eds.), *UCLA Encyclopedia of Egyptology*, 2012, http://digital2.library.ucla.edu/viewItem.do?ark=21198/zz002bfks5.

了私人，但其所有权仍然属于国王。此外，属于王室成员（如王子）的户特，也并不由他们直接掌管，而是交由特别机构管理，如管理王子庄园的官员叫作"上埃及各省王子财产总督"。[38]

从官员陵墓祭堂中的铭文得知，很多官员的职业生涯都是从较低的职位开始，再逐渐上升到行政金字塔的顶层。在不同层级的官员中，宰相除了帮助君主管理国家事务，也是大户特的总管，掌握着国家的经济命脉；[39]地方行省的长官被称为"行省之伟大领头者"；朝廷的高级官员被称为瑟尔（ser）。在都城的瑟尔负责国家的各个部门，被委以"总管"的重任。在各省的瑟尔则是国王在地方的代表；在瑟尔之下是更低级别的总管和负责具体事项的书吏；基层官员包括收税人和各个王室手工工场的总管、库房总管等等，负责中央和地方各个部门的具体事务。[40]

以第六王朝一位名为乌尼的官员为例，他最初的职位是库房总管和宫廷官员的助理督查，随后，他被任命为宫廷中管理王家的祭司。在那之后，王室又将他委派到了希拉康波利斯担任高等法官，并曾与宰相一同审案。由于乌尼出色地完成了国王委派的一系列任务，他最终当上了南方各省的总督，并被授予爵位。[41]实际上，获得上级和国王的认可而层层晋升是古埃及官员的理想职业道路。在这期间，官员还可能会接受国王委托的特别任务，如前往外国贸易、带领远征军稳定边疆、修建王家陵园或神庙、开采矿藏等等。这些特别任务不仅是官员的职责，也是获得赏赐和晋升的绝佳机会。乌尼就曾南下努

38　Nigel C. Strudwick, *Texts from the Pyramid Age*, Atlanta: Society of Biblical Literature, 2005, pp. 200.
39　Nigel Strudwick, *The Administration of Egypt in the Old Kingdom: The Highest Titles and Their Holders*, London and Boston: KPI, 1985, pp. 306-307.
40　Strudwick, *The Administration of Egypt in the Old Kingdom*, pp. 217-250.
41　Simpson, *The Literature of Ancient Egypt*, pp. 401-407.

比亚为国王带回了制作石棺的巨型花岗岩石材，也曾带领王家远征军平定边疆地区游牧民族的侵扰。从当时的官员墓志铭来看，为国王和宫廷鞠躬尽瘁是各层管理者的信条。很多官员在长达数十年的职业生涯中不止侍奉过一位国王，而王位的变更丝毫没有影响到他们的升迁，说明了官僚的职业化与官僚体系的成熟化。

当然，如此完备的官僚体系是在早王朝和古王国漫长的几个世纪中逐渐发展而成的。在古王国早期，王子成为宰相或朝廷要员是较常见的现象，朝廷里的高级职务也主要由王室的男性亲属担任。到了门卡乌拉统治时期，皇亲国戚逐渐被排除在朝廷要员之外。[42] 王子们似乎都变得特别"低调"，不仅很少担任要职，也很少在王家大型建筑物的铭文中出现。另一方面，很多朝廷官员却被赐予了"王子"的称号。这种变化可能反映了国家管理从以国王为中心的血亲任命到官僚体制职业化的转变。

到了第五王朝，古埃及官僚系统经历了彻底的"去王室化"过程。奈弗尔伊尔卡拉甚至废除了王室亲族的名誉头衔。与此同时，官员数量大为增加，官员的工作和职责也更为细化。这一系列措施彻底将官僚系统与王室亲族分离，使得皇亲国戚无法凭借血缘关系获得政治权力。古埃及国家无论是在政治制度上还是经济模式上都步入了正轨，成了由具有专业知识和经验的职业官僚进行管理的国家。[43] 虽然在古王国末期，各行省内部产生了离心势力，不再接受中央政府的管辖，但是行省的官僚体系并没有变化。随后建立的统一王朝进一步削减了行省长官的权力，确立了以市镇为基础的地方管理体系，进一步

---

42 Bruce G. Trigger, *Understanding Early Civilizations: A Comparative Study*, Cambridge University Press, 2003, p. 211.
43 Trigger, *Understanding Early Civilizations*, pp. 211-212.

增加了中层官僚的数量,将官僚系统完善到了极致。

一般来说,早期国家的建立遵循着两种不同的模式——城邦国家(city state)与疆域国家(territorial state)。虽然曾有学者认为,文明的发展需要经历从城邦国家过渡到疆域国家,再进入帝国的发展模式,但近年来的研究更倾向将城邦国家和疆域国家看作早期国家发展的不同类型。这两者在时间上也是可以共存的,无法相互替代,并非同一国家的不同发展阶段。[44] 古埃及是典型的疆域国家,从前王朝时期到国家建立,并没有经历城邦国家的阶段。前王朝时期各个地方的政治中心与两河流域的城邦国家不同,它们只是地方上的行政管理中心,并不是独立的城邦,无论是经济上还是文化上,都具有高度的同一性。在国家统一之后,这些地方政治中心很快被纳入了早期国家的行省制和官僚体系之中,成了国家行政系统的一部分。[45]

总的来说,城邦国家与疆域国家在本质上是两种不同的国家组织模式。就文化而言,在疆域国家,人们没有对某个城市的归属感,只有对一种普遍文化身份的认同感。就政治结构而言,这两者在统治和管理模式上截然不同。举例来说,城邦国家如果征服了临近的城邦,就会令其纳贡,但保留其统治家族和政治体制;疆域国家则不同,它们可能会保留被征服土地的独立性,也可能完全控制该地区,建立官僚体制,将其完全纳入中央政府的管辖范围,成为疆域国家的一部分。[46] 新王国时期的埃及对努比亚地区就是采取这样的策略,将努比亚地区变成了埃及帝国的一个行省,并在那里建立了官僚系统,将大批埃及人移居到那里,连古埃及宗教也传播到了努比亚地区。而

---

44 Trigger, *Understanding Early Civilizations*, p. 93.
45 Ibid., p. 104.
46 Trigger, *Early Civilizations*, pp. 12-13.

由城邦国家发展成帝国的希腊和罗马文明,即便控制了大面积领土,也能在领土上保留城市自治权,并推行公民制度。在希腊罗马时期的埃及,统治者不仅兴建希腊化城市,也将公民权的概念带到了埃及。在居住方式上,城邦国家中的大部分人口都居住在城市。即便居民在城外拥有土地,每年花费大量时间在城外的土地上耕种,但他的主要住所仍然在城内,也将自己看作是城市的居民;[47]而疆域国家则以农业人口为主,大多分散居住在临近耕地的村庄中。国家经济也分为两个层面,即城市部分和乡村部分,而这两部分的联系在于税收和作为税收补充的徭役。城邦国家则具有更专门化的手工业生产和密集型的农业生产。[48]在疆域国家和城邦国家发生战争的时候,城邦国家往往会占上风,因为能更加有效地调动部队,在防守上也更胜一筹。但是,疆域国家可以掌握比最大的城邦国家还要更多的资源,并在全国范围内调动这些资源。这就是为什么古埃及文明能够倾举国之力建造出巨大的金字塔。[49]在国家管理上,疆域国家无疑有着更复杂的行政管理体系,其中官员等级分明,形成了复杂的金字塔形管理结构;而在城邦国家中,政治结构则相对简单,官僚的层级设置也更趋向扁平化。

熟悉中国古代历史的读者,一定会有感于中国古代官僚体系的复杂。古埃及国家也秉承了疆域国家的特点,以精密复杂的行政体系维系中央政府的管理。作为世界上最古老的疆域国家,古埃及人最早建立了行省制度,将从尼罗河谷的阿斯旺到尼罗河三角洲的广阔领土分为42个行省(在古埃及语中称"赛帕特")。其中上埃及有22个行

---

47 Trigger, *Early Civilizations*, p. 9.
48 Ibid., p. 11.
49 Ibid., p. 12.

省,下埃及有 20 个行省。在古王国时期,一个行省的人口可达 4 万至 7.5 万。[50] 为了管理广阔的疆域和大规模的人口,古埃及国家发展出了完备的官僚体系和等级制度。早王朝时期的君主将前王朝晚期各地的统治家族纳入官僚体系之中,原来的地方贵族仍然在本地担任要职。在随后的几代中,由中央政府委派的官员很快取代了这些地方贵族。不仅如此,国家委派的官员采取轮换制,防止地方割据势力的产生。[51]

古埃及国家的发展历程可能与同样是疆域国家的古代中国有着相似之处,两者都依赖于大河的灌溉,并且都以农业生产为基础,以及较早地产生了专制王权与文字,发展出了发达的官僚系统。然而,在对不同的古代文明进行比较时,我们也需要非常小心,因为即便是相似的地理环境,也可能会塑造出截然不同的文明和文化类型。比如,同样是农业社会的古代中国就出现了货币,而古埃及社会却可以一直在没有货币的情况下运行良好;在官僚体系发达的古代中国和埃及,书写系统似乎是必不可少的,而同样是疆域国家的印加帝国却没有发展出书写系统,而是一直采用结绳记事的办法来维持国家官僚系统的运行,包括税收和军事行动的记录。

文明的发展千差万别,每一种文明都有自身独特的发展模式。虽然很多学者试图从理性主义的角度去解释文明的诞生和发展,并试图找到人类社会发展的普世规律,然而,这种尝试可能过于"现代"了。对古人而言,文化和信仰可能是其行为的根本推动力。正如古埃及人建造金字塔这一行为,无法从经济利益的角度进行解释。只有理

50　Trigger, *Understanding Early Civilizations*, p. 207.
51　Ibid., pp. 208-209.

解了太阳神信仰与神圣王权的内涵,以及对死去国王进行祭祀的意义,才能真正理解古埃及人建造金字塔的动机。这一动机正是根植于宗教理念之中,国家的形态也因此而得以塑造。例如专制主义王权和政体,以及经济上的再分配体系等等,都是为了适应文化与宗教理念而产生的。

第四节　早期古埃及国家的对外交往与远程贸易

位于非洲大陆一隅的埃及虽然地处相对孤立的地理位置,但是文明的产生和发展却从来不是孤立的。在埃及国家形成的过程中,除了社会经济、技术、权力和文化,与周边地区的贸易往来和文化之间的相互传播也发挥了重要作用。

埃及与周边地区往来密切。埃及的东北部通过西奈半岛与叙利亚—巴勒斯坦地区相连,位于尼罗河三角洲东部的戴尔·埃尔-法哈是前王朝时期的贸易中转站。从尼罗河三角洲的入海口向东北方向沿着地中海航行,可以到达黎凡特地区的城邦国家,如黎巴嫩;继续航行则可到达爱琴海的岛屿,如克里特和塞浦路斯。在南部,古埃及与努比亚地区接壤。穿越东部沙漠,沿着红海航行,就可以到达也门和非洲大陆东部的埃塞俄比亚等地。穿越西部沙漠,可以深入撒哈拉腹地,或通过沙漠中的商路到达非洲更南部的地区。

早在古埃及国家诞生之前,埃及人就开启了与周边民族的商贸往来。在埃及周边地区,常常可以发现早期埃及风格的器物;在埃及本土也可以发现许多来自异域的产品。早在巴达里文化时期,埃及与外界的贸易往来就已十分频繁。对外交往在文明形成中的作用不容忽视,对早期国家政治体制的发展也产生了重要影响。通过对贸易的垄断,地方的政治权力得以进一步增长,从而加速了权力和财富的聚集。"舶来品"也反过来成了权力与社会地位的象征,或成为宗教仪式中的必需品。例如,古埃及人认为焚香是与神灵沟通的媒介,因此通过对香料贸易的垄断,统治者实际上实现了对宗教仪式的垄断。此外,伴随着舶来品而来的外来文化,例如两河流域的文化进入了埃及,成为古埃及早期文化形成过程中的重要养料。

在巴达里文化和涅伽达文化一期,埃及与南巴勒斯坦地区开始交往。到前王朝末期,下埃及居民来到巴勒斯坦地区定居。在巴勒斯坦南部地区发现了不少受埃及三角洲文化影响的遗址,如伽赫旱谷(Wadi Ghazzeh)、塔乌尔·伊赫贝内(Taur Ikhbeineh)、尼扎尼姆(Nizzanim)、拉克(Lachish)以及戴尔·艾拉尼(Tel Erani)。在阿拜多斯的U-j墓也发现了大量巴勒斯坦地区的陶罐。

三角洲地区是涅伽达文化与两河流域文化之间沟通往来的桥梁,位于尼罗河三角洲的马阿迪-布托文化深受巴勒斯坦文化的影响。例如,马阿迪-布托文化的村落遗址带有南巴勒斯坦风格,陶器和石器带有东地中海风格,与上埃及地区的陶器有着明显不同,金属工艺也显示出迦南特色。在三角洲北部的布托,考古学家甚至发现了乌鲁克时期两河流域风格的镶嵌石锥和凸面砖,进一步说明了三角洲地区在文化上的多样性和复杂性。不仅如此,当地还出土了具有努比亚风格的陶器,说明三角洲地区通过上埃及的涅伽达文化与努比亚地区有着间接的贸易往来。

古埃及国家建立后,小规模贸易让位于国家主导的军事远征。埃及王室派出远征部队在西奈半岛北部与巴勒斯坦南部建立了贸易中转站和定居点。这些颇具"殖民地"意味的定居点能够帮助埃及人有效地控制贸易线路，攫取当地资源——这些地区都有埃及人喜欢的蜂蜜、葡萄酒、沥青、树脂、木材等物产。定居在南部巴勒斯坦的埃及人使用当地材料制造埃及风格的陶器和刀具，并建造埃及式样的房子。在阿拜多斯第一王朝的王陵中，考古学家发现了来自巴勒斯坦南部早期青铜时代文化二期（EBA II）的陶器。在巴勒斯坦南部的恩·贝索，考古学家发现了一座埃及风格的小型泥砖建筑。这座建筑外部带有庭院和围墙，内部有若干房间，在房间内出土了大约90枚带有埃及王名的封印、埃及式烤面包模具以及埃及式样的陶器和狒狒陶俑。这些封印由本地泥土制成，而印章则属于驻扎在当地的埃及官吏。[52] 除了进口陶器外，埃及人还在当地建立了陶器作坊，制作大量陶器以满足日常生活所需。戴尔·伊拉尼遗址出土了大量从埃及进口的陶器与当地制作的埃及风格的陶器，一枚陶片上还有纳尔迈的名字与"宫殿正门"的图像。正是因为恩·贝索附近有水源，可以为过往的埃及商队提供补给，因此成了埃及的贸易中转站。

虽然埃及人建立定居点的主要目的是控制贸易线路，但军事冲突在所难免。登在象牙标牌上记载了对亚洲人的军事胜利，以及摧毁南巴勒斯坦防御工事的事迹。到第二王朝末，埃及掌控了南巴勒斯坦地区的控制权，文献中出现了"异邦监督者"的头衔。稳定的贸易线路为埃及带来了丰富的物质资源。埃及从叙利亚—巴勒斯坦地区获得了大量铜矿石，铜开始作为随葬品出现在早王朝时期的墓葬中。在北萨卡拉编号为S3471的陵墓中出土了700件铜制品与75块铜锭。

到了第二王朝，埃及与黎巴嫩（即拜布罗斯）的海上贸易走向

---

[52] Kathryn A. Bard, *An Introduction to the Archaeology of Ancient Egypt*, New Jersey: Wiley-Blackwell, 2014, p. 130.

兴盛。在拜布罗斯发现了第二王朝最后一位君主哈赛亥姆威的铭文，证明这条海上贸易线路从公元前29世纪开辟以来，一直延续到了罗马时代。各地的物产通过这条海上贸易路线进入埃及，如黎巴嫩的木材和树脂被源源不断地运送到埃及，成了埃及历史上必不可少的商品。第一王朝有铭文写道："从黎巴嫩返回的海上远征队带回来了极为重要的木材。"黎巴嫩山区带有香味的雪松是制造太阳船必不可少的木材，胡夫的太阳船就是用黎巴嫩雪松制成的。新王国时期的文学作品《温纳蒙出使记》也记载了埃及官员温纳蒙到拜布罗斯购买雪松的故事。此外，埃及还从阿富汗进口天青石，从安塔托利亚进口银，从阿拉伯地区进口黑曜石。

　　古王国时期，埃及人继续对南巴勒斯坦地区进行军事征服。第六王朝大臣温尼的自传讲述了他受国王派遣前往南巴勒斯坦进行军事活动的事迹，其中还包括了军队组成人员等诸多细节。自传中写道：

　　　　圣上召集了数以万计的军队后，开始通过军事行动对付亚洲人……圣上派遣我为军队的统帅。军队中还有爵爷，有王室掌印官，有来自王室大庄园的亲信侍从，有酋长，有南北各庄园的管理者、亲信、外国人总管、南北两地的祭司总管、南北两地及其所辖城镇部队工坊的总管，有这些土地上的努比亚人。我对他们的管理策略非常有效。虽然我的官职只是宫廷官员总管，但由于我态度公正，他们没人与同伴发生争执，没人抢夺路人的一条面包或一双凉鞋，没人从城镇中抢夺过一匹布，没人从任何人那里抢夺过一只羊。我从北方的岛屿、伊姆霍特普

之门、荷尔奈布玛阿特的台地起就领导着他们……[53]

在温尼的自传中提及努比亚人与埃及的联系更为紧密。努比亚位于尼罗河第一瀑布区以南。努比亚地区的新石器时代为喀土穆新石器文化（公元前4900年—前3800年），随后为新石器时代晚期（公元前3800年—前3000年）。经过漫长的演变，这一地区也出现了农业和畜牧业。在涅伽达文化一期的时候，努比亚发展出了先进的新石器文化——A部族文化。A部族文化从公元前3700年延续至公元前2800年，主要分布在下努比亚从库巴尼亚旱谷到麦利克·恩－纳西尔（Melik en-Nassir）之间的河谷地区（在第一瀑布区与第二瀑布区之间）。[54]"A部族"这个毫无创意的名称来自美国埃及学家乔治·赖斯纳。[55] 早期学者根据年代的先后顺序将努比亚文化命名为A部族、B部族和C部族。然而，经过后来的研究发现，所谓B部族其实是A部族的一部分，而C部族则在古王国末期才出现，与A部族在年代上相差甚远。A部族文化又可分为早期（公元前3700年—前3250年）、中期（公元前3250年—前3150年）和晚期（公元前3150年—前2800年）。早期A部族文化相当于涅伽达文化一期后期至涅伽达文化二期，中期相当于涅伽达文化二期晚期至涅伽达文化三期早期，晚期相当于古埃及的早王朝时期。

20世纪50年代以前，西方学者囿于"西方中心论"，一直认为

---

53 蒲慕州：《尼罗河畔的文采》，台湾：远流出版社，1993年，第42—43页。
54 Maria C. Gatto and F. Tiraterra, "Contacts between the Nubian 'A-Groups' and Predynastic Egypt," in Lech Krzyżaniak, Karla Kroeper and Michal Kobusiewicz (eds.), *Interregional Contacts in the Later Prehistory of Northeastern Africa*, Poznań: Poznań Archaeological Museum, 1996, p. 331.
55 George Andrew Reisner et al., *The Archæological Survey of Nubia: Report for 1907-1908*, vols. 1-5, Cairo: National Print. Dept, 1910, pp. 9-24.

非洲不可能出现与埃及同样古老的文化，从而使得 A 部族的断代偏晚。近年来，学术进步打破了偏见，关于 A 部族的研究取得了很大进展。A 部族文化遗迹以墓葬为主，目前尚未发现村落遗址。[56] 墓葬为椭圆形或长方形带圆角的土坑葬，随葬品有陶器、骨器、石制研磨用具、石制器皿和铜制工具等。靠近上埃及地区的 A 部族文化与涅伽达文化更为相似，墓葬中涅伽达风格的陶器所占比重更大；而在下努比亚地区的 A 部族文化墓葬中，涅伽达风格的陶器则相对较少。[57] 在努比亚北部地区，随着时间的推移，墓葬内努比亚风格的陶器数量逐渐减少，取而代之的是埃及风格的陶器。到了涅伽达文化二期晚期，下努比亚地区的随葬品已经基本"埃及化"了，包括埃及的陶器、调色板、权标头和燧石刀。墓坑内死者的摆放方式也与上埃及相近。

在希拉康波利斯的墓葬区内也发现了努比亚风格的陶器。位于埃及与努比亚边境地带的象岛可能起到了贸易中转站的作用。同时，A 部族充当了埃及与沙漠地带和非洲腹地贸易往来的中间人角色。在参与长途贸易的过程中，努比亚社会也逐渐发生改变，财富和权力越来越集中。到了 A 部族文化中期和晚期，当地形成了较大的酋邦，并出现了较为复杂的社会管理机制。在库斯图尔（Qustul）地区甚至出现了王陵型建筑。

库斯图尔的 L 号墓地共 25 座 A 部族文化晚期墓葬，其中有 8 座大型墓葬，随葬品非常丰富。在一些随葬品上，甚至出现了埃及王权的标识。在一只香炉上出现了"宫殿正门"的图案，"宫殿正门"上

---

56 由于阿斯旺大坝的修建，很多遗迹已经没入水下，从而无法再进行进一步进行考古发掘。
57 Maria C. Gatto, "The Most Ancient Evidence of the a-Group Culture in Lower Nubia," in Lech Krzyżaniak, Karla Kroeper and Michał Kobusiewicz (eds.) , *Recent Research into the Stone Age of Northeastern Africa, Studies in African Archaeology,* Poznań: Poznań Archaeological Museum, 2000, pp. 331-334.

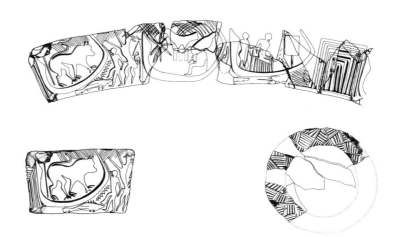

图 4-7　库斯图尔香炉上的图案

还有鹰神荷鲁斯的形象。香炉上也出现了带有船舱的船只图案。在其中的一条船中有一头猛兽，猛兽身后是旗标，上面站立着鹰神荷鲁斯，在另一条船上则端坐着头戴白冠的君主。无论是船只、鹰神荷鲁斯、旗标或是白冠，在涅伽达文化的图像表达中都是王权的象征。因此，有学者甚至认为，王权最早产生于努比亚，至少埃及王权的诞生受到了努比亚文化的影响。[58] 当时的努比亚社会可能正处于酋邦的发展阶段，有学者称之为"库斯图尔王朝"（Qustul Dynasty）。这些大型墓葬则属于早期统治努比亚的王。[59] 在萨雅拉（Sayala）的一处努比

58　Bruce Williams, "The Lost Pharaohs of Nubia," *Archaeology*, no. 33, 1980, pp. 12-21.
59　Bruce Williams, "Forbears of Menes in Nubia: Myth or Reality?" *Journal of Near Eastern Studies*, vol. 46, no. 1, 1987, pp. 20-23; Bruce Williams, "Relations between Egypt and Nubia in the Naqada Period," in Teeter (ed.), *Before the Pyramids*, pp. 77-78; Alejandro Jimenez-serrano, "Two Proto-Kingdoms in Lower Nubia in the Fourth Millennium Bc," in L. Krzyzaniak, K. Kroeper and M. Kobusiewiecz (eds.), *Cultural Markers in the Later Prehistory of Northeastern Africa and Recent Research*, Poznań: Poznań Archaeological Museum, 2003, pp. 256-257.

亚墓葬群中也出土了丰富的随葬品，其中 1 号墓出土了百余件包括石质容器、铜斧、鸟头和狮头调色板、权杖等器物在内的精美随葬品。其中权杖带有包金把手，权杖头由石英石制作，上面刻有浅浮雕。浮雕中的动物形象与涅伽达遗址出土的梳子、刀柄、调色板等器物的装饰图像十分相似。在涅伽达文化中，这类物品及其装饰图案是早期社会首领权力和地位的象征。努比亚地区出现了类似的装饰图案可能也与权力的集中有关。此外，努比亚本地制作的圆筒滚印与印章也说明当地的社会管理系统已初具规模，掌权者需要对物资进行调配与管理。[60]

到了第一王朝，埃及开始了对努比亚地区的军事行动，远征下努比亚地区，试图摧毁 A 部族势力，直接控制南部贸易。在第二瀑布区南端的哈尔法旱谷附近的盖贝尔·谢赫·苏莱曼（Gebel Sheikh Suliman），早王朝时期的君主留下了描绘军事胜利的岩画。象征王权的鹰神荷鲁斯站立在"宫殿正门"上，面向双手被绑在身后的俘虏，俘虏手上的象形文字符号表示"努比亚人"。这幅岩画很可能是历史事件的图像表达。经考古学家证实，库斯图尔的墓地也有战火的痕迹，埃及军队很可能占领了库斯图尔并破坏了墓地。在第一王朝杰尔王（Djer）在位期间，A 部族迫于埃及的军事压力向更南部的非洲迁移，最终从埃及的历史舞台上消失了。埃及控制了南部的奢侈品贸易，并以象岛为南部边境。从第二王朝到第五王朝（约公元前 2800 年—前 2300 年），下努比亚地区一直是无人的"真空地带"。直至第六王朝，A 部族的后代 C 部族才又"重出江湖"，回到了努比亚尼罗

---

60 Antonio Loprieno, *Ancient Egyptian: A Linguistic Introduction*, Cambridge: Cambridge University Press, 1995, p. 20.

河谷地区定居。[61]

古王国时期，上努比亚地区出现了新的区域性政治体，学者将其称为早期柯马时代（Early Kerma，约公元前 2500 年—前 2050 年）。帕勒莫石碑记载了第四王朝君主斯奈夫鲁曾远征上努比亚地区，捕获了 7000 名敌人和 20 万头牲畜。上努比亚地区与埃及也有贸易往来。帕勒莫石碑记载了在第五王朝时，埃及宫廷喜爱蓬特的没药、金银和矮人。高官哈胡夫的自传铭文中提到自己曾受君主差遣前往努比亚地区。他曾四次来到亚姆（Yam）地区，每次都为宫廷带回大量奇珍异宝，包括香料、黑檀木、兽皮、象牙以及会跳舞的矮人。哈胡夫的自传是了解当时埃及与南部非洲地区关系的重要史料。自传还记录了当时尚且年幼的国王培比二世（Pepi II）写来的书信：

> ……你在来信中称，你从天涯之地带回了一位会跳神圣舞蹈的矮人……你确实知晓如何去做令你主上喜悦和赞许的事情，你确实在夜以继日地做你主上喜悦、赞许和命令的事情。……北上回朝。尽快将你从天涯之地得到的矮人带回，要使他健康，使他能够为神舞蹈，并愉悦朕心；乘船时要派可靠之人看守，以免他落入水中；睡觉时要派可靠之人在他的帐篷里与他同眠，并在夜间检查十次。朕见此矮人之心，甚于任何矿产之地的珍宝。若你能将矮人健康带回，朕必重赏于你……[62]

61　Bruce Williams, Keith C. Seele and Nubia International Campaign to Save the Monuments of, *The A-Group Royal Cemetery at Qustul: Cemetery L,* Chicago: Oriental Institute of the University of Chicago, 1986, p. 34.
62　蒲慕州：《尼罗河畔的文采》，台湾：远流出版社，1993 年，第 47—48 页。

在整个古王国时期，北部努比亚地区一直处于埃及的直接管控之下，包括金、稀有矿石、铜、花岗岩在内的大批原材料源源不断地流入埃及。下努比亚地区的库班（Kuban）和布赫恩（Buhen）是连接南部努比亚与埃及的贸易站，埃及人在贸易站附近建立定居点。布赫恩遗址出土了大量第四与第五王朝时期的铜制品和陶器，一枚印章上还出现了埃及官员的头衔。

到了第六王朝，C 部族开始在南部努比亚地区活动。在第六王朝的官员自传中曾多次提及与努比亚地区的贸易关系。埃及人采用和平贸易的策略，并辅之军事威慑，维持着与该地区的贸易。从埃及人的描述中可以看到，努比亚地区开始出现了地区性的酋邦政权。到了第六王朝末，在第一瀑布至第二瀑布之间形成了统一的王国。哈胡夫的自传中也提及他前往努比亚地区，发现当地已经形成了统一国家的状况：

> 现在，圣上第三次派遣我到亚姆去。我是从绿洲的"提尼斯之路"启程的。我发现亚姆的首领已经前去利比亚（原文写作 Tjemeh）打击天空西侧的利比亚人。我紧随其后，也动身前往利比亚。我诏安了他，以便他能够为圣上赞美所有的神明。
>
> ……我……通知圣上美利恩拉，我的主上，我在诏安了亚姆的首领后从利比亚回来。……在伊尔彻特（Jrtjet）之南，萨提乌（Satju），我发现伊尔彻特、萨提乌和瓦瓦特的首领联合在了一起。我带回了 300 只驴组成的驴队，驮着熏香、黑檀木、膏油、香料、豹皮、象牙制品、武器等各种好货。伊尔彻特、萨提乌和瓦瓦特的首领看到了随我返回并前往首都的亚姆军队和远征军力量强大且数量众多。这位首领接待我，送我牛羊，

引领我走上伊尔彻特山边的道路，因为我表现出的能征善战与机警敏锐远胜于之前派往亚姆的任何一位王家亲信和外国总管。现在，当卑职北上还朝时，爵士、首席亲信、双浴室总管胡尼被派遣来迎接我，船上载着椰枣酒、蛋糕、面包和啤酒。爵士、王家掌印官、首席亲信、诵读祭司、神的掌印官、传令枢机、受尊敬之人哈胡夫。[63]

埃及与努比亚的往来也给努比亚地区带来了深远的影响。在努比亚出土了刻有培比二世名字的方解石容器，还有埃及风格的斧头、镜子和铜制短剑等。这些精美的器物或许是当年像哈胡夫这样的官员带给当地部落首领的礼物。C部族文化从古王国末期一直延续至新王国时期。到了第十八王朝，进入帝国时代的埃及国家向南扩张，直接控制了努比亚地区。在新王国之后，库什王国在努比亚南部兴起。库什王国吸收了埃及的文化和宗教信仰，逐渐成为强大的统一国家。

埃及跟努比亚之间的往来一直是埃及对外交往的重要部分。从涅伽达文化时期的贸易交流，到第一王朝的军事征服，再到新王国时期的殖民占领，努比亚与埃及一直是密不可分的。有很多埃及人到努比亚地区经商生活，也有努比亚人来到埃及，接受了埃及文化，成了古埃及文明的一分子。古埃及文明有着兼容并包的特点，只要外来移民愿意在黑土地上定居生活，无论是作为农民、奴仆、工匠或是士兵，都很容易在埃及社会中找到自己的位置。

古埃及国家对周边地区的策略反映了农耕社会对其周围具有侵略性的游牧或半游牧社会的矛盾态度。游牧部落的入侵会扰乱农耕社

63　蒲慕州：《尼罗河畔的文采》，台湾：远流出版社，1993年，第47—48页。

会的生活秩序，造成巨大的财产损失，带来混乱无序的状态。埃及人的身份认同正是建立在农业生产与定居生活的经济基础之上的。对埃及人而言，国王统治下繁荣富裕的农耕社会才是"正确"的生活方式，也是宇宙秩序的体现。因此，地理上"国"与"外国"的划分，也体现在埃及人的世界观上。正如英国埃及学家坎普所言，古代埃及的理想社会模式就是"神圣秩序的基本反映"，[64]即尼罗河洪水带来的经济繁荣，强大君主维持的稳定与和平，连接人与神的宗教仪式，以及依存于宗教理念的哲学和社会道德价值观。

64　Kemp, *Ancient Egypt*, p. 61.

第五章

早期国家的宗教观念

第一节 古埃及宗教的开端

对于生活在尼罗河畔的埃及人而言,水的重要性不言而喻。由南向北缓缓流淌的尼罗河在撒哈拉沙漠中开辟出了一条狭长的绿洲,这条绿色的缎带在入海处分散成若干支流,形成了富饶而美丽的三角洲。每年七月,来自上游热带地区的洪水夹带着肥沃的黑色淤泥顺流而下,在下游沉积。尼罗河两岸的居民依靠这些淤泥为肥料种植作物,让小麦、大麦和亚麻得以茁壮成长。只要有阳光和每年尼罗河如期而至的泛滥洪水,埃及人就可以丰衣足食,然后用他们的双手建造留存后世的伟大奇观。

在古代埃及人眼中,空间是二元对立的——黑色的土地和红色的沙漠,狭长的河谷和广阔的三角洲,尼罗河的东岸和西岸;时间是周而复始的——每天太阳东升西落,每年尼罗河洪水泛滥。太阳、水和泥土,这三个看似最为普通的自然元素,恰恰是古埃及文明赖以生存的关键。

在古埃及人的创世神话中，在世界诞生之前，宇宙处于一片混沌之中，没有方向，没有边界，就像一片原始的海洋充满着海水，古埃及人称之为"努水"。随后，世界开始演化，努水逐渐褪去，在努水中出现了原始的土丘，在土丘上又开出了第一朵莲花。直到太阳第一次从莲花中升起，阳光驱走黑暗，照亮了大地，从此万物开始繁衍生息。神话中世界诞生的景象是尼罗河畔自然节律的映照——洪水退去，留下了黑色的沃土，人们开始播种，泥土中的种子萌芽，开始孕育新一轮的生命。对于从事农耕的埃及人而言，耕种是生命的开始，只要播撒下种子，来年就会有新的收获。

对世界创造之前的混沌状态，古埃及人也充满了敬畏。于他们而言，那是个未知的世界，他们将创世之前世界的四个性质——潮湿、无限、黑暗及隐秘，赋予神格和形象，是为创世之初的神祇。同时还有相应的四位女性神祇作为他们的伴侣，统称为"八神会"（Ogdoad）。八神创世的神话起源于古代埃及城市赫尔墨波利斯。在埃及语中，赫尔墨波利斯被称为"八神之城"。这一神话体系被后世的埃及历史学家称为赫尔墨波利斯神学体系。

赫尔墨波利斯位于埃及中部，守护神是书写之神与智慧之神图特。正如每个希腊城邦都有自己的守护神，古埃及与希腊类似，每个城市也都有自己的神祇。例如，尼特女神是位于尼罗河三角洲赛斯城的守护神；新王国时

图 5-1　以朱鹭鸟形象出现的图特神

图 5-2 阿蒙神金像，现藏于美国纽约大都会艺术博物馆

期成为国家主神的阿蒙神，此前也只是底比斯的地方神。

在埃及国家形成的过程中，各地方的神祇都被纳入了国家的神话与宗教体系，形成了多神并立，各成一体的局面。这与早期各政治实体之间的联合与兼并密不可分。在埃及人的心目中，宇宙的运行并不仅仅只有一种表达方式，每个城市都可以有自己的创世神话。

在太阳神崇拜中心赫利奥波利斯，世界是由阿吐姆（Atum）神创造的。在赫利奥波利斯的神学体系中，世界的源头是一位叫阿吐姆的神。在世界诞生之前，阿吐姆以惰性气体的状态存在于原始的努水之中。创世的过程就是阿吐姆自我演化的过程。起初，阿吐姆生出了空气之神，即男神舒（Shu）与其伴侣泰芙努特（Tefnut）。舒的诞生使努水中间形成了一个充满空气的空间。这一对空气之神又生出了大地之神盖伯（Geb）与天空女神努特（Nut），他们在舒开创的空间里确定了方向——上为天，下为地。天地之神又生出了四位新的神，奥赛里斯与伊西斯，赛特与奈芙提丝（Nephthys）。这九位创世神祇被尊称为赫利奥波利斯的"九神会"（Ennead）。赫利奥波利斯的九神创世神话中包含了两个故事，其一是阿吐姆创造了空气之神舒和女神泰芙努特，这二者又结合生下了天空女神努特与地神盖伯。其二就是后文要详细讲述的奥赛里斯与赛特的神话。关于九神最早的图像记录可见于第三王朝君主乔赛尔在赫利奥波利斯修建的祭堂浮雕上。也就是说，早在第三王朝，九神创世的神话就已诞生并且有了固定的文字及图像形式。

在距离赫利奥波利斯不远处的孟菲斯，创世的功劳又被归于普塔（Ptah）。普塔是孟菲斯的主神，掌管制造业和手工业，是工匠和艺术家的守护者。孟菲斯的神学家认为，普塔神先于世界存在，并通过观念和语言创造了整个世界。他宣告了九神的诞生，给他们命名从而确立了他们的身份。这就是著名的孟菲斯神学体系。

古埃及人并不认为不同的创世神话之间存在着矛盾，相反，在他们的观念中，这些神话体系是可以并存的。例如，在中王国时期的丧葬经文《棺文》中，死者要同时通过陆路和水路到达来世。从本质上说，虽然各个创世神话在具体细节上并不相同，但这些不同版本的神话之间都有着相同的内涵和逻辑——由混沌生出的秩序世界，在秩序世界中，阳光、水和土壤孕育了生命。也就是说，虽然埃及各地有自己的主神，埃及人却在涅伽达文化时期和国家统一的过程中逐渐形成了统一的宇宙观和宗教观。

古埃及人最核心的观念"玛阿特"也在各神话系统的碰撞中应运而生。古代埃及人认为，埃及是世界上最好的地方，因为那里是真理之神玛阿特的居所。玛阿特在埃及语中是真理、正义、秩序和平衡

图 5-3 《棺文》，写在木棺内部的丧葬经文，描绘了死者去往来世的道路和来世的景象

图 5-4 太阳神与玛阿特女神

的意思,是宇宙和人类社会运行的法则。真理女神是太阳神拉的女儿,以头戴一支鸵鸟羽毛的年轻女子形象出现,有时候也仅用鸵鸟羽毛来表示。虽然埃及各地都有自己的保护神,但是全国上下对玛阿特的崇敬却是一致的,因为她是全埃及人信奉的宇宙唯一真理。与玛阿特对立的概念是伊斯弗特,意思是混乱和无序。在古埃及人看来,埃及是玛阿特,而野蛮的外邦则是伊斯弗特;可以耕种的黑土地是玛阿特,而寸草难生的红色沙漠则是伊斯弗特;统一的国家和稳定的政局是玛阿特,而外族入侵和国家分裂则是伊斯弗特。这种二元对立的观念一直贯穿古埃及文明的始终,并渗透到政治、经济、社会、文化与宗教的方方面面。玛阿特与伊斯弗特是一对共存的概念,两者相伴而生,没有混乱就没有秩序。玛阿特的存在正是体现在秩序对混乱的控制上。

在涅伽达文化一期的陶器上可以观察到当时的古埃及人对玛阿特这一概念的理解。当时典型的陶器是白色折纹彩绘红陶,陶器表面常以自然环境和人物为装饰主题。其中三角形的线条代表尼罗河两岸沙漠中的山丘,而曲线则代表尼罗河水,手持绳索的人物形象代表着人对自然力量的控制,即玛阿特。到了涅伽达文化二期,类似的主题得到了进一步发展。此时在比较典型的红色彩绘白硬陶上,通常装饰着船只和尼罗河畔的自然景观。其中尼罗河上的船只代表充满秩序的世界,而岸边的鸵鸟则代表两岸沙漠的无序状态。这种二元的世界观深刻地影响了埃及国家的形成和王权的确立,以及人们对自己文化身份的认同——早在国家诞生之前,涅伽达文化的凝聚力就使得人们形成了关于埃及人与外族人、本国文化与外国文化的认知。

埃及人的文化认同在早期国家意识形态的形成中起到了极为重要的作用;反过来,早期国家的意识形态也吸纳了不同地区的宗教观念，逐渐形成了文化上的凝聚力，加速了埃及统一国家的形成。因此，埃及国家的形成与文化统一相辅相成。所谓文化上的统一或者说文化身份认同的形成，就是人们对某一种文化产生归属感。而这种演变不仅与早期国家的意识形态紧密相连，也植根于埃及文明诞生的地理环境之中。埃及文明早期的发展与两河流域不同，并不是基于城市化与官僚体系而发展的。在两河流域，出于对劳动力与资源控制的需要，城市的管理技术不断进步，由此产生了文明，加速了城市化和官僚体系的发展。而在尼罗河谷，促使文明

图 5-5　涅伽达文化二期陶罐，陶罐上不仅绘有船只的形象，船只周围还有表示山峦的三角形图案，以及表示尼罗河水的波纹图案。船上有船舱，舱内还有类似祭司或神像的人形。陶罐现藏于美国纽约大都会艺术博物馆

诞生的还有文化层面的因素，比如社会对宗教仪式的需求，以及对从周边传入的新宗教的控制等等。[1]

古埃及人相信人死后会去往彼岸世界，并在那里得到永生，与诸神一同存在。实际上，早在涅伽达文化二期，神的形象可能已经出现了。在希拉康波利斯第100号墓的墓室壁画中，可能描绘了早期的神的形象。事实上，在前王朝时期，神的形象还鲜有人形，很多神祇都以动物的形象出现。将多位神明组合成一组的做法可能比神话的形成还要更早，目前推测产生于前王朝时期。尼罗人（生活在尼罗河谷

1　Wengrow, *The Archaeology of Early Egypt*, pp. 82-83.

图 5-6　神庙浮雕中的外国俘虏形象。神庙的浮雕中常出现外国战俘的形象，他们大多留着胡须，或佩戴着异国式样的头冠，与埃及人的形象大为不同

地区，非洲中部及东部地区的原著民族，讲尼罗语言）就有将神祇的名字分组写在一起的习惯。在埃及，将多位神明组合的做法很可能也有类似的渊源，即人们在供奉时，不仅供奉单独的神，也会对一组神祇进行供奉，虽然这些神祇之间并没有血缘上的关联。随着社会发展，人们才开始把这些神祇联系起来，赋予他们各种各样的神话故事。[2] 一般而言，学者倾向于认为神祇的形象是从抽象或动物形象向人的形象发展的，而神话故事则与神的人像化有着密切的关系。

在宗教诞生伊始，埃及的神常常以动物的形象出现。例如，王

2　John Baines, "Egyptian Myth and Discourse: Myth, Gods, and the Early Written and Iconographic Record," *Journal of Near Eastern Studies*, vol, 50, no. 2, 1991, p. 96.

权之神荷鲁斯的形象是一只老鹰，图特神常常以狒狒或朱鹭鸟的形象示人，巴斯特（Bast）女神则化身为一只黑色的母猫。然而，这并不代表埃及人会把动物当作神来崇拜，动物的形象只是神的载体，是古埃及人将神格具象化的表达方式。在原始社会中，对动物神的崇拜非常常见。这是因为古人的生活与动物息息相关，一些动物被驯化为家畜，成了人们社会生产不可缺少的一部分，另一些动物则因其凶猛时常威胁着人们的生活。

古埃及神明的动物形象也具有二元性：一方面，家畜因其对人类社会的贡献，而被视为神明的化身，接受人们的崇拜；另一方面，很多危险的野生动物也被赋予了神的形象。将危险的动物神格化是因为人们对其强大的力量感到恐惧。与此同时，将危险的力量视作神来保护人类，也是人类对危险力量加以控制的一种方式。人们依赖动物的力量，也畏惧动物的力量。正是出于这样的心理，让他们将这些动物视为神的载体。对自然力量加以神化，是人们化"不可知"为"可知"，化"不可控"为"可控"的一种手段。人们供奉这些神圣的动物，以此来"驯服"不可控的力量，使之能够与人类社会相处融洽。例如，牛作为最为重要的牲畜，以母牛形象出现的哈托尔女神享有崇高的地位。她是国王的母亲，太阳神的女儿，代表爱和美的女神，也是指引人们到达来世的重要神祇；猫是古人用来保护粮仓免受鼠害的重要动物，人类驯化和饲养猫已有近一万年的历史。在古埃及，猫神巴斯特是非常重要的神祇，她以黑猫的形象出现，是家庭的保护神。从目前的考古证据来看，对猫神巴斯特的崇拜早在第二王朝就开始了；以雌狮形象出现的赛赫麦特（Sekhmet）女神是著名的女战神；鹰神荷鲁斯代表着王权；豺狼神阿努比斯（Anubis）是墓地的保护者和木乃伊的制作者，以及负责引领死者到冥界去面见冥界之主奥赛里

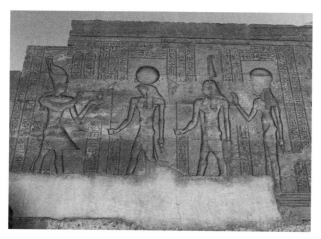

图 5-7　神庙墙壁上的荷鲁斯，孔姆－欧姆波荷鲁斯神庙浮雕。荷鲁斯神（左起第二位）以鹰首人身形象出现，身后站立着两位女神，国王正在为他献祭

斯。豺狼原本是生活在沙漠里的危险动物，常常在墓地活动，吞噬尸体。古埃及人通过将其神圣化，把破坏的力量转化为保护的力量。

虽然采用了动物的形象，或者动物与人相结合的形象代表神明，如动物头人身或动物身人头，但是在雕塑、浮雕或壁画中表现的却是人格化的行为。[3] 例如，在著名的纳尔迈调色板的背面浮雕上，面对国王的是以鹰的形象出现的荷鲁斯神。这位鹰神"手"持鱼钩，钩住了敌人的鼻子。在这里，鹰表现出了人格化的行为。也就是说，神虽然以动物的形象出现，却被赋予了人的特性。通过这种方式，自然与

3　David P. Silverman, "Divinity and Deities in Ancient Egypt," in Byron E. Shafer (ed.), *Religion in Ancient Egypt: Gods, Myths, and Personal Practice*, Ithaca and London: Cornell University press, 1991, pp. 14-15.

人类社会结合在一起，构成了超越人类而存在的神圣性。混乱无序的力量转变成了与人类社会相契合的神圣力量。对神的崇拜归根结底是将不可控的自然之力转变为可控的神圣之力——通过宗教仪式和巫术将不可知的自然力纳入可知的范畴。

古埃及人最早崇拜的动物形象是牛。受到纳布塔·普拉亚新石器文化的影响，埃及产生了牛崇拜文化。这种牛崇拜文化一直贯穿古代埃及文明的始终。纳布塔·普拉亚是位于上埃及西部的沙漠中的一处古文化遗址，在今天的埃及与苏丹边境以南。虽然地处沙漠内陆，但在新石器时代，那里气候非常温和，不但降水丰沛，还有季节性湖泊。早在距今一万年前，纳布塔·普拉亚地区就已经出现了驯化的牛，并且可能开始种植原始的作物。[4] 在该遗址发现了数个公元前 6 千纪至公元前 5 千纪的石墓，这些墓葬沿一条干涸的河床排列，一直通向一个季节性湖泊。在这些墓葬中发现了完整或部分牛骨，显示出在当时的社会中，已经出现了早期的动物牺牲和对牛的崇拜。[5] 除此之外，还有小型砂岩石板围成的石阵。近期的研究结果显

图 5-8 阿努比斯。阿努比斯通常以豺狼首人身的形象出现。身着彩色羽毛纹样礼服的阿努比斯正作出祈祷的姿势。这尊彩绘木质小雕像现藏于美国纽约大都会艺术博物馆

4　Brewer, *Ancient Egypt*, pp. 69-70.
5　Wengrow, *The Archaeology of Early Egypt*, p. 57.

第五章　早期国家的宗教观念　185

示,石阵很可能是远古的太阳历,用于观测星象和季节的变化。[6] 游牧民族由于气候原因迁徙到尼罗河谷开始定居生活后,也将牛崇拜文化带到了尼罗河谷,从而使牛崇拜成为埃及文化的重要组成部分。

牛在古代埃及是神圣的动物。在王朝时代的埃及,孟菲斯、赫尔蒙提斯(Hermonthis)与赫利奥波利斯都饲养神牛,即普塔神的阿匹斯神牛、门图神的布希斯(Buchis)神牛以及太阳神阿吐姆-拉的穆尼维斯(Mnevis)神牛。这些神牛由祭司按照一定的标准选出,在神庙中作为神的化身接受人们的供奉,在死后也会被制成木乃伊厚葬。在前王朝时期,巴达里地区的遗址中发现了涅伽达文化的牛头形状珠饰,某种程度上反映了当时社会的牛崇拜。在同一地区发现的涅伽达文化二期的石质调色板上也有牛头形状的浅浮雕。在牛头顶部、两角与两耳尖端还刻有"星号"图案,说明早在涅伽达文化二期或三期,人类社会可能已经产生了"神"这一观念。

在希拉康波利斯6号墓地的16号墓坑中,考古学家发现了已知最早的刻有女神巴特符号的陶片。这座墓葬的年代可以追溯到涅伽达文化一期末至二期初(约公元前3650年)。[7] 巴特女神常以人面、牛耳和牛角的形象出现,是上埃及第七行省赛舍舍特(Sesheshet)省的守护神。[8] 纳尔迈调色板最上方的牛头女神就是巴特。到了中王国时期,巴特女神与哈托尔女神合为一体,成为古埃及宗教中最重要的神祇之一。哈托尔女神有时以头顶日轮的母牛形象出现,有时则是头戴

---

6 Fred Wendorf and Romuald Schild, *Holocene Settlement of the Egyptian Sahara*, vol. 1, New York: Kluwer Academic and Plenum Publishers, 2001, pp. 463-520.
7 Friedman, "Hierakonpolis," in Teeter(ed.), *Before the Pyramids*, p. 38.
8 古埃及各个行省都有自己的名字,例如首府为赫尔墨波利斯的"野兔"省,以象岛为首府的"弓箭之地"省。赛舍舍特的意思是叉铃,古埃及的一种乐器,经常在宗教祭祀仪式中由女祭司进行演奏。

图 5-9 哈托尔神庙柱头，位于丹德拉哈托尔神庙中一间祭堂的入口。石柱的柱头装饰着代表哈托尔女神的人面牛耳形象

牛角与日轮华冠的美丽女子。她是太阳神的女儿，天空之主，同时也是法老的母亲，以神圣的乳汁哺育世间的君主。除此之外，哈托尔还是爱、音乐和舞蹈的女神，统治着埃及以外的土地。因此埃及人常常把从国外带回来的各种奇珍异宝称为"赠送给哈托尔女神的礼物"。哈托尔女神也是死者的守护神，指引亡灵进入来世，守护西方沙漠中的陵墓。在新王国女法老哈特谢普苏特女王的祭庙中，就有装饰着哈托尔女神头像的巨大石柱。石柱上的女神头像，与纳尔迈调色板上方的巴特女神头像如出一辙。可见虽然经历了1500年的王朝更迭，古埃及的宗教和艺术却能传承下来，绵延不断。

在古埃及人心目中，隼，或称猎鹰，也是重要的动物。古埃及人从远古时代就开始崇拜隼。这种常在高空盘旋、遥不可及而又令人生畏的猛禽，向来被视为王权之神荷鲁斯的化身，是埃及人心目中最神圣的动物。早在涅伽达文化三期，希拉康波利斯就成了鹰神荷鲁斯的祭祀中心。著名的纳尔迈调色板和蝎王权杖头就是在希拉康波利斯荷鲁斯神庙的奠基坑中发现的。然而，早在国家统一之前，对荷鲁斯神的崇拜就不再只限于希拉康波利斯了。君主是荷鲁斯神在地上的化身。荷鲁斯这个名字是希腊语音译，在古埃及语中，荷鲁斯神被称为"荷尔"（Hor），意思是"在上面的"。这大概是因为隼总是在高空中展翅飞翔，是最接近太阳的动物。也正因如此，鹰也是太阳神的化身。荷鲁斯的形象和隐喻经常在各种遗存中出现：在第一王朝时期的一把王室象牙梳上，刻有荷鲁斯站立在太阳船上横跨天空的雕花图案；在都灵王表中，前王朝时期的君主被称为"荷鲁斯的追随者"；作为王权之神，荷鲁斯还出现在王名框之上，代表神圣的王权。所谓王名框，就是隼形的荷鲁斯站立在表示"宫殿正门"的图形之上。在希拉康波利斯六号墓地的第07号遗址中，考古学家发现了古代埃及最早的隼形雕塑，这意味着对王权之神的崇拜早在国家统一之前就已经出现了。到了王朝时期，荷鲁斯更是成了国家的主要神祇，每一位古埃及君主都被视为鹰神荷鲁斯的化身，在地上世界进行统治。关于荷鲁斯、伊西斯与奥赛里斯的神话，也是古埃及宗教的核心，关系着王位继承的合法性与王权的传承。

除了动物的形象被赋予各种神圣的含义而受到崇拜，在涅伽达文化时期，人形雕像或人形的神祇形象也开始出现了。巴达里文化的女性雕像一般为裸体形象，通常双手下垂或抱在胸前，性别特征明显。虽然巴达里文化的社会生活细节尚不清楚，但在新石器晚期的古埃及社会中，妇女可能在巫术仪式中扮演着重要角色。这些代表女性

生育力的小型雕像可能用于女性祭司的
祭祀活动。⁹ 在涅伽达文化二期，双臂呈
环状上举的女性形象较为常见，尤其是
在当时的陶器上。这些女性形象在形体
上通常比别的人物更大，一般伴随着带
有神龛的船只。在王朝时期的壁画或浮
雕作品中，重要人物往往比次要人物更
为高大。因此，涅伽达文化陶罐上的女
性形象很可能是早期的女性神祇。在纽
约布鲁克林艺术博物馆藏有一尊涅伽达
文化二期的女性雕像。雕像为陶制，上
身赤裸，呈棕红色，下身被涂成白色，
腿部抽象为倒圆锥体；雕像双臂上举，
手掌向内侧环绕，头部呈鸟喙形。这尊

图 5-10　刻有拉奈布王名框的石碑，现藏于美国纽约大都会艺术博物馆

雕像与陶器上所绘女性形象一致。有学者认为，雕像双臂上举的动作
可能是在模仿鸟类飞翔。¹⁰ 也有学者认为，雕像中双臂举过头顶的姿
势与王朝时代墓室壁画中描绘妇女哀悼的姿势完全相同。¹¹ 联系王朝
时代奥赛里斯与伊西斯的神话，哀悼女神的形象很可能是伊西斯的原
型，隐喻伊西斯哀悼其死去的丈夫奥赛里斯。在古王国时期的宗教经
文《金字塔铭文》中，也有女神伊西斯和她的姐妹奈芙提丝哀悼已逝
国王的描述。与哀悼女神形象同时出现的船只可能代表着为死者送葬

9　Murray, "Burial Customs and Beliefs in the Hereafter in Predynastic Egypt," pp. 89-90.
10　Graves-Brown, Carolyn, *Dancing for Hathor: Women in Ancient Egypt*, London: Continuum Press, 2010, pp. 17-18.
11　Capel, Anne K and Glenn Markoe（eds.）, *Mistress of the House, Mistress of Heaven: Women in Ancient Egypt*, New York: Hudson Hills Press with Cincinnati Art Museum, 1996, pp. 13-14.

的船只。古埃及人通常将棺椁置于船上,渡过尼罗河将其运送往西岸的墓地。在丧葬经文中,亡灵在通往冥界的路上也需要乘船渡河。此外,船也是神的坐辇。在王朝时期,神像离开神庙出巡之时,都需要将装有神像的神龛放置在船形辇上,再由若干名祭司抬在肩上行进。因此,涅伽达文化中哀悼女神和船只的主题意味着当时的人们已经形成了较为复杂的丧葬和宗教仪式,并开始对彼岸世界进行思考和探索。

古埃及早期宗教的形成带有地方性。前文提及的巴特神与荷鲁斯神都是源自地方上的神祇。在国家形成的过程中,很多重要的地方神祇都融入了国家的宗教体系中,其中包括来自科普特斯的敏神。敏神是埃及最古老的神祇之一,他通常以站立且勃起的男性形象出现,是代表生育和丰裕的神祇。在新王国时期,敏神与国家的主神相结合,成为阿蒙-敏。在神庙的墙壁上,经常可以看见法老向敏神奉献贡品的情景。研究埃及前王朝时期的宗教无法回避科普特斯的敏神巨像。敏神的崇拜中心在位于中埃及地区的科普特斯,考古学家在那里发现了涅伽达晚期的敏神神像。敏神神像出现的时间甚至早于纳尔迈统治时期,也就是说,早在埃及国家形成之前,就已经出现人形神祇了。因此,对敏神巨像和相关遗址的研究是解开古埃及人形神祇形象起源之谜的关键。[12]

在古埃及人的观念中,由于神的形象具有强大的魔力,赋予神形体这件事情本身也有了重要的宗教含义。而有了形体的神,对现世的人也会产生不可估量的影响。因此,不能说早期的神就不具备人的

---

12 Bruce Williams, "Narmer and the Coptos Colossi," *Journal of the American Research Center in Egypt*, vol. 25, 1988, pp. 35-39.

图 5-11　头戴双冠的荷鲁斯

形象,或者说当时并没有神话故事。相反,很可能神话故事是口口相传的,而神也早就以人的形象存在于人们的观念之中。从敏神巨像的存在来看,前王朝时期的宗教活动已经规模化、仪式化和规范化,并达到了相当高的水平。除了塑造神像,人们还用一些抽象的符号来代表神。例如,在涅伽达文化时期的一枚石质调色板上,就刻有代表敏神的符号。

对神祇的崇拜和祭祀是人与神产生联系的主要途径。对古埃及人而言,为神塑造雕像,建造神庙,举行相应的宗教仪式并献上供品,是人与神沟通的主要方式。神像是神祇的"卡"的居所。"卡"是人或神的精神,类似于今天所说的灵魂或精神力量。卡虽然是超越了物质的精神力,但无论是神还是死者的卡,都依赖于供品而存在,需要接受人们的供奉。人们在向神明献祭时,神的卡就接受了供品。

对国家而言,为国家和地方的主神建造神庙也是维护宇宙秩序的体现。这是因为在古埃及人的宗教观念中，供奉神也属于秩序的一部分。一旦对神的供奉停止了，就意味着宇宙进入了混乱状态。祭祀神明也是君主的职责。君主将玛阿特奉献给神，而神则将生命和权力赋予君主，将富饶给予整个国家。神庙是神在人间的居所，而祭司则是神的仆从，负责照顾神的饮食起居。在古埃及语中，祭司一词字面的意思就是"神的仆从"。目前已知最早的神庙建于涅伽达文化晚期，包括科普特斯敏神的神龛和希拉康波利斯的荷鲁斯神庙等。

在第零王朝末期到第一王朝初期，埃及的统一使得宗教信仰也发生了一系列变化。在前王朝时期国家统一的进程中，各地的传统信仰也被整合到统一国家的政治宗教体系中。因此，地方神祇也被吸收到了神谱中，与新兴国家的政治和文化结合在一起，成了新生国家的精神核心。在这个过程中，一些神祇的地位得以提升，并且与首都关联，成了宗教体系中的主神。

在古代埃及，除了国王与祭司，普通人不能进入神庙。但这并不意味着官方宗教与个人信仰之间存在着巨大的鸿沟，相反，二者是一致的。从早王朝时期开始，在各种宗教节日，普通人也有机会在神庙之外参拜神。到了第四王朝，宗教节日已经固定下来。在一些节日中，祭司抬着神像来到神庙之外接受参拜。神庙数量也逐渐增多，全国主要的城镇和聚居区都建有神庙。除了参拜，人们还可以向神明献上"还愿供奉"（votive offerings）。例如，考古学家在早王朝时期希拉康波利斯的荷鲁斯神庙中就发现了很多"还愿供奉"。[13]

从现有的考古成果和文献来看，我们还不能确定前王朝、早王朝及古王国时期的人们是否有明确针对某一位神祇的个人信仰，但是

---

13 John Baines, "Society, Morality, and Religious Practice," in Shafer（ed.）, *Religion in ancient Egypt*, p. 173.

人名中出现某位神祇名字的情况十分常见。例如，第一王朝的一位王后叫作美利尼特，意思是"尼特女神所喜爱的"；一位第三王朝的高官名为赫西－拉（Hesy-Ra），意思是"赞美拉神"；第二王朝一位叫作奈弗尔－赛特（Nefer-Setekh）的官员，他的名字意为"赛特神是好的"。虽然无法证明人名中提到的神祇是否是此人信仰的神，但毫无疑问，婴儿在取名时借用神的名字，意味着这位神与这个婴儿产生了某种关联；可能是对这位神的赞颂，可能是希望这位神可以保护婴儿免于灾祸，也可能是这位神明与其家族有某些联系。

在埃及国家建立之初，早王朝时期的君主们一方面通过强硬的政治和经济手段来控制前王朝时期各个分散的区域文化中心，如象岛、布托、阿拜多斯、希拉康波利斯、萨卡拉和赫尔万等地；另一方面，中央政府吸收前王朝各区域的宗教崇拜和仪式来为中央王权新的意识形态进行宣传。希拉康波利斯的荷鲁斯成为王权的象征；来自上埃及埃尔－卡布的秃鹫女神奈赫贝特，以及来自下埃及布托的眼镜蛇女神瓦杰特成为国王的保护神，分别象征着国王对上下埃及的统治权威；科普特斯的敏神为王权注入了男性气概和生育力的象征；赛斯的尼特神充当王室妇女保护人的角色，许多王后的名字中都有尼特的名字；起源于前王朝涅伽达文化的红冠和起源于上埃及或下努比亚地区的白冠，分别成为尼罗河谷和三角洲地区的象征。此外，在制度层面，国王通过定期在各地巡游和举行宗教仪式来巩固国家的统一，形成中央管理地方诺姆（即行省）的统治格局。在意识形态方面，埃及各地都出现了宣传王权威严的艺术，尤其是建筑纪念物。例如，荷鲁斯站在宫殿门面之上的形象象征着王权的神圣性。国王头戴各式王冠、手持权杖或经常成对出现的手杖和连枷的形象，也凸显出国王的权威。此外，对外族的敌视宣传，如在艺术上丑化异族，将其表现为被绑俘虏的形象,也彰显了君主在维护国家和平和宇宙秩序上的强大能力。通过这样的艺术表现,统治者更进一步强化了民众对国家的认同感和效忠意识。可以说,古埃及宗教的发展与王权密不可分。国王将自身的权力融入宗教观念中,使自己成了神在人间的代言人,从而建立起了强大的中央集权国家。

第二节 太阳神崇拜的起源与发展

在古埃及的艺术表达中,人们常以不同的艺术形象来象征太阳神的多面性。太阳神常被刻画为鹰首人身,即拉-荷尔阿赫提(Ra-Horakhty),意为"拉-地平线的荷鲁斯",象征着早晨的太阳神。在新王国时期的王室丧葬经文《冥府之书》(*The Book of Amduat*)中,夜间进入冥府的太阳神往往以山羊首人身的形象出现;而象征着朝阳的太阳神,则以圣甲虫的形象出现。此外,太阳神拉还与阿蒙神或阿吐姆神相结合,成为阿蒙-拉或阿吐姆-拉。隐秘之神阿蒙需要通过与太阳神结合成为阿蒙-拉而显现,而阿吐姆神则代表了年迈或日落之时的太阳。日轮在古埃及语中称为阿吞(Aten)。在阿玛尔纳时期(约公元前1352年—前1336年),阿吞取代了以人或动物形象出现的太阳神,成为埃及唯一的神。无论是古王国时期的金字塔与太阳神庙,还是新王国时期底比斯的阿蒙-拉神庙,或是阿玛尔纳时期"异端"法老埃赫那吞(Akhenaten)推行的阿吞信仰,无不显示了太阳神在古埃及宗教体系中的重要地位。

在古埃及,太阳代表生命与复活。根据丧葬经文的描述,太阳神在夜晚进入冥界,照亮地府的亡灵,使其复活,并在午夜与冥界之王奥赛里斯相结合而获得新生。同时,太阳神与王权也密不可分。君主作为太阳神之子统治着世间万物,而太阳永无止境地东升西落,则象征着王权的永恒。纵观古埃及文明的历史,对太阳神的崇拜一直是古代埃及人宗教生活的核心。太阳是人们能够感知到的最重要的自然影响。虽然太阳神也有动物的形象,比如鹰、公羊、猫、圣甲虫等等,但古埃及人对太阳神的崇拜非常直接,即对太阳本身的崇拜。

太阳神信仰虽然古老,但在人类文明中只有为数不多的文明与文化产生了太阳神信仰。在这些文明中,太阳神信仰与强有力的领导者是分不开的。[14]古埃及文明诞生的过程也是太阳神崇拜走向成熟的过程。在古埃及前王朝时期(约公元前5300年—前3000年)与早王朝时期(约公元前3000年—前2686年),根据考古发现,当时出现了太阳神崇拜的痕迹,但太阳神的形象相当模糊。直到出现了统一国家与中央集权,太阳神信仰才算正式登场。

古王国时期是太阳神崇拜的第一个顶峰。法老们不仅建造了大量代表太阳神崇拜的金字塔,还建造了宏伟的太阳神庙。太阳神崇拜与王权和政治直接相关。太阳神拉是国家的主神。从古王国时期开始,古埃及的君主就称自己为"拉神之子"。这一头衔确立了君主和太阳神的父子关系,从而保证了王位继承的神圣性与合法性。

太阳神崇拜与政治的关联并不是自发的,而是由统治者人为推动的。也就是说,早期埃及君主与太阳神之间的关联,以及君主的太阳神化是一场自上而下的运动。那么,君主与太阳神相关联的这一神学概念本身,又来自何处呢?事实上,太阳神信仰的产生和书吏阶层

---

14 (美)伊利亚德:《神圣的存在:比较宗教的范型》,晏可佳、姚蓓琴译,桂林:广西师范大学出版社,2008年,第120—121页。

的发展壮大密不可分。太阳神信仰不是君主个人的发明,而是在国家与王权的形成过程中,由逐渐壮大的书吏阶层(即知识分子)提出的,目的是将原本个人化的王权制度化,进一步巩固自身在行政体系中的位置。这样,书吏阶层在官僚体系中获得了越来越多的权力,与国王的关系也更为紧密。他们将王权制度化,发展出王权与太阳神相结合的神权制度,从而能够实现他们自己的政治理念。

最早关于太阳神崇拜的文字来自位于萨卡拉的第 3506 号墓。[15] 该墓建于第一王朝君主登统治的时期。在墓中,考古学家发现了两个石瓶,瓶上均刻有象形文字。这些象形文字的意思是"大先知",是后来太阳神祭祀的头衔。此处的铭文可能是最早的关于太阳神祭司的记载。既然当时已经出现了太阳神祭司的头衔,那么或许能说明太阳神崇拜已经在向制度化方向发展。第一王朝的另一位君主杰特(Djet)的一柄象牙梳也提供了早期太阳神信仰的证据。在这柄象牙梳上,荷鲁斯的形象出现了三次,分别是驾驶太阳船在天空航行的荷鲁斯、展翅飞翔的荷鲁斯、站立在王名框上的荷鲁斯。

除了直接的考古证据,太阳神信仰的出现也可以在文字符号中发现端倪。学者研究发现,第一王朝时期出现了梯形金字塔形状的象形文字符号。在后来的《金字塔铭文》中,这一符号表示"上升",特指国王死后升天,带有强烈的太阳崇拜的意味。[16] 在早王朝时期,这一符号很可能用于指代王家陵墓。梯形金字塔符号底部的台阶可能

---

15 第一王朝,约公元前 3000 年。Walter B. Emery, *The Great Tombs of The First Dynasty*, vol. 2, Oxford: Oxford University Press, 1954, pp. 128-170.

16 Joseph Cervelló-Autuori, "The Sun-Religion in the Thinite Age: Evidence and Political Significance," in Renée F. Friedman and Peter N. (eds.), *Fiske Egypt at Its Origins 3: Proceedings of the Third International Conference, "Origin of the State: Predynastic and Early Dynastic Egypt,"* London, 27th July-1st August 2008, Leuven: Peeters, 2011, p. 1142.

指深入墓室内部的甬道。这一建筑形式最早出现于登位于阿拜多斯的陵墓中。

到了第二王朝时期，对太阳神拉的崇拜更为显著了。拉这一神名开始出现在王名中。拉奈布（Raneb）是第一位将太阳神名写入自己名字中的君主。拉奈布的意思是"拉是吾主"，其中"拉"是太阳的意思，也是太阳神的名字，"奈布"在古埃及语中是"主人"的意思。[17] 也就是说，此时的君主，已经认同了太阳神至高无上的权力，将太阳神视为自己的主人。在现藏于大英博物馆的一只编号为 BM EA 35556 的古埃及石碗上，考古学家还发现了一些新的线索。[18] 在这只石碗上，刻着拉奈布的王名，与其并列的是读作"温内格"（weneg）的王名。根据《金字塔铭文》的记载，温内格是一位与太阳神相关的神，被称为"太阳神之子"或"太阳神的追随者"。[19] 因此温内格很可能是拉奈布的王位名。[20] 也就是说，这位王已经以太阳神的儿子或追随者自居了。

第二王朝时期太阳神崇拜的另一个证据是赛克特－拉（Seket-Ra）一词的出现。在阶梯金字塔附近的附属陪葬坑中，考古学家发现一些出土器皿上刻有"赛克特－拉，赛德节"的字样。[21] 正如前文所述，赛德节是埃及法老定期举行的以重新获得生命力为目的的仪式。"赛

---

17 Jochem Kahl, *"Ra Is My Lord": Searching for the Rise of the Sun God at the Dawn of Egyptian History*, Wiesbaden: Harrassowitz, 2007, pp. 7-15.
18 Ibid., pp. 8-12.
19 《金字塔铭文》第 607、951a-952d 节，见 James P. Allen, *The Ancient Egyptian Pyramid Texts*, Atlanta: Society of Biblical Literature, 2005, pp. 13-14; Cervelló-Autuori, "The Sun-Religion in the Thinite Age," p. 1132.
20 古埃及君主有多种名号和头衔，即写在王名框内的荷鲁斯名、代表对上下埃及统治的双女神名、金荷鲁斯名、拉之子名、以及王位名。一般来说，拉之子名是君主出生时的本名，而王位名和其他几个名字则是在登基时获得的。
21 Pierre Lacau and Jean-Philippe Lauer, *La Pyramide À Degrés*, vol. V, Le Caire: Institut français d'Archéologie Orientale-Service des Antiquités de l'Egypte, 1965, pp. 6-7.

克特"一词的限定符号是一座阶梯状的建筑，很可能是指用于供奉太阳神的神龛。而关于这个词本身的含义，埃及学界目前尚有争议。有的学者认为，赛克特是指一种宗教节日，意思是"日落"。[22] 可以肯定的是，赛克特－拉是某种与国王有关的宗教仪式。在古王国后期的《阿布希尔纸草》中，有一种宗教仪式有类似的名字，叫作"拉神的夜晚"，这个节日很可能与赛克特－拉有关。虽然赛克特－拉的具体含义由于史料的匮乏很难考证，但显而易见的是，在第二王朝时期，人们已经开始了对拉神的供奉。除此以外，玛－威尔（ma-wer，即大先知）这一头衔在第二王朝时也已经出现了。[23]

有趣的是，第二王朝时期还出现了赛特－拉（Seth-Ra）的头衔，这一头衔出现在法老佩尔伊布森的印泥上。[24] 此时赛特神的形象代替了荷鲁斯出现在王名框上。在赛特神的上方，还有日轮的形象。通常在这里出现的应该是鹰神荷鲁斯，即国王的"荷鲁斯名"。然而，佩尔伊布森却将赛特神放置在了王名框上，取代了荷鲁斯神的位置。对于这一时期的"荷鲁斯名"为何变为"赛特名"，其含义又是什么，学界目前仍没有定论。这种变化可能不仅代表了当时政治上的斗争，也象征着宗教上的变化。日轮与赛特神的结合，强调了赛特作为太阳神辅佐者的角色。[25] 赛特神的这一角色在《棺文》中和后来的宗教文献中都有记载。因此赛特神与日轮的结合，也可能和太阳神崇拜有关。

此时拉神的名字不仅出现在王名中，官员们也开始将太阳神名

22　Peter Kaplony, *Die Inschriften Der Ägyptischen Frühzeit*, Ägyptologische Abhandlungen, Wiesbaden: Harrassowitz, 1963, p. 408.
23　Kahl, *"Ra Is My Lord"*, pp. 49-51; Cervelló-Autuori, "The Sun-Religion in the Thinite Age," pp. 1132-1133.
24　Kaplony, *Die Inschriften Der Ägyptischen Frühzeit*, p. 302, fig. 80.
25　Kahl, *"Ra Is My Lord"*, pp. 43-44.

写入自己的名字中。例如，拉－迪－安柯（Ra-di-ank，意思是"拉神赋予生命"）这一名字就多次出现在阿拜多斯出土的印泥上。[26]到了第二王朝末期和第三王朝初期，在私人姓名中使用拉神名更为普遍了。赫西－拉是在第三王朝国王乔赛尔治下的一名官吏，他的墓葬（编号为S2405）位于萨卡拉。在那里，考古学家也发现了有关太阳神崇拜的证据。首先，赫西－拉的意思是"拉神所赞颂者"；其次，在他的墓中还有雕刻着本人浮雕形象的六块木板。在其中的一块木板上，赫西－拉手持一种名为赫赛特（heset）瓶的礼器，另一只手拿着一个环形物品。有学者认为，这个环形物品很可能象征着日轮。赫赛特瓶与他名字中的"赞美"一词同源，太阳圆盘也读作拉，也就是说，这幅浮雕其实暗含了他的名字。私人姓名中写入拉神名的现象，从某种意义上说，可能代表着太阳神已经成了与人们生活息息相关的庇护之神。对太阳神的信仰不再仅限于王室，至少在官吏阶层中也有不少太阳神的信奉者。除了王名与私人姓名中出现了拉神的名字以外，当时可能还有其他词汇也用于指代太阳神。有些时候，"神"这个词出现在人名中也指代太阳神，"金色的神"也指代太阳神。[27]当太阳神的名字在特定的情境中出于某种禁忌不能说明时，就需要用特别的词来指代太阳神。当然，这些情况在历史资料匮乏的早王朝时期是无法被证明的。

　　第三王朝与第四王朝时期，太阳神信仰的发展十分迅速。金字塔建筑的出现标志着太阳神信仰发展到了一个新的阶段。金字塔建筑具有双重象征意义：其一，金字塔是太阳的象征。死去的君主可以通

26　Kahl, *"Ra Is My Lord"*, p. 33.
27　Ibid., pp. 44-45.

过金字塔升入天空；其二，金字塔还有星象含义。通过金字塔，死去的君主升入天极，成为一颗恒星加入拱极星之中，与前代的君主一起位列天国，进入神圣的永生领域。[28]

在萨卡拉，第三王朝的乔赛尔王建造了第一座金字塔——阶梯金字塔。除此之外，他还在太阳神的祭祀中心赫利奥波利斯建造了一座神龛。从残存的铭文来看，这座神龛是乔赛尔举行赛德节时献给赫利奥波利斯九神的。赛德节是君主重获年轻活力的仪式。赛德节与太阳神信仰的结合强调了太阳神作为创世神的地位，即太阳神将生命力给予人间的君主。神龛上的一段铭文这样写道："我们（指九神）给予他一切来自我们的生命，我们给予他一切来自我们的力量。"[29]

随着太阳神信仰的发展，太阳神大祭司的职务在这一时期也得以正式确立。乔赛尔王统治下的太阳神大祭司是伊姆霍特普。在乔赛尔的一尊雕像底座上的铭文中，记录着伊姆霍特普的名字及太阳神大祭司的头衔——玛-威尔。伊姆霍特普是当时朝堂上最有权势的高官，作为太阳神大祭司，他设计并主持建造了阶梯金字塔，将太阳神信仰与君主的丧葬仪式和墓葬形制融为一体。墓葬形式的改变和阶梯金字塔的建造意味着太阳神在来世信仰中开始占有重要地位。与此同时，太阳神祭司不仅有宗教上的权力，也深入参与到国家的政治经济事务中，建立起以国家为主导的祭司集团。知识分子除了担任政府职务，也兼任宗教职务。可见宗教与政治在当时的社会中是密不可分的。

到了第四王朝，金字塔的朝向发生了变化，由原来的南北向转

---

28 Stephen Quirke, *The Cult of Ra: Sun-Worship in Ancient Egypt*, London: Thames and Hudson, 2001, pp. 116-117.
29 Cervelló-Autuori, "The Sun-Religion in the Thinite Age," p. 1128.

变为东西向，即与太阳的运行轨迹保持一致。第四王朝法老卡夫拉在吉萨高原修建了著名的狮身人面像及附属神庙。狮身人面像象征着君主的强大力量，同时也是太阳神的化身。从卡夫拉开始，后世的多位君主都曾塑造狮身人面像，以显示自己作为君主的威严。到了新王国时期，卡夫拉的大狮身人面像被称为荷罗姆阿亥特（Horemaket），即"地平线上的荷鲁斯"，代表新生的朝阳。在大狮身人面像身后的两座巨大的金字塔——胡夫金字塔和卡夫拉金字塔，像是地平线上的山峦。可以说，整个吉萨高原的金字塔建筑群，再现了太阳神从东方的地平线上冉冉升起的情景，在跨越了数千年的时间里，一直在向人们宣告作为造物主的太阳神的伟大力量。

  作为太阳神在人间的代表，古王国时期的埃及君主享有至高无上的权力。从这一时期王室头衔的变化中可以看到国王将自己的地位上升到了神的位置。古代中国的皇帝常常被称为天子，而古埃及人则视他们的君主为太阳神的儿子。第一位使用"拉之子"头衔的君主是第四王朝的杰德夫拉（Djedefra）。在杰德夫拉之后，"拉之子"这一称谓作为君主的官方头衔固定下来，一直沿用到希腊罗马时代。"拉之子"头衔的使用，正是将神圣性赋予王权的体现，强调了君主作为太阳神后代的神圣性。另一方面，死去的国王，即在世国王的父亲，作为太阳神被神化，在死后升入天空与太阳合为一体。在同一时代出现的王名圈，也具有太阳崇拜的含义，即君主是"太阳所环绕的万物"的统治者。[30]

  王室和贵族官僚对太阳神的信仰也逐渐影响到平民阶层。在第四王朝时期，将拉神名纳入名字中仅限于国王、王室的后代及书吏阶

---

[30] Cervelló-Autuori, "The Sun-Religion in the Thinite Age," p. 1131.

层。而到了第五王朝,这种做法已经传播到了社会中的各个阶层,甚至包括奴仆。有趣的是,在第三王朝,王室成员的名字中包含有拉神的现象并不突出,但是超过三分之一的书吏名字中含有拉神名。[31] 因此,这很可能是书吏阶层首先开始了在名字中使用拉神名的传统,然后王室也采用了这一做法。还有一种可能性是我们今天在铭文中所见的书吏名字并非其本名,而是在成为书吏进入官场后再取的职业名字。[32] 随着埃及国家的发展,官僚体系更加完备,书吏阶层在国家的权力结构中也越来越重要。如果相当一部分书吏是太阳神的信仰者,那么整个官僚系统也会受到影响,开始崇拜太阳神,并向统治者宣传其重要性,最终将其上升到国家宗教的高度。

到了第五王朝,太阳神信仰发展到了新的高度。在阿布希尔与临近的阿布-格拉博地区,从第一位君主乌瑟尔卡夫(Userkaf)开始,王朝的六位君主都有建造独立的太阳神庙。在文献记载中,每一座神庙都有自己的名称,其中均包含拉神之名。目前已经发掘了乌瑟尔卡夫与尼乌瑟尔拉(Niuserra)的太阳神庙。

古埃及神庙是神的居所,也是对神的供奉场所。在精神层面上,神庙是古埃及人宇宙观的体现,是人间世与神圣领域的交汇处。[33] 太阳神庙是供奉太阳神的场所,其建筑模式与金字塔类似,由三个部分组成——建造在沙漠地带低矮丘陵上的上庙,也是太阳神庙的主体部分;建造在上庙东边沙漠边缘地带的下庙,又称河谷享殿;以及连接上庙和下庙的甬道。太阳神庙具有开放性的特点,无论是甬道还是圣

---

31 Kahl, "*Ra Is My Lord*", pp. 34-41.
32 Ibid., p. 38.
33 John Baines, "Temples as Symbols, Guarantors, and Participants in Egyptian Civilization," in Stephen Quirke(ed.), *The Temples in Ancient Egypt*, London: British Museum Press, 1997, p. 216.

坛，都能直接沐浴在阳光之下，与金字塔及后世神庙的幽暗封闭形成了鲜明的对比。

乌瑟尔卡夫是在阿布希尔建造太阳神庙的第一位君主。20世纪50年代，德国和瑞士联合考古队发现这座神庙的遗迹时，神庙已经处于废墟状态。[34] 乌瑟尔卡夫太阳神庙的河谷享殿在设计上也与金字塔的河谷享殿类似，其中建有五座放置雕像的壁龛，在壁龛之前有一处开放式的庭院，周围环绕着柱廊带。在河谷享殿的西南角有通往甬道的入口，而甬道则被低矮的泥砖墙分为左中右三道。金字塔的甬道通常带有屋顶，但太阳神庙的甬道采用开放式设计，没有屋顶遮蔽。乌瑟尔卡夫太阳神庙上庙的建造经历了四个时期，最初的设计模型可能并非方尖碑，而是代表原始土堆的马斯塔巴形状的建筑。[35] 到了第二阶段，马斯塔巴形建筑被巨大的红色花岗岩方尖碑取代。方尖碑伫立在石英石和花岗岩底座上，其顶端是小金字塔顶，很可能覆盖着铜箔或金箔，以便能反射太阳的光辉。当方尖碑每天清晨反射了朝阳的第一缕光辉时，其本身就成了太阳与重生的象征。[36] 在第三阶段中，方尖碑周围的区域以及神庙的围墙都经过了重建。在围墙之内建造了一座环绕整座上庙的内墙。上庙的外墙更厚一些，四角是圆形；内墙稍薄，呈长方形。在第四阶段，方尖碑底座的东边建造了一座泥砖圣坛。围墙的东侧、南侧和北侧也分别建造了神龛，神龛中放置着太阳

---

34 Herbert Ricke, "Erster Grabungsbericht Über Das Sonnenheiligtum Des Königs Userkaf Bei Abusir," "Zweiter Grabungsbericht Über Das Sonnenheiligtum Des Königs Userkaf Bei Abusir," "Dritter Grabungsbericht Über Das Sonnenheiligtum Des Königs Userkaf Bei Abusir," in *Das Sonnenheiligtum Des Königs Userkaf, Bd. I: Der Bau,* Cairo: Schweizerisches Institut, 1965, pp. 73-77, 75-82, 305-333.
35 Ricke, *Das Sonnenheiligtum Des Königs Userkaf, Bd. I*, pp. 150-151.
36 Jaromír Krejčí and Dušan Magdolen, "Abusir Sun Temples and the Cult of the Sun God in the Time of the Old Kingdom," In Hana Benešovská and Petra Vlčková（eds.）, *Abúsír: Secrets of the Desert and the Pyramids,* Prague: National Museum, 2006, p. 113.

神拉与哈托尔女神的雕像。在圣坛的东侧，还有泥砖和碎石制作的矮桌，可能是供桌或祭司的坐席。

尼乌瑟尔拉的太阳神庙是由德国考古队在1898—1901年期间发掘的。[37] 这座太阳神庙的形制与乌瑟尔卡夫太阳神庙基本相同，但保存更为完整。尼乌瑟尔拉太阳神庙的河谷享殿在形制上更为简单，三面有柱廊环绕，正门朝向东方，装饰着红色花岗岩制作而成的棕榈树形石柱。在正门的南北两侧还有角门，也装饰着相同的石柱。在河谷享殿的背后是通向上庙的甬道。上庙的台基建造在地势较高的山丘之上，四周建有长方形围墙。与乌瑟尔卡夫太阳神庙不同的是，这座神庙的围墙没有圆角。上庙正中心的位置，伫立着一座高大的方尖碑。方尖碑也建造在底座上，底座的核心部分由石灰石砌成，外面覆盖一层花岗岩石板。整座底座呈四棱台形。在方尖碑东边的开放式庭院中还建有一座圣坛。圣坛的中心被雕刻成圆形，代表着日轮。在日轮四周，围绕着雕刻成象形文字 ⌒ 形状的石块，意为"供品"或"满意"。因此，圣坛本身就可以解读为"来自四方的拉神的供品"或"拉神在四方皆满意"。在方尖碑东南侧建有一座祭堂，因其装饰着代表一年中三个季节的浮雕，也被称为"季节堂"。[38] 神庙内还有一座环形柱廊，柱廊的外墙上雕刻着国王举行赛德节的场景。在上庙南侧，考古学家还发现了一座由泥砖砌成的船形建筑，可能是太阳船的象征。

太阳神信仰的基本理念是太阳神是创世之神，代表着更新与重

---

37 Ludwig Borchardt, *Das Re-Heiligtum Des Königs Ne-Woser-Re (Rathures). Herausgegeben Von F. W. Von Bissing*, 2 vols, vol. 1, Berlin: Verlag von Alexander Duncker, 1905.
38 Steffen Wenig, *Die Jahreszeitenreliefs Aus Dem Sonnenheiligtum Des Königs Ne-User-Re*, Berlin: Akademie Verlag, 1974.

生。太阳的周年变化（不同季节太阳高度的变化），以及太阳的日运动（太阳的东升西落），都是其更新与重生的表现。创世与更新这两个基本的宗教观念在太阳神庙的建筑设计中都有所体现。方尖碑是巨大的四棱柱形石碑，其顶端是一座小型金字塔。新王国时期的方尖碑通常由一整块石头制作而成。石头从采石场而来，再运送到神庙中。这是一项艰巨而复杂的工程。古王国时期太阳神庙中的方尖碑更为粗壮，而新王国时期的方尖碑则更细更高。方尖碑顶端的小金字塔顶象征着原始土丘的奔奔石。奔奔石是古埃及创世神话中的重要元素。在世界创造之前，四周充满原始的努水，而奔奔石是这片原始海洋中最初浮现的土地，太阳也是在这里第一次升起。[39]乌瑟尔卡夫太阳神庙的限定符号是梯形结构，即 ⌂，这一形状可能代表了位于赫利奥波利斯的圣山或者奔奔石。[40]因此，象征着奔奔石的方尖碑也代表了太阳神创造世界的能力。[41]

太阳神的创世并不是一次性完成的，赋予万物生命是一个不断重复、循环往复的过程。太阳每天的升起，季节的变化，都是创世过程的重现——万物从黑夜中苏醒，在生长季节洪水退去，庄稼作物开始了新一轮的生长。在第五王朝君主尼乌瑟尔拉的那间名为"季节堂"的祭堂中，刻画着季节变化的装饰浮雕，生动地表现了一年中不同季节里人们的日常生活场景。古代埃及有三个季节，即洪水季、生长季和收获季，这三个季节形成了一年的农业周期。因此，浮雕中季节的变换代表了一年中太阳的运动周期。古埃及人墓室壁画和神庙壁

39　Kemp, *Ancient Egypt*, p. 137; Quirke, *The Cult of Ra*, p. 115.
40　Werner Kaiser, "Zu Den Sonnenheiligtümern Der 5. Dynastie," *Mitteilungen des Deutschen Archäologischen Instituts, Abteilung Kairo*, no. 14, 1956, pp. 110-111.
41　Krejčí and Magdolen, "Abusir Sun Temples and the Cult of the Sun God in the Time of the Old Kingdom," p. 113.

画中不同季节的生活场景本质上并不是为了表现人们的生活，而是象征着永恒的时间循环。在浮雕中古埃及农民在洪水退去后的生长季播种庄稼，然后在下一个洪水季来临之前收割。除此之外，浮雕中的捕鱼、捕鸟和造船等活动也是收获季常见的农业活动。

古埃及人的日常生活与太阳的年活动周期紧密相连。这些浮雕表现了太阳神作为造物主对人类的慷慨赐予，也表明了太阳神是宇宙秩序的维护者。周而复始的太阳运动正是人们维系着正常生活的根本。[42]宇宙秩序即玛阿特，是古埃及人世界观的核心。这一观念不仅体现在宗教和哲学上，也渗透到了社会生活的方方面面。太阳神信仰与玛阿特密不可分。在古埃及的神话体系中，玛阿特女神是太阳神的女儿。从现有的考古证据来看，玛阿特最早出现在第二王朝后半期，而太阳神信仰开始流行恰好也是在那一时期。时间上的巧合很可能印证了太阳神信仰与玛阿特观念之间的直接联系。[43]

第五王朝建造在阿布希尔与其邻近地区阿布-格拉博的太阳神庙，和赫利奥波利斯之间的关系，一直是学者关注的焦点。然而，由于古王国时期的文献资料留存较少，目前尚未发现记载这两处太阳神庙之间关系的文本。实际上，金字塔和太阳神庙的建造者在选址时考虑了二者之间的位置关系。每位国王的金字塔和太阳神庙都与位于赫利奥波利斯的太阳神供奉中心有着地理空间上的联系。有学者认为，早在古王国时期，赫利奥波利斯的太阳神庙中就已经树立起了高耸的方尖碑，而从这座方尖碑的角度，可以远眺从阿布-罗瓦什至阿布-

---

42 Gay Robins, *The Art of Ancient Egypt*, Cambridge: Harvard University Press, 1997, p. 62; Jiří Janák, Hana Vymazalová and Filip Coppens, "The Fifth Dynasty 'Sun Temples' in a Broader Context," in Miroslav Bárta, Filip Coppens and Jaromír Krejčí (eds.) , *Abusir and Saqqara in the Year 2010*, Prague: Czech Institute of Egyptology, Faculty of Arts, Charles University in Prague, 2011, p. 434.

43 Kahl, *"Ra Is My Lord"*, pp. 51-54.

格拉博的金字塔建筑群。[44] 因此，孟菲斯地区的金字塔分布深受太阳神信仰的影响。[45]

近些年，考古学者利用 GPS（全球定位系统）技术，对赫利奥波利斯的太阳神庙与孟菲斯墓区各座金字塔之间的相对位置进行了精确的测量。测量结果显示，在阿布希尔的金字塔建筑群中，所有金字塔的西北角都在一条直线上，而这条直线的延长线直接指向赫利奥波利斯。虽然由于开罗东部山丘的遮挡，从阿布希尔的金字塔无法直接看到赫利奥波利斯的方尖碑，[46] 但阿布希尔金字塔建筑群与赫利奥波利斯之间的空间联系显而易见。此外，从尼乌瑟尔拉的太阳神庙可以直接看到赫利奥波利斯，而从位于该神庙以南仅 1 千米处的乌瑟尔卡夫太阳神庙却无法直接看到赫利奥波利斯。乌瑟尔卡夫太阳神庙与不远处的乌瑟尔卡夫金字塔顶点在同一条直线上，而这条直线的延长线，直接指向胡夫大金字塔的顶点。尼乌瑟尔拉太阳神庙虽然大致坐落在这条直线上，但却向东偏移了大约 70 米。这可能是由于当地的地质条件限制，使其不得不往东偏移。[47] 由此可见，古代金字塔和太阳神庙的建造者在选址上不仅注意到了单个建筑与赫利奥波利斯之间的空间联系，也注意到了各座金字塔与神庙之间的空间联系。至于为何并不是从所有的金字塔或神庙都可以看到赫利奥波利斯，原因尚不明确。实际上，影响大型建筑选址的因素很多，例如距采石场的距

44　D. Jeffrey, "The Topography of Heliopolis and Memphis: Some Cognitive Aspects," in Heike Guksch and Daniel Polz（eds.）, *Stationen: Beiträge Zur Kulturgeschichte Ägyptens: Rainer Stadelmann Gewidmet,* Mainz: von Zabern, 1998, pp. 61-73. 另见 Quirke, *The Cult of Ra*, pp. 90, 128。

45　Lehner, *The Complete Pyramids*, pp. 128-132.

46　Miroslav Verner and Vladimír Brůna, "Why Was the Fifth Dynasty Cemetery Founded at Abusir?" in Nigel Strudwick and Helen Strudwick（eds.）, *Old Kingdom, New Perspectives: Egyptian Art and Archaeology 2750-2150 BC,* Oxford: Oxbow Books, 2011, pp. 288-289.

47　Verner and Brůna, "Why Was the Fifth Dynasty Cemetery Founded at Abusir?" in Strudwick and Strudwick（eds.）, *Old Kingdom, New Perspectives,* p. 291.

离，地基的稳定程度，以及是否可以开凿运河以便运输建筑材料等等。因此，君主及其大臣在选址时，可能也需要平衡现实情况和宗教热情。

第五王朝的太阳神庙不仅与金字塔和赫利奥波利斯之间有地理空间上的关联，第四王朝吉萨高原的金字塔也与赫利奥波利斯存在空间上的联系。也就是说，至少在第四王朝时期，赫利奥波利斯就已经成了太阳神信仰的中心了。孟菲斯地区的金字塔与太阳神庙都是以赫利奥波利斯为标准建造的。建造在不同位置的太阳神庙可能代表了太阳神信仰的不同方面，这样的空间安排进一步表明了太阳神信仰的复杂性。

太阳神庙的兴建体现了更为成熟和复杂的王权观念。太阳神信仰和对国王的太阳神化已经嵌入了国家的政治框架中。与金字塔对应的太阳神庙，不仅仅是供奉太阳神的场所，也是神圣王权的象征。对死去国王的崇拜因此也具有双重意义——死去的国王一方面与太阳神相结合，另一方面则象征升入夜空永不落的恒星。前者是指国王重新获得了生命力，代表王权的更新；后者是指死去的国王获得了永生，代表王权的永恒。有学者认为对逝去国王的双重崇拜还代表宗教上的两种信仰。其一是将活着的国王视作太阳神来供奉；其二是死去的国王将作为奥赛里斯获得永生。[48] 死去的国王与太阳神相结合，通过一系列宗教仪式和葬礼进入神圣领域。不管是金字塔还是太阳神庙，都是为了实现死去的君主进入神圣领域的愿望而修建的，是穿越现实到达神圣世界的媒介。

---

48 Roberto Murgano, "The Sun and Stars Double Cult in the Old Kingdom," In Jean-Claude Goyon and Christine Cardin（eds.）, *Proceedings of the Ninth International Congress of Egyptologists: Grenoble, 6-12 Septembre 2004*, Leuven: Peeters, 2007, pp. 1361-1369.

国王与太阳神的关系在文学作品中也有所体现。柏林纸草第3033号，又称《韦斯特卡尔纸草》(The Westcar Papyrus)，是一部写于中王国时期第十二王朝的文学作品。该作品讲述了在第四王朝时期胡夫王的宫廷中发生的故事。在故事中，110岁的魔术师杰迪预言赫利奥波利斯太阳神祭司的妻子将生下太阳神的三个儿子，而太阳神的儿子将结束本朝的统治，开启新的王朝。故事还详细描写了三胞胎的诞生："其骨强壮，四肢覆盖黄金，头饰由真正的天青石制成"。黄金的肢体与天青石头饰在古埃及被用来形容神的模样，说明这三位君主自出生起就拥有了神的地位，代表神在地上行使王权。在《辛努亥的故事》中，法老阿蒙霍特普一世驾崩时，他"升入他的地平线"，"穿越天空，融入了日轮"。死去的法老再一次上升到了神的地位，"其身体与创造他的神相融合"。[49] 君主与太阳神相结合的观念，以及君主死后升入天空获得永生的宗教观念，在《金字塔铭文》中也有体现。在金字塔铭文第1688节中写道："死去的国王将坐在拉神的宝座上，成为拉，并经由天空女神努特再次诞生。"[50]

神圣王权、太阳神信仰和永生是古埃及宗教的核心，也是贯穿古埃及文明的主题。太阳神信仰的基本框架就是在早王朝和古王国时期构建完成的。太阳的东升西落，季节的周而复始，为古埃及社会确立了基本秩序。从金字塔的修建到新王国时期兴起的《亡灵书》(Book of the Dead)，古埃及人对永生的寻求一直离不开太阳神。无论是世间的繁荣，还是来世的复活，在古埃及人心中，太阳船永远都在此间航行。

---

49 Simpson, *The Literature of Ancient Egypt*, p. 55.
50 Janák, Vymazalová and Coppens, "The Fifth Dynasty 'Sun Temples' in a Broader Context," p. 434.

第三节　丧葬信仰与奥赛里斯崇拜的起源

埃及位于沙漠地带，气候炎热干燥，只有尼罗河能为人们带来赖以生存的水源和肥沃的土壤。因此，为了节约土地资源，免遭洪水的破坏，古埃及人往往将墓葬建造在尼罗河以西的沙漠边缘地带。得天独厚的气候条件和地理环境使墓葬能被很好地保存下来。精致的棺椁和随葬品，规模宏大的墓室，美丽绝伦的壁画，以及保存完好的木乃伊——近代以来的考古发现不仅反映了古埃及人高超的工艺水平，也向人们展示了古埃及文明对墓葬的重视程度。学界曾一度认为，古埃及文明是只看重来世的文明。近年来，随着考古的发展，学界对古埃及人的日常生活有了更深的了解，才扭转了过去的观念。然而，说古埃及人重视来世信仰并不为过，毕竟他们建造了世界上最宏伟的陵墓——金字塔。西方有一句谚语："罗马不是一天建成的"，金字塔的建筑形式也经历了数世纪的发展演变。

新石器时代以后，古埃及人开始在沙漠地带埋葬死者。当时坟墓十分简陋，只是在沙漠地表挖出一个圆形或椭圆形的浅坑，尸体一般采用侧身屈肢葬的埋葬方式，头朝向西方放置。在地面之上，墓坑的沙土被堆成长方形的土堆，用来标明墓葬的位置。这可能是早王朝时期马斯塔巴墓的雏形。[51] 到了涅伽达文化末期，墓葬的形制发生了变化，墓坑由原来的椭圆形变为长方形，向下挖得更深，面积也更大。人们开始使用芦苇席或木材覆盖并支撑墓穴内部，使用泥砖修葺墓室内壁，并在主要墓坑周围建造小室来存放随葬品。墓室扩展为多

51　William Christopher Hayes, *The Scepter of Egypt: A Background for the Study of the Egyptian Antiquities in the Metropolitan Museum of Art*, New York: Metropolitan Museum of Art, 1990, p. 52.

个，墓葬的结构也变得更为复杂了。同时，有木质横梁支撑的墓室之上的地面建筑也不再是简单的土堆，而是使用泥砖和砾石建造的长方形坟丘。

到了涅伽达文化晚期，在阿拜多斯的乌姆·埃尔－卡布已经出现了类似王陵的大型陵墓建筑。到了第一王朝，当朝国王追随先王的脚步，继续在阿拜多斯修建陵墓，继承祖先的传统。第一王朝的王陵因年代过于久远，在古代就已被风化毁坏，地上建筑更是荡然无存，只有泥砖砌成的地下墓室由于黄沙的掩埋得以保留下来。原本墓室覆盖着木质房顶，地上很可能还建有圆拱形坟丘，在坟丘之前有一对石碑，上面刻着国王的名字和王名框。

第一王朝的第一位君主阿哈的陵墓位于乌姆·埃尔－卡布王家陵地东北角的B号墓地。阿哈的陵墓由一系列大型的独立墓室构成。在其中的三座墓室中，考古学家发现了大型木质神龛的痕迹。在墓室附近还有33座埋葬有年轻男性尸骨的小型随葬墓。这些人很可能是在国王驾崩时被处死的人牲。殉葬制度在第一王朝时非常流行，几乎每一位君主的陵墓都环绕着人牲随葬墓。这些人可能是国王生前的侍从，在国王死后也要到另一个世界去继续服侍国王。

杰尔王陵（O号墓）是第一王朝所有君主陵墓中规模最大的墓葬。陵墓建筑群长约70米，宽约40米。由泥砖建造的主墓室位于正中，长约18米，宽约17米，深约2.6米。埃及考古学家皮特里在发掘这座墓葬的时候，发现了一条手臂，上面佩戴着精美的珠宝。[52] 如今这条手臂已不复存在，珠宝则收藏于开罗埃及博物馆中。在主墓室

---

52 W. M. F. Petrie, *The Royal Tombs of the First Dynasty*, 3 vols, London: Egypt Exploration Fund, 1900-1901, p. 1.

周围，考古学家发现了多达318座随葬墓，其中97座带有石碑。根据石碑上的铭文记载，有76座随葬墓属于女性，11座属于男性，2座属于侏儒，他们可能是跟随国王到死后世界的侍女和随从。[53] 到了中王国时期，阿拜多斯被称为奥赛里斯崇拜的圣地。当时的埃及人将一千多年前的杰尔王陵当做神王奥赛里斯的陵墓加以祭拜。

到了第二王朝，王陵由阿拜多斯迁移到了孟菲斯附近的萨卡拉，殉葬制度也被废止了。这可能是因为王室逐渐意识到人力资源的宝贵，也可能是由于宗教信仰发生了改变。到了第四王朝，臣属只在死后埋葬于君主的金字塔附近，追随君主进入来世。到了中王国后期，古埃及人发明了殉葬陶俑，即"沙布提"（Shabti），这些陶俑可以代替墓主人在来世做工。

在登统治时期，陵墓结构发生了变化。楼梯的引入使得陵墓能在国王在世时建造完成，无须等到下葬后再加盖地上建筑。

与后来的金字塔相似，早王朝时期的王陵也带有祭庙。在王陵的东北方向，接近尼罗河泛滥平原的位置，考古学家发现了附属于王陵的类似祭庙的祭祀性建筑。祭庙是祭祀已故国王的场所，其巨大的围墙上通常带有凹凸相间的装饰，考古学家称之为"宫殿正门"。这也是王名框代表的建筑式样。因此，当时的陵墓建筑可能是依照国王生前居住的宫殿建造的。这些建筑大多有巨大的长方形泥砖外墙，因而被早期的考古学家称为"城堡"。在这些"城堡"中，规模最大的属于哈赛亥姆威，在现代阿拉伯语中被称作舒奈特·埃尔－泽比布（Shunet el-Zebib），意思是"葡萄干仓库"。这座巨大的"城堡"有两道围墙，外部围墙长约137米，宽约77米，墙高12米，厚度达5

---

53 Lehner, *The Complete Pyramids*, pp. 75-76.

米；内部围墙长约124米，宽约56米，高度达8米，厚约3米。在"城堡"的中央，是一座巨大的由泥砖覆盖的方形土堆。这可能是早期祭庙的祭祀性建筑，也可能是在模仿神话中创世之初的原始土堆。[54] 在建筑的东侧，考古学家还发现了12艘埋葬于泥砖砌成的墓坑中的木船。这表明，这些长方形建筑很可能是举行丧葬仪式和供奉死后国王的场所，也是第三王朝金字塔祭庙的雏形。船只在古埃及丧葬仪式中十分重要，象征着承载国王到达来世的工具，也作为随葬品被埋在祭庙附近。第四王朝胡夫王的太阳船保存最为完整。

在埃及国家建立后，不仅君主的陵墓建筑发展迅速，随着国家的建立而掌握了更多权力的达官显贵和皇亲国戚也开始大兴土木，建筑自己死后的安居之所。早王朝时期的高官并没有将陵墓建在阿拜多斯，而是选择了距离孟菲斯不远的北萨卡拉和上埃及的涅伽达。正如前文所说，这一时期的的马斯塔巴陵墓规模巨大，出土了一位名为奈比特卡的高官的第3038号墓，以及赫尔尼特王后的第3507号墓。

在第二王朝至第三王朝，官员墓葬中开始出现铭文。墓主人用文字记录自己的名字、头衔与供品的名称。[55] 如在第三王朝官员赫西-拉的墓中，出现了写有墓主人头衔与名字的献祭文。[56] 献祭文是一种具有固定格式的铭文，通常以"国王献上的供品"为开头，后面紧跟着神的名字和供品的名字，最后以"献给某人的卡"为结尾，意思是由国王和神赐予供品给死者的卡。

---

54 Lehner, *The Complete Pyramids*, p. 77.
55 例如，生活在第二或第三王朝的一位祭司埋葬在萨卡拉北部，他的陵墓中有一块丧葬石碑，上面写着他的名字、头衔以及贡品清单，见 Baines, *Visual and Written Culture in Ancient Egypt*, p. 129, fig. 12。
56 Patrizia Piacentini, *Les scribes dans la société de l'Ancien Empire I, Les premières dynasties; les nécropoles memphites*, Etudes et Mémoires d'Egyptologie, Paris: Cybèle, 2002, pp. 54-55; J. E. Quibell, *The Tomb of Hesy: Excavations at Saqqara 1911-1912*, Le Caire, 1913.

古埃及人认为，人有两种灵魂，其一是卡。当人死亡时，卡会离开身体；当人在来世享受供品的时候，也是卡在享用供品。与卡类似的另一种精神层面的存在是巴，代表人的灵魂与人格。人死去后，巴以鸟的形态从身体中飞出来，可以自由地进出墓门。人的名字或身份是另一个非常重要的元素。如果把一个人的"身份"抹去，那么这个人就不复存在了。因此在官员贵族的陵墓中，墓主人将名字镌刻在自己的浮雕形象近旁，从而使得这一形象可以成为自身的代表。可以说，代表人物形象的壁画、浮雕与雕塑是人的"肉体"，而镌刻在上的名字和代表着人物身份的文字则是"身份"。有了名字，卡和巴代表的精神之力就可以栖居于形象之内。形神具备之后，人才能以完整的形态存在于今生和来世。从官员的马斯塔巴陵墓祭堂中的铭文和浮雕来看，早在第三王朝时，古埃及人就已经形成了关于灵魂与来世较为系统的观念了。在此时的陵墓祭堂中，死者端坐在供桌之前的形象较为普遍。供桌上放置着面包，供死者的灵魂在来世享用。

说到古埃及的来世信仰，不得不提到奥赛里斯神。奥赛里斯信仰与太阳神信仰一起构成了古埃及宗教的基础。关于奥赛里斯的神话也是人类历史上起源最早、流传最久的神话故事之一。奥赛里斯是掌握着死后审判和复活的神。古罗马作家普鲁塔克在《伊西斯与奥赛里斯》中记述了这一神话故事。在古埃及人的宗教经文和文献中，也有对这一神话的记载。谋杀与复仇的主题在世界各地的神话传说中都很常见，但奥赛里斯神话的重要意义在于，每一个人的死亡都是对奥赛里斯死亡与复活这一过程的重复。通过这样的重复，个人得以从死亡中复活，到达来世。而奥赛里斯之子荷鲁斯为父报仇登上王位的事迹，本质上象征着宇宙由混乱回归到有序，代表着秩序的重新建立。奥赛里斯神话并不是一个传奇悲剧故事，而是古埃及人宗教观的具象化，包含了新旧更迭的自然节律。

奥赛里斯神话的梗概是这样的：众神开天辟地之后，将埃及交给奥赛里斯统治。但是奥赛里斯的兄弟赛特心生嫉妒，设计杀死了奥赛里斯。有一种说法是奥赛里斯在尼罗河中溺死；也有说法是赛特变成了河马或鳄鱼，杀死了奥赛里斯；还有一种说法是，赛特为了彻底杀死奥赛里斯，将他分成了42块，分别丢弃在全国的42个行省。奥赛里斯的妻子伊西斯与妹妹奈芙提丝变成鸢的样子，飞往全国各地，寻找奥赛里斯的尸体。伊西斯找到了尸体后，在图特神和阿努比斯神的帮助下，将尸身组合起来，制作成了古代埃及的第一具木乃伊。伊西斯从变成木乃伊的奥赛里斯处受孕。死去的奥赛里斯则进入冥界，成了冥界之王。伊西斯怀孕以后，为了躲避赛特而隐藏在尼罗河三角洲的纸莎草丛中，在那里生下荷鲁斯，并将他哺育长大。荷鲁斯长大成人后找到赛特，为自己的父亲奥赛里斯复仇，从而发生了争斗。有文献记载，他们变成河马相互厮杀；也有文献记载，荷鲁斯依靠魔法和咒语获得了赛特的力量。总之，荷鲁斯与赛特之间的争斗持续了相当长的时间。众神之父盖伯是这场争斗的裁决者。最终，在众神的调停之下，荷鲁斯与赛特停止了争斗。荷鲁斯继承了王位，成为上下埃及之王。关于神话的结局，各个时期的文献有不同的记载。在较早的文献中，赛特虽然谋杀了奥赛里斯，僭越了王位，但是并没有受到严厉的处罚；第二种说法是，众神让荷鲁斯掌管尼罗河谷和三角洲的肥沃土地，而赛特则掌管沙漠；另有说法是，赛特掌管上埃及，荷鲁斯掌管下埃及，而荷鲁斯最终统一了全国；还有一种说法是，荷鲁斯成为埃及的王，而赛特则升到天上，随着太阳神拉的太阳船航行。

奥赛里斯、赛特与荷鲁斯的神话很可能在古埃及文明诞生之初就已经出现，并以口头的形式流传。但在早期的宗教经文中没有关于这一神话的完整记录。古埃及人认为文字具有魔法力量，神话一旦经由文字记录下来就有了魔力。而灾难性的事件一经记录，就会成为咒语，悲剧也会不断发生。因此，在宗教经文中，每当提及奥赛里斯神话，作者都使用春秋笔法，对奥赛里斯的死亡更是讳莫如深。《金字塔铭文》的第477节十分隐晦地提到了奥赛里斯被赛特谋杀，众神审判赛特的情节：[57]

> 天之摇，地之动
> 荷鲁斯来了，图特站起
> 他们令奥赛里斯起身
> 他们使他站立在双九神会之首
> 记住，赛特，置于心间——
> 盖伯所说之言，众神对你所立之威
> 在赫利奥波利斯的首领之宫
> 因你将奥赛里斯击倒在地
> 当你说，赛特啊
> 你并未与他对立

冥界之王奥赛里斯对死者审判的画面是新王国时期宗教经文《亡灵书》中最著名的段落，几乎每一册《亡灵书》中都有将死者的心脏放置在天平上与玛阿特相互称量的插图。在古王国时期，无论是金字塔还是官员的马斯塔巴陵墓，奥赛里斯神的形象都是禁忌，不能出现在浮雕与壁画之中。在官员祭堂中甚至连神的形象也不允许出现。但

---

57 Baines, "Egyptian Myth and Discourse," pp. 94-95.

从相关铭文中可以知道,死后审判的观念在古王国时期就已产生。

在第五王朝与第六王朝,祭堂中出现了墓主人"自传"。"自传"主要来自孟菲斯地区的马斯塔巴陵墓,或上埃及地区的岩刻墓。在"自传"中,墓主人通过文字展示自己的生平事迹,一般以"某某曰"作为开头,引出墓主人以第一人称对自己生平事迹的叙述。主要包括协助君主治理国家、建造工程、远征、贸易等"纪实性"内容,以及道德上的程式化表达,如强调墓主人德行高尚、尊老爱幼、体恤鳏寡、受到国王的宠爱等。这些德行符合古埃及社会共同的价值理念——玛阿特。每个人都需要遵循玛阿特。通过在"自传"中声明自己行使了玛阿特,墓主人在死后的审判中就能获得永恒的生命。在第五王朝末期的一位祭司威尔胡(Werheu)的自传中有如下词句:[58]

> 我来自我的城市
> 我出自我的行省
> 我在那里宣扬玛阿特
> 我在那里执行玛阿特

同一时期一位名叫赛色姆奈弗尔(Shesemnefer)的宰相在其位于吉萨的陵墓中,也刻下了类似的铭文:[59]

> 我来自我的城市

---

58 Kurt Sethe, *Urkunden des Alten Reichs I*, Leipzig: J. C. Hinrichs' sche Buchhandlung, 1933, p. 46, 88; Miriam Lichtheim, *Maat in Egyptian Autobiographies and Related Studies*, Freiburg and Schweiz: Universitätsverlag, 1992, p. 9.
59 Sethe, *Urkunden des Alten Reichs I*, pp. 57, 11; Lichtheim, *Maat in Egyptian Autobiographies and Related Studies*, p. 10.

> 我出自我的行省
> 我被埋葬在这座陵墓中
> 在我每天宣扬了玛阿特与神所喜爱的事之后
> 这是善事

从这些自传中可以看到，玛阿特是人们在世时需要遵守的行为准则。人们生前遵守玛阿特，死时得到厚葬，才会被认为是"善"。《亡灵书》中第125条咒语的主要内容是死者否定自己犯过一系列错误，学界一般称之为"否定的坦白"。古王国时期墓主人在自传中否定自己犯错的语句表达方式，很可能就是《亡灵书》第125条咒语的雏形。[60] 例如，在奈亥布（Nekhbu）的"自传"中就有这样的表达：[61]

> 我是宣扬善事、重复善事之人
> 未曾有过我对任何人宣扬任何邪恶的事

因此，即便古王国时期的祭堂铭文并没有明确提及奥赛里斯审判的情节，但墓主人的自传铭文却带有审判中自白或宣誓的意味。这说明奥赛里斯信仰在当时已深入人心。在埃及人的心目中，奥赛里斯—赛特—荷鲁斯的神话故事是真实发生过的历史事件。到了中王国时期，人们将阿拜多斯的早王朝时期君主杰尔的王陵当作奥赛里斯的陵墓，并前去祭拜。

那么，这个包含了复杂政治斗争的神话，是否真的以远古时代

---

60 Lichtheim, *Maat in Egyptian Autobiographies and Related Studies*, pp. 103-106.
61 Sethe, *Urkunden des Alten Reichs I*, p. 219.

的某个历史事件为蓝本呢？第一王朝与第二王朝留存下来的书面材料虽然非常有限，但是我们仍然能找到神话故事的蛛丝马迹。荷鲁斯与赛特的故事虽然没有被写成文本，但是二者的矛盾，对王位的争夺，以及对这场权力争夺战的调和，是可以通过某些历史事件显现出来的。国王的王名与荷鲁斯神相关联，即荷鲁斯名。而赛特神原本是涅伽达地区的地方神祇，随着涅伽达在第一王朝走向衰落。赛特在王权中的式微无疑与涅伽达的衰落有关。政治上的影响反映到神话中变成了赛特在王位争夺战中的失败。当然，这并不意味着赛特与荷鲁斯的神话就是希拉康波利斯或阿拜多斯与涅伽达之间的战争史诗。但可以推测出，在各个地区的交往互动甚至竞争中，各地的宗教信仰与神祇崇拜相互融合，从而影响了神话的构架。

在更深的层面上，奥赛里斯神话强调了王权的神性，即国王本身的神性——作为国王的奥赛里斯本身就是神，从创世之神中诞生。众神的裁决强调了王位传承的神性——荷鲁斯消除了混乱，恢复了秩序，而死去的国王得到永生。奥赛里斯—荷鲁斯神话给王权这一概念赋予了动态的特质。每一位在位的君主都是荷鲁斯，而死去的国王则是奥赛里斯。现任君主死去之时，他的继承人又成为荷鲁斯，而他则成为死去的奥赛里斯，如此循环往复。赛特代表了国王驾崩时的无秩序状态。国王的驾崩不仅具有政治上的意义，也具有神学上的意义。具有神性的君主掌管着埃及的政务，也掌管着宇宙秩序。国王驾崩象征宇宙秩序的崩溃，由此带来不可知的无序状态。新君主的即位代表新秩序战胜了混乱，是宇宙秩序的再次确立。这个循环的过程，就是玛阿特战胜混乱的过程，也是宇宙创立之初秩序得以确立的过程。因此，每一位君主的继位，都可以看作新的创世过程。在这个意义上，奥赛里斯成为死后复活的典范。《金字塔铭文》中的经文是保护国王

进入冥界成为奥赛里斯的魔法咒语。在第五王朝最后一位君主乌纳斯的《金字塔铭文》中,就有这样的咒语:[62]

> 啊,乌纳斯!
> 你并未以死离去,你是以生离去
> 端坐在奥赛里斯的王座之上
> 你手持着木杖,掌管生者
> 你手持着莲花权杖,掌管着不可触及之地的人们

在《金字塔铭文》中,死去的国王进入冥界后坐在奥赛里斯的王座上,与奥赛里斯相结合,并像奥赛里斯一样,继续统治冥界。上文引用的经文中的"不可触及之地",就是冥界的代称。同时,经文还向众神宣告,乌纳斯已经与奥赛里斯合二为一:[63]

> 盖伯,这位奥赛里斯是你的儿子,你已使他复活永生
> 若他永生,这乌纳斯也必永生
> 若他不死,这乌纳斯也必不死
> 若他不朽,这乌纳斯也必不朽
> 若他不被带去,这乌纳斯也必不被带去
> 若他被带去,这乌纳斯也必被带去

不仅是国王驾崩,尼罗河洪水周而复始、河岸上生命的周而复

---

62 《金字塔铭文》第 323 节,见 Allen, *The Ancient Egyptian Pyramid Texts*, p. 31。
63 同上,p. 35。

始、人的生死、星座的升起和降落等诸多现象,都代表宇宙秩序的建立与维护,都与奥赛里斯神话相关联。在墓室壁画中,奥赛里斯常常以身缠白色亚麻布的木乃伊形象出现,脸和身体由象征生命的绿色表示。在有些壁画中,躺在棺椁上的木乃伊身上还会长出青草,象征死者经由奥赛里斯又重新获得了生命力。在新王国时期的王室丧葬经文中,太阳神在夜晚进入冥界,与奥赛里斯合一后复活,成为朝阳从东边的天空升起。死去的国王也加入太阳船的行列中,与太阳一起复活。在《棺文》和《亡灵书》中,普通人死后也被称为"奥赛里斯某某某",每个人都可以通过成为奥赛里斯而获得重生。

在新王国时期的《切斯特·比替纸草》(*Papyrus Chester Beatty*)中记载了荷鲁斯与赛特进行战争的故事。荷鲁斯与赛特在九神的法庭上接受众神的审判。众神将王位判给荷鲁斯,而赛特也服从了审判,同意将奥赛里斯的王位授予荷鲁斯。同时,赛特也并非被打败,而是作为太阳神的侍从继续存在。故事中并没有交代奥赛里斯是怎么死去的,但他也在故事中出现,并且提及他为众神生产了小麦与大麦,作为众神供奉的来源。可见,此时已经死去的奥赛里斯象征着重生与新生之神。将死者与奥赛里斯相联系也是为了重复奥赛里斯死而复生的过程。奥赛里斯的死是必然的,如果没有死亡,就不会有重生。赛特

图5-12 哈特谢普苏特女神祭庙的柱廊中,女王以奥赛里斯的形象出现

作为混乱之神"制造"了奥赛里斯的死亡,也是其"本职工作"。无论君王或官员贵族,乃至普通人,死后重生的过程都是对奥赛里斯死亡重生的模仿。通过这样的模仿,死者就可以与奥赛里斯合一,从死亡中复活,顺利到达来世。在祭堂壁画中的送葬场景,有代表伊西斯与奈芙提丝的女祭司。她们参与死者的丧礼,模仿伊西斯为丈夫奥赛里斯恸哭并帮助其复活的过程。

奥赛里斯神话并不是古埃及的《哈姆雷特》。相反,这个以谋杀和篡位为开端的神话,实际上讲述的是复活、永生与秩序的故事,是如何战胜死亡到达来世的故事。奥赛里斯神话连接了生的世界与死的世界,也让世人知道,在古埃及人的世界观中,生与死其实是循环而合一的过程。

在获得了永恒的生命之后,死者的灵魂会去往哪里?这是从古至今人们一直感到困惑的问题。到了古王国末期,埃及人普遍相信死者居住在彼岸世界的城市中,家庭成员在死后也可以再次相聚。死者的亲朋好友将希望传递给死者的信息用文字写在陶罐、陶碗、纸莎草或其他物品上,连同贡品一起献给死者,现代学者称之为"给死者的信"(The Letters to the Dead)。[64] 这类信件最早出现在古王国末期,直到新王国时期都十分流行。[65] 给死者的信件与一般信件无异,抬头写上收信人的头衔与姓名,结尾落款是写信人的名字,正文一般以问候开头,内容则依据实际情况可长可短,总体上是生者向死者诉说自己在现世遇到的困难,强调自己为死者献祭了供品,希望死者为自

---

[64] Alan H. Gardiner, *The Attitude of the Ancient Egyptians to Death & the Dead*, Cambridge: The University Press, 1935, pp. 5-45; Edward F. Wente, *Letters from Ancient Egypt*, Atlanta and Georgia: Scholars Press, 1990, pp. 210-215.
[65] Wente, *Letters from Acient Egypt*, pp. 210-220.

己提供保护，或帮助自己惩戒坏人。[66]在这种机制下，死去的亲属在一定程度上就成了现世与彼岸之间的媒介。[67]对生者而言，死者成为英灵，仍然对现实有着巨大的影响力，[68]也仍然是社区与家庭的成员，对亲属负有责任。例如，在一封写在陶碗上的信中，儿子希望死去的父亲能够为他主持正义，因为他所涉及的案件中的证人也已经死亡，与父亲共同居住在"死者之城"。他希望父亲能够帮自己与那位死去的证人进行沟通。这封信说明当时的人们在构建彼岸世界时是以此岸世界为原型的，认为人死后到达来世时仍然会与生前的亲朋好友居住在一起，维持生前的社会关系。[69]

对彼岸世界最早的描绘出现在《金字塔铭文》中，这也是古埃及最古老的经文。它能被现在的学者发现，是因为第五王朝的最后一位君主乌纳斯把它刻在了自己金字塔墓室的墙壁上。在《金字塔铭文》中展现了古埃及人对来世更为具体的想象与构建：死后的世界被称为"芦苇沼泽"和"供品沼泽"——"芦苇沼泽"是天空中黄道以南的区域，那里的星星会周期性升起和降落；"供品沼泽"是黄道以北的区域，那里靠近北极的星星永不降落。"芦苇沼泽"也是太阳神接受洗礼的地方，死去的国王将在"芦苇沼泽"与"供品沼泽"中得到田地和住所。

古埃及语中"沼泽"这个词的意思其实更接近湿地、田野，并

---

66 John Baines, "Practical Religion and Piety," *Journal of Egyptian Archaeology*, vol. 73, 1987, p. 87.
67 Baines, "Society, Morality, and Religious Practice," pp. 155-156.
68 R. K. Ritner, *The Mechanics of Ancient Egyptian Magical Practice*, Chicago: The Oriental Institute of the University of Chicago, 1993, pp. 181-183.
69 Kaw Bowl, Petrie Museum, UC16163; Wente, *Letters from Ancient Egypt*, pp. 211-212; Gianluca Miniaci, "Reuniting Philology and Archaeology: The 'Emic' and 'Etic' in the Letter of the Dead Qau Bowl UC16163 and Its Context," *Zeitschrift für Ägyptische Sprache und Altertumskunde*, vol. 143, no. 1, 2016, pp. 91-99.

不是指如泥潭般的沼泽，而是指富饶的"水乡泽国"。可见，古埃及人对来世的想象是根据尼罗河两岸和三角洲地区在泛滥时节的自然景观而形成的。尼罗河的洪水来自南方的雨林地区，由此带来充满腐殖质的土壤。洪水之后，人们在洪水留下的肥沃土壤中耕种，作物不用施肥和灌溉就能生长。尼罗河畔还有丰富的鱼类资源，水鸟也是人们餐桌上的珍馐美味。死者正是去往自己熟悉的地方继续着丰裕的生活。古埃及人对彼岸世界的描绘其实是现实中美好生活的投射。墓主人在祭堂的墙壁上描绘的狩猎、捕鱼等场景，也是对来世美好生活的想象。在新王国时期的墓室壁画中，墓主人和妻子身穿华丽的白色亚麻布长袍，手持镰刀收获麦子或亚麻。身为贵族的墓主人不必亲自从事农业生产，而从事农业生产的人也不会身着白色长袍。墓主人前的亚麻和小麦几乎有一人多高。可见这样的场景并不是对现实生活的纪实，而是对彼岸世界中富饶生活的想象。

来世世界位于西方。西方是太阳落下的地方，也是陵墓所在之地。在尼罗河沿岸的大部分地区，尤其是古王国和中王国时期的首都孟菲斯地区，以及新王国时期的首都底比斯地区，生者居住在尼罗河东岸，而墓地和祭庙都建在尼罗河西岸。因此，亡灵需要渡过河流才能到达位于彼岸的来世。《棺文》第169条咒语这样写道："我当作为舒往来，因为我即是舒！我的面貌正如大洪水。我生为舍斯迈特的荷鲁斯，我登上河岸。向我敞开，因为我即是大洪水！"死者通过咒语成为洪水而顺利到达彼岸。

形成于第一中间期的《棺文》继承了《金字塔铭文》中的部分咒语，在传播过程中也不再局限于古王国的首都孟菲斯地区，而是遍布埃及各地，尤以中埃及地区为主。在《棺文》第148节中记录了奥赛里斯神话的原型。可见，古埃及文明伊始的宗教信仰，正是借由经文的传播而扩散开来。

奥赛里斯信仰与太阳神信仰的融合也发生在古王国时期。学者在考古发掘中观察到了第五王朝末期古埃及社会在宗教领域发生了深刻的变革：从杰德卡拉·以色希（Djedkara Isesi）开始停止了太阳神庙的修建；从乌纳斯开始，金字塔的墓室墙壁上出现了保佑君主到达来世的宗教经文《金字塔铭文》；奥赛里斯的名字首先出现在官员祭堂的铭文中，随后也出现在了《金字塔铭文》中。这一过程体现了埃及人对太阳神的崇拜与来世信仰中的奥赛里斯神话完美的结合。

奥赛里斯神话并非是对太阳神拉的削弱或替代，而是将太阳神信仰中的复活与神王的复活联系在一起。正因如此，赫利奥波利斯的神学家们在奥赛里斯信仰流行开来以后，将其纳入了太阳神信仰的范畴内，形成了赫利奥波利斯的神学传统——"九神会"。在这个新的神学体系中，太阳神是造物之神，而奥赛里斯则是造物主的儿子，在经历了人间的死亡后，成为掌管来世与重生的神。在"九神会"中，太阳神对人的影响也更为间接。太阳神不再是直接的统治者，因为奥赛里斯及其子荷鲁斯在此充当了神话世界与人类世界的过渡。此时的君主不仅仅是太阳神之子，也是奥赛里斯的化身。奥赛里斯代表了君主的代际更迭,为新君主代替老君主继位提供了神学意义上的解释。[70]

奥赛里斯神话将王位继承上升到了神学高度，而赛特神的引入也为秩序战胜混乱提供了神学上的解释。如果说太阳神信仰是将政治权力的更迭与宇宙规律相联系，是权力来源与延续的"自然化"，那么奥赛里斯神学体系则是其"人化"的体现，将人间君主的更迭看作是神话的重演，从而赋予其正当性。同时，臣民不再需要借由君主，

70　Allen, *The Ancient Egyptian Pyramid Texts*, p. 8.

而是借由奥赛里斯神重获来生，从而使奥赛里斯信仰成了大众的宗教。臣属对死去国王的追随转向了对冥界之神奥赛里斯的追随，从而为第一中间期与中王国时期的奥赛里斯信仰，以及个人宗教经文《棺文》的普遍流行奠定了基础。可以说，古埃及宗教的基本架构，就是在古王国时期形成的。在经历了古王国时期漫长的发展与演变后，太阳神信仰与奥赛里斯信仰相结合，形成了复杂且完备的神学体系，为其后的发展构建了基本的框架。

第六章
书写与艺术的起源

第一节 埃及文字起源的神话

在中国古代的神话中,一位名叫仓颉的圣人受到鸟兽足迹的启发而创造了文字。但古埃及人认为,他们的象形文字并非某位智者的发明创造,而是直接来自神。文字不是源于人类的智慧,而是神对人类的馈赠——智慧之神图特和他的妻子书写女神赛莎特(Seshat)创造了文字,并将使用文字的技能传授给人类。[1] 正因如此,图特神也被称为"神圣语言之主"。

古埃及人称自己的语言为"神的语言",语言最先由创世之神使用。在孟菲斯神学体系中,孟菲斯地区的创造之神普塔用语言

---

1 Patrick Boylan, *Thoth, the Hermes of Egypt: A Study of Some Aspects of Theological Thought In Ancient Egypt*, London: H. Milford, Oxford: Oxford university press, 1922, p. 99.

创造了世界。²按现代语言学体系来划分，古埃及语言属于亚非语系（Afroasiatic），在欧洲比较语言学研究中，也称 Hamito-Semitic，或 Semito-Hamitic，即闪含语系。³古埃及语同闪族语（Semitic）和伯伯尔语（Berber）的关系最近，与库希特语（Cushitic）和乍得语（Chadic）也有相关性。⁴古埃及语言的使用涵盖了公元前3000年到公元1300年，经历了从综合语（synthetic）到分析语（analytic）的转变。⁵早期埃及语包括古埃及语和中埃及语。古埃及语主要在早王朝时期、古王国时期、第一中间期时使用。金字塔内部墓室墙壁上镌刻的《金字塔铭文》与官员陵墓中的铭文都是用古埃及语写成的。中埃及语又称古典埃及语，从中王国时期一直使用到第十八王朝末（公元前2000年—前1300年），在宗教领域，则一直沿用到埃及文明终结。从第十八王朝末到中世纪一直使用的古埃及语又称后期埃及语，具有分析语的特点。从第十八王朝末到公元前700年，后埃及语是使用最广的语言。从公元前7世纪开始，世俗体埃及语代替了后埃及语，主要用于文学作品与日常行政文书。从公元4世纪到14世纪，基督教化的埃及出现了科普特语，即以希腊字母拼写的古埃及语。⁶

　　文字与书写是社会经济、政治组织、宗教观念等文明要素相互碰撞的产物。古埃及象形文字也不例外，它的产生与埃及国家的起源

2　James P. Allen, *Genesis in Egypt: The Philosophy of Ancient Egyptian Creation Accounts*, New Haven Conn: Aris and Phillips, 1988, pp. 43-44.
3　亚非语系涵盖了东地中海、西亚与北非的现代与古代语言，见 Antonio Loprieno, "Ancient Egyptian and Other Afroasiatic Languages," in Jack M. Sasson, John Baines, Gary Beckman and Karen S. Rubinson（eds.）, *Civilizations of the Ancient Near East*, Massachusetts: Hendrickson Publishers, 2000, p. 2135; Loprieno, *Ancient Egyptian*, p. 1。
4　Loprieno, *Ancient Egyptian*, pp. 1-5.
5　Loprieno, "Ancient Egyptian and Other Afroasiatic Languages," p. 2137.
6　Loprieno, "Ancient Egyptian and Other Afroasiatic Languages," pp. 2137-2138; Loprieno, *Ancient Egyptian*, pp. 5-8.

同步。从口语到书写的转变为古埃及社会带来了物质、文化、心理等多个层面的深刻变革。在经济层面,书写系统的完善使产品的分配与流通更加高效;在科学技术层面,文字的使用带来了天文、数学、建筑的发展;在宗教层面,原本以口头形式流传的经文和咒语经由书吏的记录与编辑成为系统的知识。象形文字不仅在社会经济与行政管理中具有实用性价值,也是宗教祭祀的重要组成部分。

古埃及有关文字起源的神话反映了古埃及人对知识的认识。文字不仅仅用来记录语言,也用来记录知识。

图6-1 手持书写工具的图特神

因此,文字是人类借由神的力量认识世界的工具,由神的语言书写的知识被称为"奥秘知识"。图特神了解和掌握这些奥秘知识,因此也被称为"奥秘知识之主"。

图特是书写和智慧之神,也是月亮之神与书吏的保护神。"图特神的追随者"是古埃及人对书吏的称号。在艺术作品中,图特神以朱鹭鸟或狒狒的形象出现。朱鹭鸟与图特的联系可以追溯到涅伽达时期。在前王朝时期的调色板上出现了朱鹭鸟栖息在旗标顶端的图案。图特神是众神的书吏,朱鹭鸟头人身的图特神常被刻画成手持芦苇笔和墨盒在纸草卷上书写的形象。在新王国时期的《亡灵书》插画中,死者由阿努比斯神带领来到冥界之神奥赛里斯面前,将心脏放在正义的天平上称量,负责记录审判过程和结果的就是图特神。在《金字塔

图 6-2　未展开的纸草卷。古埃及人将文字书写在纸莎草制成的纸上，纸草通常被卷起来保存

图 6-3　在谷仓中负责记录的书吏。这座中王国时期的随葬模型展现了古埃及书吏在谷仓中对日常生产活动进行记录的情景，现藏于美国纽约大都会艺术博物馆

图 6-4　书吏的墨盒。古埃及书吏一般使用黑色与红色两种墨水,用芦苇笔进行书写。图中所展示的是书吏所使用的木质墨盒,墨盒一端的圆形区域用于盛放墨水,芦苇笔可插入墨盒之中。现藏于美国纽约大都会艺术博物馆

铭文》中,图特神帮助已故国王的灵魂升入天空中的神圣领域,向西方的众神宣告国王灵魂的到来。国王也需要借助图特神的翅膀才能飞到众神的世界。[7]

古埃及的知识流传到了希腊世界。古希腊哲学家柏拉图在其著作中记载了关于古埃及文字起源的传说,他这样写道:

> 在埃及的诺克拉提斯城有一位古老而知名的神祇名为图特。名为白鹭的鸟是他神圣的象征。他发明了许多技艺——算数、计量、几何、天文、跳棋和骰子,但他最大的发明是文字。

---

[7] Allen, *The Ancient Egyptian Pyramid Texts*, pp. 27, 33, 50.

那时统治整个国家的国王是塔姆斯（Thamus），他住在上埃及的大城市里，希腊人称之为埃及的底比斯，称塔姆斯为阿蒙。图特向他展示自己的各种发明，希望其他埃及人也能够从中受益。图特一边一一列举，塔姆斯一边询问这些技艺的用处……当说到文字时，图特说："这项发明可以使埃及人更聪明，增强他们的记忆力，是改善记忆和智慧的一剂良方。"那位国王答道："多才多艺的图特，技艺的发明者并不总是能够恰当评价自己的发明创造对于使用者而言究竟有什么用。现在，你作为文字的父亲，对你宠爱的孩子言过其实了。这种发明会在学习者的灵魂中播种下遗忘的种子，因为他们不会再使用他们的记忆力；他们将会依靠外在的书写符号，而不是靠自己去记住。所以，你发明的这剂良药不会帮助记忆，只能帮助回忆；你赋予学生的不是真理，而是真理的表象；他们道听途说了不少，却什么都没有学会；他们看起来全知全能，却基本上什么也不知晓；他们将成为令人生厌的人，炫耀虚假的智慧。"[8]

在这里，柏拉图通过苏格拉底的话表达了对文字的消极态度。他认为，人们使用文字后将不再相信自己的记忆，反而依赖符号，最终导致创造性思想的丧失。然而，这并不是古埃及人的本意。在古埃及的神话体系中，文字和书写的诞生与世界的诞生处于同一过程。换句话说，书写的发明是创世的一部分，是先于人而存在的宇宙真理。语言文字是神赋予世界具体形式的工具，被写下来的文字是神创造万

8　Benjamin Jowett, *The Dialogues of Plato in Five Volumes*, vol. 1, 3rd Edition, Oxford: Oxford University, 1892, pp. 483-489.

物的标记。在世界诞生之前,图特神是"拉神之心",或称"拉神的观念"。[9] 创世是通过神的语言实现的。因此,图特本身就是"创世魔法",[10] 通过创造语言从而创造世界的一切。[11]

美国纽约大都会艺术博物馆保存的《图特赞美诗》(The Hymn to Thoth)纸草文献中,描述了图特以文字和语言来创造世界的过程:

> 我是图特,我向你重复拉神的话,因为在这之前有人已经告诉你了。我是图特,我掌握神圣的文字,这文字能将事物放在它们合适的位置。我为神奉献供品,我为受到保佑的死者奉献供品。我是图特,我将真理放入写给九神的文字中。从我口中出来的一切都将成为真实的存在,正如我就是拉神。我不会被任何力量从天空中和大地上驱逐出去,因为我知道天所隐蔽的事情,这些事情不会为地上之人所知,它们隐藏在原初之水中。我是天空的创造者,在山峦的起始之处。我用思考创造河流,我创造了湖泊,我带来了泛滥,我使农人得以生存。[12]

孟菲斯的创世神话更加清楚地阐明了语言文字与创世的密切关系。这篇神话写在第二十五王朝的一块石碑上,即沙巴卡石碑(Shabaka Stone)。石碑铭文记载了创世之神普塔将自己头脑中的概念转变为客观存在,并通过语言创造世界的过程。普塔神先在心中设想,之后用言语使所想成为具体的存在——"普塔创造众神。普塔,

---

9　古埃及人认为,心脏是负责思想的器官。
10　Boylan, *Thoth, the Hermes of Egypt*, p. 192.
11　Ibid., p. 120.
12　Lichtheim, *Ancient Egyptian Literature*, vol. 1, pp. 54-55.

众神之父，通过自己的心与舌创造九神。"[13] 铭文还提及荷鲁斯是普塔之心，图特是普塔神之舌。普塔作为创世神是隐藏的，荷鲁斯和图特作为普塔创世力量的载体是显现的。换言之，普塔通过思想和语言创造万物，心（荷鲁斯）思考后，舌（图特）将思考的成果显现出来：

> 伟大的普塔神通过心与舌给予众神生命。荷鲁斯以普塔的形象出现，图特以普塔的形象出现。心与舌在所有生灵内，人类、牲畜、爬行动物等一切生灵接受普塔心与舌的指令。[14]

由此可见，在孟菲斯神学体系中，世界起源于观念和语言。将心中构思的表达出来，实体就出现了；通过语言说出事物的名字时，事物的形体也就存在了。"神圣之话语"是创世的核心。象形文字中的每一个符号都是现实世界中某一个具体物件的图像，文字本身却是观念和思想的表达。可以说，文字符号是沟通观念世界与现实世界的桥梁。神创造世界的过程，就是将观念中的世界变为现实世界的过程。因此，现实世界是观念的反映，而有具体形象的象形文字符号也是人们心中观念的反映。

名字是神创造世界的关键，古埃及人因此非常看重名字。他们认为，名字是实体在观念中的存在，只有叫出名字，事物才能存在。在神创造世界之前，宇宙处于一片混沌，当时被称作"没有任何事物的名字能被叫出之时"。古埃及君主在建筑物和雕像上留下自己的名字，防止自己的名字被人遗忘。对一个人最严厉的惩罚就是永远抹去

---

13 Lichtheim, *Ancient Egyptian Literature*, vol. 1, p. 54.
14 Ibid.

他的名字，因为没有了名字，就意味着不再存在。新王国时期的"异端"法老埃赫那吞就是因为背弃阿蒙神信仰，转而崇拜唯一的太阳神阿吞，而遭遇了"灭名之灾"。他的名字被抹去，后世的王表从未记载过他，他的都城也埋没于黄沙之中。直到近代，埃及学家才通过考古发掘知道了这位"异端"法老的存在。在涅伽达文化时期的标牌上，最早出现的也是人名和地名。在一则关于太阳神拉的神话中，伊西斯女神知道了太阳神拉的名字，因此获得了拉神的力量。

图6-5　表示安柯的象形文字符号

由于象形文字来源于神，古埃及人认为文字和语言都具有神圣的力量，是魔法的载体。例如，表示"生命"的符号安柯会被制作成护身符供人们佩戴；表示"不朽"的符号杰德柱护身符则来自奥赛里斯的脊椎骨；表示蜣螂的象形文字符号是"出现、新生"之意，是死者通往冥界所必需的护身符。人们在书写象形文字时也需要遵从特定的规则，因为被书写下来的概念和事物会具有实体，魔法会依附于此产生作用。

古埃及人称魔法为赫卡（heka），是造物神在创造世界时使用的力量。赫卡也是魔法之神的名字。在创世神话中，魔法之神作为太阳神的巴而诞生，是最古老的神祇。魔法的使用需要咒语，若要将咒语记录下来，就需要同样具有魔力的文字。实际上，《金字塔铭文》就是古王国时期君主在丧葬仪式上使用的咒语。第一个把咒语刻在金字塔墓室墙壁上的是第五王朝最后一位君主乌纳斯。他在萨卡拉为自己修建了一座金字塔，并在金字塔内部的墙壁上刻上了丧葬仪式所使用的咒语。这些咒语可以保护死去的国王顺利升入天空，进入神圣领域。可以推测出，在咒语被刻在金字塔墓室的墙壁上之前，就已经以其他形式存在了，或是由祭司口口相传，或是记录在纸莎草上。然而，就算是具有神性的国王，也会对象形文字的魔力充满畏惧。金字塔墓室墙壁上很多人和动物的符号都是不完整的，甚至需要反向书写，[15]如蛇和蝎子等危险动物的符号需要特别处理——或在身体上方画上一把尖刀，或是画成断为两截的样子。《金字塔铭文》是关于复活的咒语，而完整的动物和人的形象可能会因为魔法而复活，对墓主人造成伤害。可见在古埃及人的眼中，象形文字不仅仅是文字，作为文字符号虽然在词法和句法中有特殊的含义，但它仍然是具有生命力和魔力的具体图像。

正是因为象形文字具有这样的力量，掌管着文字的图特神也掌管着一切知识和咒语。关于"图特神之书"和奥秘知识的传说也一直流传甚广。中王国时期的文学故事《胡夫与魔法师》（Khufu and the Magician），讲述了古王国第四王朝时的国王胡夫觊觎图特神殿内隐藏的奥秘知识的故事。在托勒密时期的一部文学作品中，也提到了图特神的魔法书。这部魔法书由图特神写成，记录了世界上最伟大的魔法，掌握了这些魔法就相当于掌握了宇宙的奥秘。在故事中，第一位得到这本魔法书的人是远古时代一位名叫纳奈弗尔卡普塔的王子。普塔神庙祭司告诉纳奈弗尔卡普塔，图特神的魔法书"被藏在科普特斯

---

15 古埃及语在书写时，符号的朝向很重要，人或动物的脸部要朝向句子开端，其他非对称性的符号，也都有前后之分。

的湖心。湖心有一只铁盒，铁盒中有一只铜盒，铜盒中有一只凯特木盒，凯特木盒中有一只象牙乌木盒，象牙乌木盒中有一只银盒，银盒中有一只金盒，金盒中存放着图特的魔法书。铁盒外有蛇蝎及各类毒虫环绕，其中有一条无人能杀死的巨蛇。这些防备正是为了守卫图特神的魔法之书"[16]。纳奈弗尔卡普塔前往科普特斯，杀死了神兽，偷来了魔法书。然而，图特神知道后，对他和他的妻子儿子施加了严厉的惩罚，令他们全家葬身水底，魔法书也随他一起封存在陵墓之中。法老拉美西斯二世的第四子哈姆瓦斯（Khaemweset）王子听说了图特神魔法书的下落，也想得到此书。他得到魔法书后，诵读了其中一条咒语，故事这样写道：

> 他震撼了天地、冥府、山河；他理解了空中的飞鸟、水中的游鱼和沙漠中的走兽的全部言语。他诵读了另一条咒语——他看到了天空九神伴随着太阳神普瑞（Pre）的身影；他看到了月亮升起，看到了群星本来的面目；他看到了水底的鱼，尽管那是水下21圣肘尺的深处；他对着水面念诵咒语，水应声出现了原形。[17]

在偷看了魔法书后，哈姆瓦斯王子也得到了神的惩戒，险些杀死自己的儿子。在明白了人类无法掌握神的魔法之后，王子归还了魔法书，将其封存在古墓中。

这样的情节设置表明，人类不能掌握神的魔法，奥秘知识必须

16　Lichtheim, *Ancient Egyptian Literature*, vol. 3, p. 129.
17　Ibid., pp. 128-129, 146.

被隐藏起来，神会惩罚将"奥秘知识"透露给世俗世界的人。"奥秘知识"具有巨大的威力，是关于宇宙、天地、冥府、星辰和大自然动物的最隐秘的知识，代表着宇宙的运行规律。"奥秘知识"的语言具有魔法属性，不仅对应着现实世界，也记录了宇宙万物中超乎人类理解的部分。

　　古埃及知识分子认为，宇宙、神、人之间有着不可僭越的次序。人虽然可以阅读神的文字，却不能掌握神的知识。从《胡夫与魔法师》的故事中我们知道，即便是强大的君主也不能触碰图特神的奥秘知识，如果僭越了人与神的界限，就得接受死亡的惩罚。古埃及有关文字起源的神话把文字的产生提升到了创世的高度，将文字的使用置于神圣的地位——文字并不只是语言的书写形式，更是观念的表达，是观念与现实世界产生联系的纽带，也是魔法和知识的载体。

　　一篇世俗体智慧文学《因森格纸草教谕》（*Insinger Papryi*）[18]以师生问答的形式系统地展现了"奥秘知识"涵盖的内容：宇宙天地和世界万物、各种天文自然现象、社会生活中的魔法、法律、伦理道德、人的代际传承、等级系统和秩序。虽然文献中对奥秘知识的解释仍富有神秘主义色彩，但记载的知识本身并不是抽象的哲学或神学观念，而是将神秘性赋予世界，是结合神圣与世俗的综合性知识体系。这样的知识体系反映了古埃及祭司对自然环境和社会生活的思考，并将人类社会的运行规律同宇宙秩序融合在了一起。《教谕》这样写道：

　　　　太阳和月亮如何来往于天空？河流、太阳与风何时走，何

18　这份纸草文献由35节箴言组成，由因森格于19世纪发现，文本成文于托勒密时代晚期。

时来？什么人使护身符和咒语成为治疗手段？这是神的隐秘工作，他让这些现象每天发生在大地上。神创造昼夜，万物在此中出现；神创造大地，生育万物，再将一切吞下，又再次创造；神通过命令之主的命令创造日、月、年；神通过天狼星的升起和落下创造夏天和冬天；神令食物出现在活人面前，那是田地的奇迹；神创造天空的星辰，大地上的人们才能了解星辰；神创造所有土地需要的甜水；神不知不觉间在胚胎中创造了呼吸；神令子宫接受精液，创造了生命，又用精液创造了肌肉和骨骼；神通过大地的震动创造了时代的变迁；神创造了睡眠来结束疲倦，创造了清醒来寻找食物；神创造治疗来结束疾病，创造美酒来结束痛苦；神创造梦，为迷失者指明方向；神创造生死折磨不虔诚的人；神给诚实之人带来财富，给虚假之人带来贫穷；神为愚蠢者创造了工作，为普通人创造了饭食；神创造了代际更迭而使人们存活下去；神对地上的人隐藏他们的命运……[19]

正因为语言、书写与奥秘知识都与生命的诞生密切相关，知识因而也象征着生命的力量。古埃及人把图书馆称为"生命之屋"。在每一座神庙中，"生命之屋"犹如"中枢神经"，维持着神庙的运行和知识的传承，守护着以玛阿特为代表的宇宙秩序。在"生命之屋"中工作的书吏掌握着各种知识技能，他们拥有"神之书吏""诵读祭司""医生""神的父亲""皇室书吏""图特神"等诸多头衔，并作为国家行政管理官员辅助国王管理国家。在神庙之中设立的"生命

19　Lichtheim, *Ancient Egyptian Literature*, vol. 3, pp. 210-211.

之屋"既是保存各种典籍的地方，也是传授知识的学校。[20] 根据希腊化时期的世俗体智慧文献《图特之书》(The Book of Thoth)的记载，在"生命之屋"中，祭司学习各类知识启蒙，成为图特神的书吏。祭司传授知识的过程也是死者复活仪式的隐喻，即亡灵进入冥界，经过夜晚复活再生的历程：

> 教育开始时，我的肢体……哦，我站立着，如同木乃伊。我已尝遍每一种药材，使我的身体干燥。哦，泡碱如同图特的文字符号在我的体内流淌……我已进入天空女神努特的循环……开始航行在知识的黑暗冥府之中。让我张开手抓住太阳神的船，愿我在他面前诵读"星之书"。我已看到狒狒正在惩戒巨蛇，他以强大的魔法将地面分裂。这里有四十二个巴。我已询问守门人关于太阳神拉的巴，他们守护着他。[21]

在这一隐喻中，死者即学生。死者通过掌握知识而顺利通过冥府的十二道门。正如书中所言：

> 他开始掌握自己的眼、耳、心、舌、手、脚……你（指奥秘知识）已分开我的舌，你已为我开辟道路，你已给予我来去的方法，你已使我成熟，但仍旧年轻。

在后世文献的记载中也可以窥见古埃及祭司学习经典的情景。

20　Gardiner, "The House of Life," pp. 157-179.
21　Richard Jasnow and Karl-Theodor Zauzich, *Conversations in the House of Life: A New Translation of the Ancient Egyptian Book of Thoth*, Wiesbaden: Harassowitz Verlag, 2014, pp. 104-106.

例如，亚历山大里亚的克莱蒙特（Clemens of Alexandria）在其著作中描述了古埃及祭司掌握的知识：[22]

> 古埃及人追寻他们自己的哲学，这主要表现在他们神圣的仪式中。首先是歌者，佩戴着表示音乐的符号。他需要学习《赫尔墨斯之书》（*The book of Hermes*）[23]中的两本书，其一包括神的赞美诗，其二是国王生活的典章。在歌者之后是占星者。他手持时钟和笏板，这些都是占星的象征符号。他拥有赫尔墨斯的占星书，并将这四本书倒背如流。其中一本记载了肉眼可见的恒星的顺序，另外一本记录了日月合相与它们发光的时间，其余的都是记录关于星星的升起。之后出现的是神圣的书吏。他的头上戴着翅膀，手持书本和书写工具——芦苇笔和调色板。他必须掌握象形文字，知晓天文与地理、日月与五大行星的位置，还有关于埃及的描述，尼罗河的地图，关于祭司所用设施的描述，相关的神圣地点，以及度量衡和在神圣仪式中所需要的东西。之后是掌袍者，手持着正义的尺度和祭酒的圣杯。他装备着一切关于教育与献祭的知识。还有十本书记载了他们如何为神献上荣耀，包括了埃及式的礼拜，涉及牺牲、初熟果实、赞美术、祈祷、游行、节日庆典等等。最后是先知。他手中拿着水瓶，身后跟随着拿面包的人。他作为神庙的管理者要学习十本叫做"祭司文"的书，包括法律、神祇、以及全部祭司应

---

22 Clemens of Alexandira, *The Stromata, VI*, Chapter. IV, 35.1-37, 参见 G. Fowden, *The Egyptian Hermes: A Historical Approach to the Late Pagan Mind*, Cambridge: Cambridge University Press, 1986, p. 58; B. Lang, "The Writings: A Hellenistic Literary Canon in the Bible," in A. van der Kooj and K. van der Toorn (eds.), *Canonization and Decanonization*, Leiden: Brill, 1998, pp. 41-65。
23 赫尔墨斯是希腊化时代后对图特神的称呼。

掌握的知识。这是因为先知在埃及人中也是掌管收入分配的人。这样一共四十二本《赫尔墨斯之书》，其中三十六本包含了上述人员掌握的全部埃及哲学，其余六本是医学书，涉及人体的结构、疾病、治疗方法、药物、眼科、妇女病。这就是埃及人的习俗。

三十六和四十二这两个数字在古埃及文化中具有特殊含义。三十六代表以十天为周期的三十六值星，象征着一年内天空星体的运行变化。四十二是古埃及国家统一的象征。自古以来，埃及的领土被划分为四十二个行政区域。在奥赛里斯神话中，赛特杀死奥赛里斯后，身体被分为四十二块，分散于埃及各个行省。因此，四十二这个数字就代表着奥赛里斯的身体被重新组合起来。埃及全国各地的祭司每年都会举行游行仪式，他们手持各自行省所保护的那部分奥赛里斯的身体汇集在一起，完成奥赛里斯的复活仪式。[24] 因此，四十二本《赫尔墨斯之书》象征着古埃及传承下来的完整的知识体系，承载着从神界到人间的一切智慧。

第二节　古埃及文字的起源与演变

说到文字的起源，首先要明确什么是文字。对埃及象形文字而

24　L. Pantalacci, "Une conception originale de la survie osirienne d'après les textes de Basse Epoque," *Göttinger Miszellen*, vol. 52, 1981, pp. 57-66; Sylvie Cauville, Jochen Hallof and Hans van den Berg, *Le Temple De Dendara: Les chapelles osiriennes*, vol. 2, Le Caire: Institut français d'archéologie orientale, 1997, pp. 33-45.

言，究竟从何时开始，那些表示人物、动物、植物和日常器物的图像才可以被称为文字呢？有学者认为，当这些符号组合成一个序列，并且与口语有一定关联的时候，才能被称为文字。[25] 也有学者认为，文字是书写出来的语言，是人类彼此之间以可见符号为载体进行交流的系统。[26] 可以说，出现用于记录的符号，是文字产生的第一个步骤。

公元前4千纪后期，在两河流域的苏美尔和尼罗河下游的埃及，人类第一次用符号记录信息，开始了书写的历史。在两河流域，文字最早产生于一个叫作乌鲁克的城邦国家。乌鲁克的先民用芦苇笔在一块压平了的潮湿泥版上刻出楔形线条，成为最早的楔形文字。这些文字主要用于书写日常文书和记录文档。

古埃及的情况与美索不达米亚有很大不同。在载体上，古埃及语并不写在泥版上，而是用墨水写在陶器上，或者刻在骨质或象牙小牌上，甚至刻在石头上。在纸莎草纸发明后，人们用芦苇笔蘸墨水直接写在纸上；在用途上，古埃及象形文字更多被发现于早期统治者和上层人物的墓葬中，以及神庙遗址中的祭祀用礼器上。因此，古埃及象形文字从诞生时起就更注重仪式性功能，其发明和使用不是出于记录账目或行政的需要，而是与宗教信仰和统治者的权威有着密不可分的联系。[27] 第零王朝和第一王朝时期的大部分出土铭文都是名牌或简

---

25 Joyce Marcus, "The Origin of Mesoamerican Writing," *Annual Review of Anthropology*, vol. 5, 1976, pp. 38-39.
26 Ignace J. Gelb, *A Study of Writing*, Chicago: University of Chicago Press, 1969, pp. 12-13.
27 当然，这并不是说，象形文字完全没有被用来记录行政和经济活动。实际上，象形文字在诞生之初就有两种形态：圣书体和僧侣体。圣书象形文字多用于神庙或墓室墙壁上正式铭文的书写，其字形细腻美丽，与画面融为一体。作为象形文字的"草书"，僧侣体主要写在纸莎草纸和陶片上，行政公文、法律文化和日常书信都用僧侣体写成。到了希腊罗马时代，僧侣体已经成为"古文"，只有神庙中的僧侣使用，因此当时的人们称其为"僧侣体"。象形文字圣书体和僧侣体是一种文字的两种写法。当然，就早期出现的刻画符号而言，还谈不上圣书体或草书体。

第六章 书写与艺术的起源

短的石刻铭文，内容以王名和地名为主。因此，对此阶段埃及语言的语法研究很难进行，对其解读具有极大的不确定性。但此时的古代埃及语与王朝时代类似，也是由表音符号和表义符号组成的。第零王朝时，王名框已经十分常见。城镇的名字一般出现在表示围墙的符号内。此外还有表示数字的符号。与两河流域的计数方式不同，古埃及一直采用十进制计数法。

将符号组成序列的想法可能源自图画——将单个图画连在一起表达更为复杂和完整的意思，按照一定顺序排列在一起的图画就形成了一个序列。在前王朝时期，人们就已经开始在画面上分行，用来表达事物的时间或空间序列。

从图画序列到文字的一个关键环节是赋予符号读音。例如，纳尔迈王的名字用鲶鱼的符号加凿子的符号组成。鲶鱼和凿子并无关联，跟国王也没有什么联系。因此，这两个符号很可能是用来表示发音的。鲶鱼读作"nar"，而凿子读作"mer"，这位国王因此被称为纳尔迈。到了第一王朝，表音符号得到了充分的发展，但顺序还不固定。在一枚象牙小牌上，考古学家发现了"尼特－霍特普"这个名字，写于一位女性形象的头顶。左边的符号代表尼特女神；右边有三个符号排成一列，开头的符号代表"htp"三个辅音，是"满意"之意，第二个符号读作"p"，第三个符号读作"h"；在"尼特"与"霍特普"两个符号之间，还有一个较小的符号，读作"t"，表示在女神名字中"t"的音节。把单音符号写在多音符号之后再标明其读音的做法是后来象形文字书写的普遍规则。正因如此，现代学者才能推断出多音节符号的读音。在尼特－霍特普的时代，单词的拼写方式已经与后世通用的拼写规则无异了。

然而，在这之前，象形文字又是从何演变而来的呢？关于埃及文字起源的研究一般从古埃及文字的形成时间、文字与国家起源之间的关系、陶器上的刻画符号与文字的关系、两河流域古文明对埃及文字的影响等方面展开。[28] 早期研究者曾提出"三角洲起源"假说，即文字起源于尼罗河三角洲地区，最早的象形文字是用来记录另外一种语言的。当上埃及地区的涅伽达文化扩张到三角洲地区时，就吸纳了象形文字书写体系，用来记录自己的语言。也有一种观点认为，涅伽达文化与美索不达米亚的乌鲁克文化有着较为频繁的贸易联系，因此，古埃及人很可能是受到了乌鲁克的启发，而发明了文字。然而，这两种假说都缺乏足够的考古证据支持。首先，考古学家并没有在三角洲地区发现早期象形文字符号；其次，楔形文字与埃及象形文字无论是在字形上还是在用法上都相去甚远，二者的出现几乎同时发生。因此无法证明象形文字的发明受到了楔形文字的启发。[29]

也有学者认为，涅伽达文化二期出现在陶器上的各种符号可能是象形文字的雏形。当陶器上的刻画符号被组合使用时，可以表达相对完整和复杂的意思，因此可以算作文字。[30] 皮特里在发掘涅伽达和胡（Hu）的时候，记录了当时发现的陶器符号。符号种类繁多，包括动物、船只、植物等，其中线形符号最为常见，有十字交叉线，之字形线，半圆形线，以及无法辨别具体形象的线条。在这些符号中，有一些在后来的象形文字中有迹可循，但也有相当一部分无法在文字中找到对应。在下埃及地区也发现了陶器刻画符号，但与上埃及地区

---

28 Henry G. Fischer, "The Origin of Egyptian Hieroglyphs," in Wayne M. Senner (ed.), *The Origin of Writing*, Nebraska: University of Nebraska Press, 1990; William S. Arnett, *The Predynastic Origin of Egyptian Hieroglyphs*, Washington, D. C.:University Press of America, 1982.
29 Baines, *Visual and Written Culture in Ancient Egypt*, pp. 121-122.
30 Walter Ashlin Fairservis, *Hierakonpolis: The Graffiti and the Origins of Egyptian Hieroglyphic Writing*, New York: Vassar College, 1983, p. 5.

的符号明显不同，年代上属于早王朝时期，可能代表着不同的文化传统。

在希拉康波利斯，考古学家发现了一些比较特别的陶器刻画符号。这些符号属于前王朝时期，被刻在抛光陶片上。这些刻在陶器上的图画不是简单地表示某种动物或物体，而是以组合的形式出现。例如，在一片陶片上，一条鱼和一只受伤的羚羊组合在一起，形成一组奇怪的动物形象。有学者认为，这样的组合可能是为了表达某种神话或宗教领域较为抽象的概念，而这种表达方式进而演化成文字。[31] 此外，某些组合如羚羊和鱼，也可能是由于发音的关系而写在一起作为某个人名的发音。符号组合的方式早在涅伽达文化一期末就已经出现。特定的组合可能是为了表达某种特别的含义。[32] 有学者认为，早期陶器符号，特别是动物形状的符号，很有可能都是人的名字。[33] 前王朝时期很多国王的名字都取自动物，如著名的蝎王。因此，刻在陶器上的动物符号也有可能是普通人的名字，用来表示陶罐的所有权——把陶罐作为随葬品埋入坟墓，并在上面刻上墓主人的名字。对丧葬品所有权的宣示意味着来世信仰的萌芽。在王朝时代，墓主人在随葬品上和陵墓中写下自己的名字，而名字在进入来世时发挥着重要的作用。随葬品上所刻的名字，是将死者与随葬品联系起来的媒介。

然而，陶器刻画符号并非前王朝和早王朝时期的"特产"。在后来的法老时代，人们仍然会在陶罐上刻上符号。关于这些符号的用途，学者们尚有争议，一种说法是，这些陶器符号可能是所有权的标志，用来标明陶罐的主人；也有学者认为，这是制作陶罐的陶器作坊

---

31 Fairservis, *Hierakonpolis*, fig. 1.
32 Hoffman, *The Predynastic of Hierakonpolis*, pp. 53, 148.
33 Fairservis, *Hierakonpolis*.

留下来的标志，是一种"商标"；还有一种说法是，陶器符号的作用是标明陶罐的用途及其盛放的物品。正因如此，有学者认为，陶器符号仅仅是为了区分而创造的符号，远远称不上书写系统。

目前学界公认的古埃及最早的文字来自阿拜多斯的 U-j 号墓。在 U-j 号墓的一间墓室内，考古学家发现了近 150 枚带孔小标牌。标牌上刻画的符号包括数字、人形、人的身体部位、动物（大象、猫、豺狼、鬣狗、刺猬、猪、鱼、眼镜蛇、蝎子等）、哺乳动物的身体部位（如羊头、牛头等）、鸟类（鹰、朱鹭鸟、鸭或鹅、小型禽类）、植物、天空与大地、建筑、船、家具、服饰等。这些小标牌上的符号之所以被界定为文字，是因为其中已经出现了表音符号，其用法与后来的象形文字如出一辙。例如，出现在小牌上的下埃及城市名字布巴斯提斯，就是用表音符号拼写而成的。[34] 还有一些小标牌上写有王家管理机构、王室地产的名称和地名。此外，U-j 号墓中还出土了一些带有动物图案的封印和绘有蝎子、公牛头和棕榈树枝图案的陶罐。[35] 这些动物形象很可能是早期的王名或象征王室的符号。[36] 小标牌上记录的地点与数字代表了各地向阿拜多斯运送的贡品，在一定程度上反映了阿拜多斯统治者对各地区的控制，以及涅伽达时期地方王室的经济活动。尽管如此，刻有象形文字符号的标牌主要出现在阿拜多斯、萨卡拉和涅伽达的王室或贵族墓葬中，而不是出现在村落或城镇遗址中，这表明标牌与标牌上的文字都与丧葬仪式有着密切的联系。但目前尚无法确定人们在日常生活中是否也会使用这些符号。

---

34 Dreyer, "Tomb U-J," in Teeter（ed.）, *Before the Pyramids*, p. 135.
35 Ibid., pp. 132-135.
36 Kathryn A. Bard, "Origins of Egyptian Writing," in Renée F. Friedman and B. Adam（eds.）, *The Followers of Horus: Studies Dedicated to Michael Allen Hoffman*, Oxford: Oxbow Books, pp. 300.

然而，U-j 号墓中发现的文字还处于象形文字发展的初期阶段，对这些符号的解读有相当大的难度。除了动物与物品的符号，标牌上的一些线形图案可能也具有特别的含义。例如，圆环符号可能表示城市，而双线符号表示两片土地。U-j 号墓规模庞大，随葬品十分丰富，考古学家还在其中发现了一根权杖。由于在墓室内发现了多处蝎子符号，这些蝎子符号与表示地产的符号同时出现，因此判断这座陵墓可能是一座王陵，属于早期一位名为"蝎子"的君主，学者称其为蝎王一世。蝎王一世生活在涅伽达文化二期末年至三期初。当时的埃及还有其他的地方统治者，如希拉康波利斯第 100 号墓与涅伽达地区 T 形墓都是早期的王陵，由当地的统治者修建。

第零王朝以后，王名框出现了。写在王名框中的王名也开始广泛使用表音符号。王名框通常出现在大型陶罐上。这些陶罐中很可能装有早期国家收集的农作物，即谷物税收，还有一些可能是通过远途贸易交换来的异国产品。[37] 王名框与经济活动相关联的意义在于表明王室对这一物品的所有权。陶罐上的铭文也越来越具体。古埃及早期国家可能已经开始使用文字来创建记录体系，从而能更好地管理农产品的贸易和分配。

到了第一王朝，象形文字书写系统已经基本成型，限定符号开始出现，后来使用的几乎所有的单辅音符号在当时都已经出现了。象形文字诞生之初，与圣书体象形文字一同出现的还有草书体。在纳尔迈调色板上，书写在王名框中纳尔迈的名字，就是典型的圣书体。而 U-j 号墓的陶罐上以黑色墨水书写的"王名"，则是最早的草书体。因此，有学者认为，早期古埃及文字的两个主要功能是辅助行政和仪式

---

37 Bard, "Origins of Egyptian Writing," in Friedman and Adam (eds.) , *The Followers of Horus*, p. 300.

性展示。[38] 传统观点认为，类似纳尔迈调色板这样的礼器是对真实历史事件的记录。近年来，学者更倾向认为这些礼器都是用于仪式性展示的。纳尔迈调色板上雕刻的国王打击敌人的场景仅具有仪式性的象征意义。在法老时期的浮雕和壁画中，这样的场景也往往只是王权和国王维护国家统一和平的象征，并不代表真实发生过的战役。因此，在这些礼器上的圣书体象形文字并非用于记录历史，而是用于传达与浮雕相同的信息——王权的神圣性与君主维护世间秩序的职责。

第一王朝早期，古埃及文明的开创者们在文字的使用上又有了新的突破。这一时期的标牌在形式和内容上都有了进一步的发展。标牌上的画面不再仅限于一个或几个象形文字符号，而是由更复杂的文字和图画组成，在式样上也更为规整。画面一般分为若干行，图画的内容也十分丰富，包括神龛、神圣的动物、图腾、宗教仪式场面等。[39] 一般而言，标签的内容可分为四类：年鉴标签，记录国王的名字和每年发生的大事；庆典标签，记录国王的名字和值得庆祝的大事；简短的年鉴标签，只记录国王的名字；简单标签，仅写有物品或地产的名称。

表示"年"的象形文字符号也在这一时期出现了。这里的"年"并不是天文学意义上的自然年，而是以国王统治为划分依据的纪年法，即某王统治时期发生了某事件（通常是宗教仪式）的那一年，如"国王登举行赛德节的那一年"。纪年的出现表明早期国家形成了相应的记事体系，也说明国家的行政与祭祀活动都围绕着君主进行。

纳尔迈的陵墓中出土了一枚左下角残损的标牌。这枚标签雕刻

---

38 Baines, *Visual and Written Culture in Ancient Egypt*, pp. 121-122.
39 Bard, "Origins of Egyptian Writing," in Friedman and Adam（eds.）, *The Followers of Horus*, pp. 300-301.

精细，内容丰富，记载了一次纳尔迈王征服3000名利比亚人的军事活动。在标牌的右边写有纳尔迈的王名框。在标签的左上角，纳尔迈的名字被拟人化处理，以手拿着权杖打击敌人的形象呈现。敌人跪倒在地，头上长出三棵纸莎草。根据左侧的铭文显示，敌人的身份是利比亚人。在拟人化的纳尔迈名字之后是站在旗标上展翅飞翔的荷鲁斯之鹰。

另外两枚从早期王陵中出土的标签也记录了类似的军事行动。在阿哈的标签上，他的名字被写在带有荷鲁斯神的王名框内。在另一边，阿哈的象形文字符号也经过了拟人化处理，刻画成了手持权杖打击敌人的形象。标签上的铭文写道："荷鲁斯阿哈打败努比亚人，伊缪特的诞生。"[40] 在登的标牌上，国王身穿礼服，身后装饰有兽尾，身前的敌人跪地求饶，而登则高举权杖作打击状。在登的王名框之前还有豺狼神的旗标，旁边的铭文可读作"第一次打击东部的敌人"。标签上的记录无疑带有神话色彩，将国王的事迹与宗教神话相结合，以节日仪式的模式来表述历史。[41]

在萨卡拉一位高官墓葬中发现的一枚标牌上有十分复杂的构图和文字。在标牌的中间，登的名字被写在王名框内，左边是王室掌印官赫玛卡（Hemaka）的名字。在标牌的最右边写有表示"年"的符号。在"年"的左边是登举行赛德节的场景。身穿长袍、头戴象征上下埃及双冠的登端坐在神龛中。而在神龛之前，国王身着短袍，进行赛德节的跑步仪式。这枚标牌很可能是这一年的大事记，记载了"国

---

40 A. Jiménez-Serrano, *Royal Festivals in the Late Predynastic Period and the First Dynasty*, BAR International Series 1076, Oxford: Archaeopress, 2002, p. 87.
41 D. B. Redford, *Pharaonic King-Lists, Annals and Day-books: A Contribution to the Study of the Egyptian Sense of History*, Mississauga: Benben, 1986.

王举行赛德节之年"发生的事情。

在同一时期位于北萨卡拉的另一位高官的墓葬中,考古学家发现了一些相似的标牌。[42] 这些标牌都是以表示年的符号为开头,包括了王名、官员的头衔和名字,以及陶罐所盛之物的名称等文字。比起 U-j 号墓和阿哈统治时期的标牌,这些标牌上的内容更为复杂。首先,政治事件和纪年的结合,不仅体现了历法的发展,更体现了历法与政治的关联;其次,国家行政人员身处政治框架之内,象形文字也为官员所用,成为记录国家行政、经济和政治宗教仪式的工具。[43] 也就是说,古埃及文字虽然与国王的丧葬仪式和王室权威的展现密切相关,但在古埃及国家建立之后,文字又被应用于日常的行政管理和国家政治事件的记录中。

到了第二王朝,随着宗教观念的进一步发展,在私人陵墓中出现了供奉祭文。供奉祭文是古埃及墓室铭文中最核心的部分。祭文以固定的格式开头,即"君主所赐之供奉";其后是奥赛里斯与其他神祇的名字和头衔;随后写出供奉清单,即一系列献给死者的供品的名称和数量,如"一千罐啤酒、一千条面包、一千头牛"等等。供奉祭文并不是陈述式的,而是将一系列短语和词汇固定,形成特定的表达句式。这种高度程式化的书写模式也证明了古埃及文字在诞生之初并不仅仅是为了记录语言。程式化的宗教仪式文书是古埃及高级文化的代表。这种语言和文字相分离的现象一直贯穿埃及文明的始终。供奉祭文的使用一直延续到了埃及后期。与供奉祭文相结合的是表现死者坐在供桌之前接受供品的浮雕和壁画。与文字一样,古埃及的刻画艺

42　Kaplony, *Die Inschriften Der Ägyptischen Frühzeit*, pp. 132-135.
43　Bard, "Origins of Egyptian Writing," in Friedman and Adam (eds.), *The Followers of Horus*, p. 301.

术也是高度程式化的,并非人物的写实描绘,而是对人物形象的理想表达。

到了第二王朝末期,书写模式又出现了新的变化。书写逐渐规范,符号的数量减少,单词的拼写也更为标准。此时的铭文已经不再是简单的短语、清单、头衔或标题,而是出现了大量的叙述性文本。在佩尔伊布森的一枚封印上有这样的句子:"奈布特万物之封印:奈布特之神为他的儿子统一了两片土地,上下埃及之王佩尔伊布森。"[44] 到了第三王朝初乔赛尔王统治时期,神庙墙壁上的铭文已经与后世无异了。[45]

与两河流域和古代中国不同,古代埃及文字似乎是在第一王朝国家诞生之时迅速发展起来的。因此,有学者认为埃及文字的诞生与政治密不可分。新诞生的国家在政治上尚不稳定,统治阶层需要将统治合法化,而对文字的使用正是最有效的手段之一。[46] 除了政治上的作用,文字对于王室而言还有经济上的价值。在埃及统一和国家形成的进程中,统治阶层掌握了越来越多的资源,而文字的诞生可以有效地记录经济活动,方便国家对资源进行控制和调配。

对于一个正在快速演化成国家的社会而言,行政、书写和象征艺术是社会管理中的三个相互关联的要素。[47] 书写作为关键要素之一,深刻地影响着社会的组织形式。书写的发明、形式和用途在塑造不同的社会模式和国家体制方面起到了重要作用。象形文字的使用使得国家必须投入大量人力和物力,以培养出一批可以为行政管理体系所用

---

44 奈布特是指涅伽达,奈布特之神是指赛特神。
45 Baines, *Visual and Written Culture in Ancient Egypt*, pp. 137-138.
46 Ibid., pp. 141-142.
47 Ibid., p. 115.

的书吏阶层。随着国家意识形态的逐步形成,书写和艺术又有了进一步发展,并反过来强化了国家意识形态的影响,成为早期国家维护自身统治的工具。

新生国家对文字的使用,主要体现在三个层面:行政管理,宗教崇拜和艺术表现。象形文字和图形的组合常常出现在各种标牌上,用于传递包括年代和事件在内的复杂信息。文字也是统治阶层的专属工具,如陶器上的刻画符号和陶罐上的封泥,都是用来表示这些物品是归统治阶层专属的。在统治阶层的墓葬礼器上,常常用文字标明特别的人物和地点,以向世人展示国王统治的合法性,如登基仪式、赛德节、军事胜利的场景等等。在这些场合中,统治者以全新的形象出现,代表着古埃及王权制度的确立。

在国家建立之初,社会意识形态需要被重新定义。传统的文化习俗通过精英阶层得以保留传承,而精英阶层也需要创造新的传统来适应阶层化的社会。在国家出现之后,文明内部各要素需要在新的社会结构与社会秩序之下重组。在这些要素中,神明与亡灵成了重要的组成部分,在构建社会记忆中起到了重要作用。[48]

社会由基本结构组成,包括以亲缘关系为基础的家庭以及以非亲缘关系作为基础的社会组织结构,如经济集团或其他类型的社会组织。这些组织结构都遵循共同的社会意识形态与社会规范。这种同一的意识形态与社会规范,以及占主导地位的政治中心,就是构建古代国家的基本要素。[49]国家的形成是一个逐渐走向制度化的过程,

---

[48] Norman Yoffee, *Myths of the Archaic State: Evolution of the Earliest Cities, States, and Civilizations*, Cambridge: Cambridge University Press, 2005, p. 39.

[49] Ibid., p. 40.

人们接受社会秩序，再创造新的秩序。⁵⁰文字的使用也是这一过程的组成部分。

把国王的名字镌刻在其雕像的底座上，或在他的浮雕形象旁边，象征着雕像与浮雕表现的人物形象具有了国王的身份，从而也被赋予了神圣的意义。将国王的名字、他的统治年限与在任时的重大事件书写下来，就构成了最古老的"历史"和"年鉴"。目前发现的最早的"年鉴"写成于第五王朝，相对完整的帕勒莫石碑残片上刻有从第一王朝到第五王朝的王名及每位国王在位时发生的重大事件。⁵¹年鉴看似是对王名和大事的历史记录，但其作用却不止于此。年鉴是刻在石碑上的，而石碑能够长久保存，主要在墓葬仪式中用于展示。在记录的形式上，年鉴不是记叙体的，而是以表格的形式来进行记录：石碑第一行镌刻的是神话中君主的名字，⁵²名字之下是表示君主的限定符号；⁵³第二行镌刻的是君主在位期间发生的事件，事件的记录以年为单位，而表示年的符号又成了每一栏的分割线；在事件一栏下方，还有每年尼罗河水位的记录。

文字符号形象及其空间排布形式都会对记录的内容产生影响。表示君主的象形文字符号刻画了君主的形象，其排列的次序代表了王位的传承；表示"年"的符号成了分割线，不仅代表时间，也区分了各个事件，以空间排布表达时间与历史的进程。如帕勒莫石碑上的文字已经完全脱离了对语言的记录，其排布形式是为了在石碑上展示王

50　Yoffee, Myths of the Archaic State, p. 40.
51　Hornung, Krauss and Warburton, *Ancient Egyptian Chronology*, pp. 19-20; Wilkinson, *Royal Annals of Ancient Egypt*, pp. 29-36.
52　Hornung, Krauss and Warburton, *Ancient Egyptian Chronology*, pp. 19-20.
53　古埃及象形文字符号分为表音符号、表意符号、限定符号。其中限定符号出现在单词结尾，表示单词的性质和类别，类似汉字的部首，参见 James P. Allen, *Middle Egyptian: An Introduction to the Language and Culture of Hieroglyphs*, Cambridge: Cambridge University Press, 2001, p. 3。

位的延续性与国王的伟大功绩而精心设计的。这也是掌握书写技能的知识阶层构建新兴国家的意识形态和社会价值观的重要方式。在古埃及人的观念中，治理人间的国王代表人间的秩序，而时间的流逝则代表宇宙的秩序。年鉴通过书写的形式将这两者进行了结合，向世人展示了王权与自然秩序的统一。而石碑作为这一展示的载体，其永久不腐的特点让文字的宗教作用得以完美发挥。

综上所述，对古埃及人而言，书写的目的并不只是为了记录语言。书写系统是文明的一部分，书写这一行为（把文字刻在石碑、神庙或墓室的墙壁上）只是短暂的过程，其结果——具有展示作用的文字——则脱离了书写本身，成为纪念性建筑物的一部分。正如建筑物可以改建和增建，其上的铭文也可以修改和增补。通过对铭文的修改和增补，建筑物或雕像被赋予新的历史含义。

第三节　古埃及艺术的起源与发展

许多文明在发明了文字之后，即便文字符号在一开始具有象形特征，很快也会发展成无法识别出本来面目的抽象符号。然而，埃及象形文字却在3000多年的历史中保存了原有的特征。古埃及文字与图像艺术可以说是一脉相承。两河流域浮雕中的楔形文字铭文与图像艺术之间没有任何互动，但在古埃及，文字与艺术中的动物、人或器物形象都采用相同的构图方式，字即是画，画也是字，铭文与壁画和浮雕完美地融合在一起，不分彼此。

古埃及图文合一的艺术特点在前王朝时期就已初现端倪。与文字相同，艺术的产生也服务于宗教和政治。古埃及语言中并没有"艺术"一词，也没有出于审美而产生的艺术作品，更遑论艺术收藏。现在被称为艺术品的古埃及壁画、雕刻以及各种精美器物都是在当时的宗教和政治语境下诞生，并服务于特定的宗教与政治功能的创造物。例如，放置在墓中的墓主人塑像作为死者身体的替代品，既是其灵魂的居所，也是生者吊唁的对象，起到了沟通生者与死者的作用。神的雕像是神在人类世界的居所，是人们供奉的对象；神庙浮雕和墓室壁画则是希望图像中表达的场景能够借助魔法永远存留。

古埃及艺术虽然具有现实主义要素，其艺术成就却超越了现实。古埃及的宗教哲学思想渗透进艺术法则中，艺术法则也成为宇宙秩序玛阿特的体现。这些艺术形式遵循玛阿特，并用魔法维护玛阿特。艺术作品对人物、动物与事物的再现是创造的过程，如造物之神创造世界一般，具有神圣的力量。同时，艺术表达也是观念的表达与对事物理想状态的再现。

无论是绘画、浮雕还是雕塑，古埃及人更注重展现艺术客体的完整性，而非仅仅呈现客体的外在形象。例如，放在盒子里的物品虽然肉眼不可见，但如果不出现在画面中，就代表它不存在。因此，古埃及人会将盒子中盛放的物品画在盒子上面，或将盒子画成"透明"的样子，以便能显示出里面的物品。当然，这并不是说古埃及人无法通过绘画"科学地"表现物品与盒子的空间关系，而是他们的艺术法则更侧重表现物品的实在性，这种实在性超越了人的视觉感受和空间感受。图画与文字一样，都是神圣且具有魔力的。只有将盒子中的物品如实地描绘出来，这些物品才能借助魔法，在来世具备实体，供死者在来世享用。

在表现动物的形象时，埃及人通常选取动物的侧影。这是因为侧影能完美地反映一个三维动物的全部特征。人物的表现形式采用了部分复合构图法，即将人体的各个部分分解，每个部分都具有独立的绘画视角。其中人的面部以侧像出现，展现出鼻子的线条；而眼睛则从正面进行描绘，展现出一只完整的眼睛；肩部也以正面形象出现；躯干部分则展现四分之三正面；腿部与脚部又转而展现其侧像。这样的表现方式可以让人体的每个部分都以最佳视角呈现出来。这种刻画方式也常被学者称为"正面侧身律"。这样"扭曲"的人体在真实世界中是不存在的，却是古埃及描绘人物的"标准像"。然而，这种形象非但不会让人觉得怪异，反而看起来很和谐。这是古埃及工匠通过解构与重组在二维平面上完美展现的三维人体。

在画面的布局上，古埃及工匠采取分割画面的办法来完成复杂的场景叙事。一幅较大的画面由平行的经线分割成不同的区域，人物、动物与物品被放置在高度不同的分割线上。相关的人物和动物往往面朝同一方向，面对着画面中的重要人物。重要人物占画面较大比例，而次要人物通常以较小的比例出现。这种抽象的表现手法在东方绘画中并不罕见。

在文字尚未产生的涅伽达时期，艺术开始展现出了强大的社会功能。这一时期的艺术被称为前王朝艺术。法老时期的经典艺术风格即脱胎于此。从涅伽达文化时期的"原始艺术"到古埃及国家形成后的经典艺术风格，经历了一次重要的转变，具体包括表达方式逐渐形成固定模式、人物形象愈发写实、空间构图日渐规整三个方面。[54] 古埃及艺术的主要特征，如图文结合、正面律、分行构图等艺术法则也在此时得以确立。

在前王朝时期的装饰艺术中，狩猎与打斗（战争）是最重要的艺

54　Baines, *Visual and Written Culture in Ancient Egypt*, p. 217.

图 6-6　浮雕中的牛与牧人

术主题。这一主题与宗教信仰的发展和政治权威的确立有着密切的联系。[55] 古埃及人对世界的认知与尼罗河沿岸的自然景观是分不开的。从涅伽达文化一期开始，自然环境中常见的景象开始出现在陶器装饰中。船只、山丘和沙漠中的野生动物是这一时期较为常见的主题。人物形象偶而出现，刻画得较为粗糙，缺乏必要的细节描绘，但人物形象的比例已经有了明显的不同。在阿拜多斯 U 墓区编号为 U-239 的墓葬内发现了一只涅迦达文化一期的圆柱形陶瓶，陶器表面以白色线条描绘了男性人物形象。其中一些比例较大的男性头上佩戴着类似羽毛的装饰，身后带有尾巴装饰，手持棍棒做出击打的动作。兽尾装饰在法老时期的艺术中是国王身份的象征，手持权杖打击敌人也是法老的典型

55　关于古埃及早期文字艺术与社会的关系，参见 John Baines, "Communication and Display: the integration of early Egyptian art and writing", *Antiquity*, vol. 63, 1989, pp. 471-482。

动作。可知这些男性具有较高的地位，或许是当时的首领或祭司。

在 U 墓区编号为 U-415 的陵墓中出土的一只长颈陶瓶上也有类似的装饰图案。在这只陶瓶上可以看到船只、击打与狩猎的主题出现在了同一场景中——船只占据画面的顶部，画面中部有一位比例较大的男性正在打击敌人，底部描绘了用绳索控制野生动物的场景。船只代表对自然界水力与风力的运用，击打敌人和制服野生动物则代表着人对自然界混乱力量的控制，借此将自然界的无序化为人类社会的有序。击打与狩猎属于"暴力"主题，对暴力主题的刻画本质上表达了维护秩序的观念——古埃及人正是以这种方式表达自己的世界观，即他们对周围世界的深刻思考。

将尼罗河、沙漠、船、动物和人等自然界与人类社会中普遍存在的视觉形象提炼为艺术主题的过程，是古埃及人再现宇宙秩序的方式。将这些自然景观与人类社会中的要素以特殊的构图方式呈现出来，这本身就意味着人类实现了对世界的掌控。画面中的"大人物"无疑是对当时社会中重要人物的描绘，这些早期首领通过控制和征服敌人与野生动物，将自身置于秩序之于混乱的权力逻辑中。换言之，通过陶器上"暴力"主题的呈现，古埃及人表达了对周围世界的理解：船只代表对尼罗河的利用；驯化来自沙漠地区的动物代表对尼罗河岸边自然资源的利用；而人是这一切的主宰，诞生于自然而又依赖自然，惧怕自然但又希望掌控自然。这样的艺术表达方式随后融入早期国家王权的表达逻辑之中，并与文字结合，成就了古埃及艺术的宗教与政治象征主义。

到了涅伽达文化二期，墓葬中反映的社会等级分化更为明显，装饰艺术中的暴力主题也更为突出。这或许反映了急剧发展的社会中权力的整合过程。与神相关的符号也开始出现。陶器装饰中常出现的一种带有长穗和长叶的植物,即考古学家所说的"涅伽达植物"。这种植物很可能就是后来与生殖之神敏神有关的神圣植物"敏神的莴苣"。

希拉康波利斯第100号墓中的墓室壁画展现了更为复杂的艺术构图,同时包含了多种法老时代经典的艺术主题。在彩绘壁画的左下角,一个较大的男性形象手持权杖正在打击敌人;三个敌人比例较小,以屈膝下跪的姿态出现。其中较大的男性形象高约10.35厘米,敌人高约为4.05厘米,前者约为后者的2.5倍。在颜色的使用上,两者也显示出红与黑的鲜明对比。有趣的是,在三个敌人的脚下出现了一条水平线,这可能是"行"的雏形。此外,古埃及文字习惯将一个符号重复写三遍表示复数,此处的三个敌人或许是众多敌人的象征。作击打姿态的男性在刻画方式上已经具备了法老时代埃及艺术的一些典型特征。身体的刻画采用复合构图的正身侧面律,眼部施加厚重的白色与蓝黑色颜料,腰部有向后方垂下的衣带。在彩绘壁画的最左侧也有一位比例较大的男性形象,他伸开双手,制服左右两侧的猛兽。壁画中部还有另一位比例较大的男性形象,他高举手臂,不远处两只猛兽正在追逐羚羊。在画面中,公牛、羚羊、狮子和猎狗等动物都以侧面形象出现,船只也如此。此外,身着白裙的人物形象与神龛都已经具备了法老时代经典形象的雏形。

暴力主题还出现在前王朝时期的调色板上。猎狗或狮子捕捉羚羊等野生动物是十分常见的场景。调色板是研磨颜料的工具,人们在调色板上研磨矿石颜料,调和后涂在眼部。[56]古埃及气候炎热,尼罗

---

[56] 在上埃及地区的墓葬内发现了涅伽达文化各个时期的调色板,上面的浮雕内容呈现出从简单—复杂—简单的变化规律,人和动物是调色板主要的艺术元素,实用功能逐渐让位于宗教仪式功能,用于实现王权的展示和身份的表达。参见 Petrie, *Ceremonial Slate Palettes*。

河畔毒虫甚多，在眼部涂抹颜料可以起到防虫辟邪的作用。到了涅伽达文化二期，调色板从日常用品逐渐变成了特殊的礼器。涅伽达三期的大型石质调色板也常饰有狩猎等暴力主题。到了第零王朝，随着古埃及国家逐步形成，大型调色板上出现的狩猎和战争场景彰显出统治者对权力的掌控，同时也具有秩序战胜混乱的宗教含义。

现藏于英国牛津大学阿什莫林博物馆的双犬调色板生动地刻画了狩猎主题。调色板正面雕刻着一对猎犬，猎犬一左一右呈对称排布，身体沿调色板顶部向左右两侧延伸，对内部的野兽形成了包围之势。画面正中是一对长颈怪兽，脖颈围绕形成圆形留出研磨颜料的区域。调色板上半部分对称有序的画面与下半部分混乱的狩猎场景形成鲜明对比，表达了秩序对混乱的胜利和对玛阿特的维护。

同一时期其他调色板上也出现了类似的主题。现藏于大英博物馆的"战场调色板"在中央的圆形凹陷区周围出现了各种"暴力"图像，包括跌倒在地、肢体扭曲的敌人被秃鹫啄食的场景，以及强壮的狮子撕咬敌人腹部的场景。卢浮宫收藏的"公牛调色板"[57]描绘了公牛攻击敌人的场景。画面中敌人身体赤裸，头发卷曲，还佩戴着假胡子。公牛的前蹄踩在敌人的小腿后侧，小腿上被踩踏挤压而成的肌肉纹理也被清晰地刻画了出来。

卢浮宫所藏的另一件"狩猎调色板"以狩猎为主题，展现了秩序对混乱的控制。调色板上雕刻的猎人整齐地排列成行，他们身穿短裙，腰间垂下兽尾状的装饰，头戴弯曲的羽毛头饰，手中拿着权杖、长矛与弓箭。为首者手持旗标，旗标之上站立着鹰神荷鲁斯。与猎人形成鲜明对比的是画面中的野生动物，有四散奔逃的羚羊和兔子，还

57　Petrie, Ceremonial Slate Palettes, pp. 17-18.

有身中数箭的狮子。调色板上最为独特的装饰是顶部的双头公牛与建筑形图案。双牛头或许是首领的化身,抑或是其名字的象征;建筑物形图案可见凹凸结构,与后来纳尔迈调色板上"宫殿正门"的图案一致。[58] 总体而言,狩猎调色板浮雕所表现的可能是首领带领武士进行大型狩猎活动的场景。类似的主题在法老时代贵族墓葬的浮雕与壁画中也十分常见。

不仅是调色板,其他器物上也会出现暴力主题。大都会艺术博物馆收藏的一枚刀柄上装饰有与"狩猎调色板"类似的主题。刀柄一面雕刻着成排的船只,另一面则是排成队列的武士。他们手中拿着弯钩状武器,在他们下方则是跪倒在地的敌人。[59] 卢浮宫的盖贝尔·埃尔-阿拉克刀因为保存完整而知名。[60] 这枚石刀1914年由乔治·贝奈迪特购于开罗,据说来自上埃及的盖贝尔·埃尔-阿拉克,遂因此而得名。石刀刀身长约28厘米,弯曲的刀刃长约18.8厘米,象牙制作的刀柄长度不到10厘米,正反两面都有浮雕。从制作工艺和装饰图案判断,可能属于涅伽达文化三期。[61] 石刀制作十分精美,刀柄正

---

58 关于"宫殿正面"与早期王权关系的研究,参见 A. A. O'Brien and A. O'Brien, "The Serekh as an aspect of the Iconography of Early Kingship," *Journal of the American Research Center in Egypt*, vol. 33, 1996, pp. 123-138; S. Hendrickx, "Arguments for an Upper Egyptian Origin of the Palace-façade and the Serekh during Late Predynastic-Early Dynastic times", *GM 184*, 2001。

59 Williams, Logan and Murnane, "The Metropolitan Museum Knife handle and aspects of Pharaonic Imagery before Narmer," pp. 245-285.

60 W. Needler, *Predynastic and Archaic Egypt in the Brooklyn Museum: with a reexamination of Henri de Morgan's excavations based on the material in the Brooklyn Museum initially studied by Walter Federn and a special zoological contribution on the ivory-handled knife from Abu Zaidan by C. S. Churcher*, Wilbour Monographs 9, Brooklyn: Brooklyn Museum, 1984, pp. 268-273; Henri Asselberghs, *Chaos en beheersing: documenten uit aeneolithisch Egypte*, Documenta et monumenta Orientis antiqui 8, Leiden: Brill, 1961, pp. 40-41.

61 H. Pittman, "Constructing Context: The Gebel el-Arak Knife. Greater Mesopotamian and Egyptian Interaction in the Late Millennium B. C. E," in Jerrold S. Cooper and Glenn M. Schwartz (eds.), *The Study of the Ancient Near East in the Twenty-First Century*, Winona Lake, IN: Eisenbrauns, 1996, pp. 9-32.

反两面分别装饰着狩猎与战争场景的浮雕,其中一面的浮雕中间有纽扣状突起,周围雕刻着武士徒手制服一对狮子的画面。这一主题也在希拉康波利斯 100 号墓的彩绘壁画中出现过。画面的左右两边各有一条猎狗,下方刻画着猛兽追逐羚羊的狩猎场景。刀柄的另一面以战争场景为主——上下两排武士相互打斗,有的拿着权杖,有的赤手空拳。在打斗场景下方出现了船只主题的浮雕,但两排船只在外形上有着明显的不同。下方的船只是典型的埃及纸莎草船,与希拉康波利斯 100 号墓室壁画中的 5 条白色的船只相似;而上方高舷船具有东地中海特点,与希拉康波利斯 100 号墓室壁画中的黑色船只相似,船只周围分布着姿势扭曲的尸体。刀柄上的场景以分行构图法布局,人物刻画以侧面像为主,手法细腻。打斗的人物形象基本赤裸着身体,只穿着短裤。而出现在另一面的较大比例人像蓄着胡须,身穿宽松长裤,头戴帽子。盖贝尔·埃尔-阿拉克刀上的人物与动物形象刻画比希拉康波利斯 100 号墓更为精细生动。

对于这些前王朝时期器物上的图像,应当如何理解?它们是否能够反映出当时埃及与美索不达米亚之间的文化交流?来自两河流域的艺术要素是否在跨文化的语境下被赋予了新的内涵?从盖贝尔·埃尔-阿拉克刀柄上的某些图案来看,涅伽达文化无疑借用了两河流域艺术中的纹样。有学者认为,盖贝尔·埃尔-阿拉克刀柄上的图案并不属于古埃及的艺术系统,而是采用了两河流域抽象主义与象征主义的构图方式。[62] 从物质文化角度来看,两河流域与埃及在前王朝时期的交流是通过对叙利亚和黎凡特地区的"共用"实现的——他们都频

---

62 Henri Frankfort, *Studies in Early Pottery of the Near East. Volume I: Mesopotamia, Syria and Egypt and their Earliest Interrelations*, London: Royal Anthropological Institute of Great Britain and Ireland, 1924, p. 124.

繁地与东地中海地区进行商贸往来。两个古文明的艺术就在那里相互碰撞交融，美索不达米亚地区的视觉文化元素经由地中海东岸进入埃及的文明体系中。也有学者认为，幼发拉底河上游地区的陶罐封印上由滚筒印章印制的图案经由贸易来到埃及，而埃及的工匠将这些具有异国情调的图案借用到埃及本土的器物制作之中。[63] 美国艺术史学家皮特曼从图像作为承载视觉文化符号的角度出发，也提出了类似的见解，即古埃及人借用图像的文化功能，将两河流域的图像吸收到自己的图像体系之中。[64]

古埃及史前艺术主题的发展演进是有迹可循的。从涅伽达文化一期到三期末的第零王朝，可以清晰地看到艺术主题在变得多样化与复杂化的同时，也在走向模式化与经典化。涅迦达文化二期是这一发展进程中最为关键的时期，从出土陶器的装饰图案来看，当时视觉文化元素的复杂程度急剧加深，主题也趋于多样化，陶器表面的线条图像里出现了船只、远山、羚羊、陷阱等诸多主题。带有这些装饰图案的陶器一般没有使用痕迹，可见当时的随葬品制作已经有了专门的社会化分工。人们对来世的重视和丧葬仪式的需求，也是埃及工匠积极吸纳两河流域艺术元素的动力之一。前王朝晚期涌现的狩猎与战争主题或许正是艺术融合的结果。

随着涅伽达文化的扩张与早期国家的逐步形成，涅伽达文化的艺术主题也出现在上埃及的努比亚地区。在第二瀑布区的盖贝尔·谢

---

63 J. Kantor, "Further Evidence for Early Mesopotamian Relations with Egypt," *Journal of Near Eastern Studies*, vol. 11, no. 4, 1952, pp. 239-250; B. Williams, "Aspects of Sealing and Glyptic in Egypt before the New Kingdom," in M. Gibson and Robert D. Biggs（eds.）, *Seals and Sealing in the Ancient East*, Malibu, CA: Undena, 1977, pp. 135-140.

64 Pittman, "Constructing Context," in Cooper and Schwartz（eds.）, *The Study of the Ancient Near East in the Twenty-First Century*, pp. 9-32.

赫·苏莱曼的岩画中，可以看到战争与征服的场景。[65]画面长约2.75米，宽约0.8米。在画面中，象征王权的荷鲁斯站在"宫殿正门"图案上，前方是被束缚的俘虏，手部有表示努比亚人身份的象形文字符号。在画面的另一侧，还有船只与尸体的图像。在画面中间出现了两个表示"城镇"的象形文字符号。盖贝尔·谢赫·苏莱曼岩画可能表明当时的埃及统治者远征到了努比亚地区，因而留下了这样的图像作为远征的纪念。

制作精良的纳尔迈调色板不仅标志着古埃及国家的建立，也是前王朝艺术的顶峰。调色板的图像主题和艺术表现手法已经具备了法老时代埃及艺术的基本特征。[66]古埃及艺术史家戴维斯认为，纳尔迈调色板的图像叙事既体现了法老时代的艺术传统，也包含了涅迦达文化的典型艺术要素。这些有意挑选出来的图像主题汇集在一起，形成了对统治者权力的模式化表达，即图像的核心主题。[67]皮特里甚至认为，纳尔迈调色板是典型的纪念性礼器，是对古埃及历史记载中第一位完成国家统一的国王美尼斯的最完整、最重要的记录，与同时代的燧石刀和权标头一样，具有记录历史的功能。[68]

---

65 W. Needler, "A Rock-drawing on Gebel Sheikh Suleiman (near Wadi Halfa) showing a Scorpion and Human Figures," *Journal of American Research Center in Egypt*, vol. 6, 1967, pp. 87-92; W. J. Murnane, "The Gebel Sheikh Suleiman Monument: Epigraphic Remarks," in Williams, Logan and Murnane, *The Metropolitan Museum Knife Handle and Aspects of Pharaonic Imagery before Narmer*, pp. 263-264, 282-285; C. Somaglino and P. Tallet, "Gebel Sheikh Suleiman: A First Dynasty after all," *Archéo-Nil*, vol. 25, 2015, pp.122-134; A. Arkell, "Varia Sudanica," *The Journal of Egyptian Archaeology*, vol. 36, 1950.

66 Walter Ashlin Fairservis, "A Revised view of the Na'rmr palette," *The Journal of the American Research Center in Egypt*, vol. 28, 1991, pp. 1-20; W. Davies, *The Canonical Tradition in Ancient Egypt Art*, Cambridge Studies in New Art History and Criticism, Cambridge: Cambridge University Press, pp.159-163.

67 W. Davies, "Narrativity and the Narmer Palette," in P. J. Holliday (ed.), *Narrative and Event in Ancient Art*, Cambridge: Cambridge University Press, 1993, pp. 14-54.

68 Petrie, *Ceremonial Slate Palettes*, pp. 1, 16, 17.

纳尔迈调色板的反面以相当成熟的造型水平展现了纳尔迈作为最高统治者的形象。他头戴王冠，身穿短裙，一只肩膀上挂着肩带，身后拖着兽尾装饰带，一只手高举权杖，另一只手抓着赤身裸体跪倒在地的敌人。抓住敌人进行打击的动作，是法老时代反复出现的经典艺术主题。调色板上的其他人物形象都有明确的身份。纳尔迈身后有一位比例较小的人物，他站在另一水平线上，一手拿着凉鞋，另一只手提着罐子，腰间缠着布，身后有兽尾状装饰带，头部左上方刻有象形文字铭文，提示此人为"王室仆人"。敌人上方也有象形文字铭文来表明他的身份。在同一画面中，暴力主题以隐喻形式反复出现：鹰神荷鲁斯代表国王纳尔迈，他伸出手拉着钩子，勾住敌人的鼻子，旁边的两个象形文字符号读作"纸莎草之地的6000人"，表明了敌人的来源和数量。可见，调色板背面的装饰图案用图像和铭文构成了完整的叙事：荷鲁斯（纳尔迈）制服了纸草之地的6000名敌人。

纳尔迈调色板的正面也有着类似的主题。最上方一行描绘了战争胜利后纳尔迈处决战俘的场景：画面中比例最大的人物是位于左侧的纳尔迈，他头戴红色王冠，身穿短裙，腰部有兽尾装饰；纳尔迈呈走步姿态，身后紧跟着一位以较小比例出现的仆从；身穿豹皮位于纳尔迈之侧的人物，可能是宫廷宰相。这三位人物刻画细腻，腿部肌肉线条十分明显；在宰相之前是四位仆从，他们高举旗标；第一与第二根旗标上站立的是鹰神荷鲁斯，第三根旗标上有开路者豺狼神瓦布瓦特，第四根旗标之上是国王的胎盘；在这四人之前是被处决的俘虏。俘虏尸体排成两排，砍掉的头颅放置在两腿之间；画面上方有一条船头与船尾翘起的船，荷鲁斯神立于船上。

在古埃及，国王是最高祭司，代表神维持着世间的秩序。秩序与混乱总是相伴而生。结束混乱、维持宇宙秩序的观念衍生出仪式性杀戮的图像主题，体现了暴力与秩序、文化身份认同与作为他者的异族形象之间的紧张对立关系，形成了特殊的神话式的图像叙事模式。国王的形象辅之以代表王权的视觉符号，成为暴力主题的图像叙述中的对立关系中占主导的一方。另一方的敌人同样辅之以相应的视觉符号来营造出混乱的氛围。[69]肢体扭曲的敌人与国王及其侍从的端庄形象形成了鲜明的对比。在调色板底部还有公牛践踏城池、敌人赤裸身体逃窜等场景。纳尔迈调色板图文一体，其中蕴含的逻辑与复杂性说明这一器物是精英阶层审慎思考的产物。这样的艺术风格也为后世所传承，成为古埃及王权表达的经典范例。

进入早王朝与古王国时期，埃及艺术呈现出程式化的特征，并形成了严肃端庄的艺术风格。王权的表达进一步多样化与复杂化，艺术也延伸到了私人领域——官员贵族开始在自己的陵墓祭堂中加入精美的浮雕壁画，雕像艺术也得到了极大的发展。古王国时期是埃及艺术的第一个辉煌时代，对这一时段埃及艺术的理解要结合艺术的目的与功能。在宗教与文化的语境下，艺术作为社会观念的载体传递了各种社会文化信息，包括古埃及人对宇宙构成的观念，对权力和等级关系的看法，以及对来世的想象等等。

国王和高级官员等贵族拥有政治权力和大量的财富，能够调动社会资源，修建纪念性建筑和制造各种物品，他们是艺术生产的赞助者和消费者。因此，他们的思想观念在艺术的形式和内容上得到了充分的反映。

在法老时代的墓室壁画中，人物的身体特征并不代表其真实相貌。无论是法老还是官员贵族，在艺术作品中，他们都以年轻健美的

69　Wilkinson, *Early Dynastic Egypt*, p. 197.

形象示人。君主形象高大伟岸，身体健壮，目光坚定。而官员贵族也模仿君主的形象，表情祥和，姿态挺拔。在陵墓祭堂中的形象象征着墓主人进入来世获得了永生。他们摆脱了现世苍老或羸弱的肉体，重新恢复了年轻健康的状态。他们的面部表情宁静而祥和，无论是接受供品还是参加宴会，或是在庄园中巡视，都呈现出严肃庄重的姿态。主要人物一般采取站立或端坐的姿势，很少与周围次要人物互动。他们的服饰、发饰和权杖与其地位相匹配，表现出超脱俗世的神圣性。这与希腊古典时期的写实主义艺术风格截然不同。

在建筑艺术上，古王国时期的埃及成就了人类历史上无法超越的奇迹。金字塔建筑群脱胎于前王朝与早王朝时期的王陵建筑，但在其基础上又有了飞跃性的发展，成为结合王权神圣性与来世信仰的全新的艺术表达形式。第三王朝乔赛尔王的阶梯金字塔是古埃及最早的金字塔。阶梯金字塔建筑群呈南北走向，围墙带有"宫殿正门"的凹凸形装饰。围墙围起的长方形院落内坐落着阶梯金字塔的主体建筑。金字塔有六层，高约60米，使用了大约33.04万立方米石料。四方形金字塔将院落大致分为南北两个区域。在金字塔北侧有一座小型祭庙，南侧则是赛德节广场，广场上还有一对耳朵形状的石质界碑，标明了君主举行赛德节跑步仪式中行进的路线。

在阶梯金字塔建筑群的南端有一座附属墓葬，称为南墓。在南墓地下墓室的墙壁上，考古学家发现了镶嵌着珐琅砖的浮雕装饰。[70]在浮雕中，乔赛尔以侧面出现，头戴白冠，佩戴着假胡子，身穿赛德节礼服，手持连枷，作奔跑的姿态。浮雕刻画得十分细腻，乔赛尔的

---

70 Renée F. Friedman, "The Underground Relief Panels of King Djoser at the Step Pyramid Complex," *Journal of the American Research Center in Egypt*, vol. 32, 1995, pp. 1-42.

身体肌肉线条明显，充满力量。在金字塔脚下的雕像中间，考古学家还发现了乔赛尔的石灰石坐像。坐像与真人同等大小，眼睛内嵌装饰眼珠，一只手抬起置于胸前，另一只手放在腿上。雕像间的墙面上有一对小孔，正对着雕像的眼睛，这是为了让乔赛尔王的灵魂可以栖附在雕像之上，通过小孔看到献祭者，与生者的世界进行沟通。古埃人为了防止尸体毁坏后灵魂无处栖居，通常会制作死者的雕像置于祭堂内的隔间。死者的卡依附在雕像上，接受世人的供奉。

阶梯金字塔的设计者是伊姆霍特普。在乔赛尔王的一座雕像底座上，刻着伊姆霍特普的名字。这座底座上还雕刻着九张弓箭的图案。弓箭代表威胁古埃及社会稳定与和平的蛮族敌人。把代表敌人的弓箭雕刻在国王雕像的底座上，也是艺术与魔法结合的一种形式。当国王（的雕像）脚踩在"九张弓"上，象征着国王制服了敌人。古埃及人认为，艺术创作的过程等同于创造世界的过程，当制服敌人的图像被创作出来并以石质雕像的形式永远固定下来时，雕像体现的内容也能得以实现。

古王国时期，人物雕像技术达到了顶峰。古王国时期的人物雕像端庄古朴，将写实主义手法融入模式化的表现形式中，用以传达宗教与政治隐喻。在哈夫拉（Khafra）金字塔河谷祭庙中出土的一尊国王雕像生动地展示了君主与荷鲁斯神的关系。雕像由灰黑色闪长岩制成，表面被打磨光滑，散发着柔和的光泽，白色的花纹优雅美丽。哈夫拉端坐在王座之上，双手放于腿上，面部表情宁静庄重，营造出一种超越世俗的神圣氛围。荷鲁斯神以鹰的形象出现在哈夫拉的王座之上，伸展双翼护住哈夫拉的头部，代表王权之神对在位君主的保护，也象征着哈夫拉是荷鲁斯在人间的化身。在王座的侧面装饰着代表上下埃及的纸莎草与莲花纹样，两种植物由表示"联合"的符号捆绑在

图 6-7　哈夫拉王与荷鲁斯之鹰

一起，代表着上下埃及的统一。同样的装饰纹样也出现在后世法老的王座之上，是古埃及王权的标志性图案。

到了第四王朝，阶梯金字塔发展为真正的金字塔，金字塔建筑群的建筑模式也发生了很大改变。建筑群由南北走向改为东西走向，与太阳的运行轨迹相一致。除了金字塔建筑主体，在靠近尼罗河岸的地方，河谷祭庙通过甬道与金字塔相连。河谷祭庙由长厅、开阔庭院、雕像间、供奉祠堂等部分组成，是下葬之前举行仪式并进行相关准备的场所。[71] 国王死后，其灵魂通过金字塔升入天空，与太阳神汇

---

71 Zahi Hawass, "Programs of the Royal Funerary Complexes of the Fourth Dynasty," in Silverman and O'Connor (eds.), *Ancient Egyptian Kingship*, pp. 221-262; A. Cwiek, *Relief Decoration in the Royal Funerary Complexes of the Old Kingdom: Studies in the Development, Scene Content and Iconography*, Dissertation from Warsaw University, 2003; T. El-Awady, *Abusir XVI: Sahure-The Pyramid Causeway: History and Decoration Program in the Old Kingdom*, Prague: Charles University, 2009.

合。死后飞升的观念也影响到了金字塔的内部结构。到乔赛尔时代，金字塔墓室还在地下，到了胡夫建造大金字塔时，将墓室建在金字塔内部距离地面较高的位置已经成为惯例。

金字塔建筑的浮雕装饰最早出现在第四王朝。在斯奈夫鲁弯折金字塔的河谷祭庙内，考古学家发现了一些残存的浮雕。在入口附近的围墙上，雕刻着进献贡品的女性形象。这些手持供品的女性是王室庄园的拟人化形象。上埃及王室庄园位于围墙的西侧，而下埃及位于东侧。这是目前发现的最早的进献场景。[72]

到了第五王朝与第六王朝，金字塔建筑群的建筑模式更为复杂。金字塔本身的规模缩小，但金字塔祭庙的规模逐渐扩大。在甬道与河谷祭庙内，装饰浮雕的使用也更为普遍。金字塔祭庙的浮雕表达了古埃及人观念中神圣且守秩序的世界，国王是画面的中心，也是宇宙秩序的维护者。在浮雕中，以国王为中心的各种仪式是最为常见的主题，包括接受供奉、加冕仪式、奠基仪式、向神进献贡品、神哺育国王、神赐予国王生命、赛德节、狩猎、拜访神殿、视察农业生产状况、远征与击打敌人、建筑活动等。尼乌瑟尔拉的金字塔祭庙中，一幅浮雕展现了国王接受神祇祝福的画面。尼乌瑟尔拉坐在王座上，身后的瓦杰特女神手持生命符号，面前的阿努比斯神将生命符号赋予国王。国王的侍从跟随着国王，将国王护送到神的面

---

72 国王金字塔建筑上的浮雕装饰最早出现在第四王朝斯奈夫鲁弯曲金字塔的山谷庙入口大厅以及庭院北侧的围墙下部。上下埃及诺姆州的王室庄园土地以拟人化的形象，朝山谷庙后方的六个存放着斯奈夫鲁雕像的祠堂进献贡品。这也是进献贡品图像在国王墓葬发现的最早的证据。A. Fakhry, *The Valley Temple, part II: the finds. The Monuments of Sneferu at Dahshur 2 (ii)*, Cairo: General Organisation for Government Printing Offices, United Arab Republic, Ministry of Culture and National Orientation, Antiquities Department of Egypt, 1961, pp. 3-4.

图 6-8　乌纳斯金字塔甬道

前。[73] 这一浮雕可能是某一丧葬仪式的再现，表现国王从神那里获得生命。

从第四王朝开始，官员贵族的陵墓祭堂中也出现了精美的浮雕。在一位名叫赛奈杰姆伊布-因提（Senedjemib-Inty）的官员祭堂中，他写下了制作浮雕与镌刻铭文的过程："陛下已下令打开档案封印，为他（指墓主人）选派丧葬祭司。我（丧葬祭司）已按照命令为他的墓葬书写初稿，并由工匠雕刻，文本按宫廷的要求被念诵出来。"[74] 这说明，官员贵族在建造陵墓时，王家祭司会提供浮雕与铭文的蓝本，

73　Ludwig Borchardt, *Das Grabdenkmal des Königs Ne-user-re*, Wissenschaftliche Veröffentlichungen der Deutschen Orient-Gesellschaft 7, Ausgrabungen der Deutschen Orient-Gesellschaft in Abusir 1902-1908 1, Leipzig: Hinrichs. 1907, p. 90.

74　E. Brovarski, *The Senedjemib Complex I: The Mastabas of Senedjemib Inti（G 2370）, Khnumenti（G 2374）, and Senedjemib Mehi（G 2378）*, 2 vols, Giza Mastabas and Boston: Art of the Ancient World, Museum of Fine Art, 2001, pp. 43, 102.

再根据墓主人的情况进行修改。金字塔祭庙的浮雕制作过程或许与之类似。

到了第五王朝末年乌纳斯统治时期，金字塔墓室的墙壁上开始出现铭文。这些铭文是保护国王死后进入来世的咒语，学者称之为《金字塔铭文》。在乌纳斯的金字塔内一共发现了226条咒语。《金字塔铭文》内容复杂，主要包括仪式时使用的咒文和对国王进入来世后的描述，描绘了国王升入天空，为诸神所接纳的景象，其中还包含了奥赛里斯死后荷鲁斯为其复仇的情节。

《金字塔铭文》向我们展现了古王国时期王权与来世信仰之间的关系，是现存最早的展现古埃及早期宗教思想的集大成之作。《金字塔铭文》的咒语作为墓室内部的装饰铭文，其布局经过了精心设计。通过铭文，我们可以知道古埃及人如何利用金字塔内部的墓室构造来模拟从现世到来世的通道。也就是说，金字塔内部的建筑结构可以看作是宇宙的微缩模型，而建筑金字塔这一行为与制作艺术品一样，都属于造物主的创造行为。《金字塔铭文》不仅是文本性的宗教思想载体，也参与构建了神圣王权的空间表达，变成兼具美感与神圣的空间装饰，是传统王权表达方式的创新。神话式的虚构文本与图像相结合，出现在金字塔祭庙与官员祭堂中。而融合了太阳神拉与奥赛里斯神崇拜的咒语铭文，使得金字塔内部墓室成为永恒的展示空间，实现了来世信仰、神圣王权与视觉文化在墓葬中的统一。

纵观发源于涅伽达文化的古埃及文字与艺术，不难发现，在早期文明的形成与发展过程中，统治阶层逐渐发明了独有的艺术表达方式，并为了彰显特权而将艺术表达方式运用到宗教、社会与政治各个领域中，不断创造新的艺术表达形式。[75]金字塔是人造的地平线，象征着日落之处。祭堂浮雕上在芦苇荡中泛舟渔猎的场景代表着来世的"芦苇沼泽之地"。这样的"人造环境"是文明建立后新型社会秩序的投射——不仅仅是社会现实层面的等级制度，还包括了由文字、图画、建筑构建的对生者与死者、此岸与彼岸世界的理想秩序。

75　Yoffee, *Myths of the Archaic State*, p. 91.

专有名词译名表

A

Abadiya 阿巴底亚
Abd Latif Baghdadi 阿卜杜勒·拉提夫·巴格达迪
Abu-Simbel 阿布－辛贝尔
Abusir 阿布希尔
Abusir Papyri《阿布希尔纸草》
Abydos 阿拜多斯
Aegyptiaca《埃及史》
Afroasiatic 亚非语系
Aha 阿哈
Akhenaten 埃赫那吞
Alexander Romance《亚历山大传奇》
al-Maqrizi 埃尔·麦格里齐
Amarna 阿玛尔纳
Amasis 阿玛西斯
Amen 阿蒙
Amenhotep 阿蒙霍特普
Amen-Min 阿蒙－敏
Amen-Ra 阿蒙－拉
Ammianus Marcellinus 阿米阿努斯·马尔切利努斯
Amratian Culture 阿姆拉文化
Amuq F ware 阿姆克 F 型器

Ancient Records of Egypt: Historical Documents from the Earliest Times to the Persian Conquest《埃及古文献》
Anedjib 阿涅德吉布
Anubis 阿努比斯
aper 营
Apis 阿匹斯
Arkin 阿尔金
Armant 阿尔芒特
Artaxerxes III 阿尔塔薛西斯三世
Artemis 阿尔忒弥斯
Aten 阿吞
Athanasius Kirche 阿塔纳修斯·基歇尔
Atum 阿吐姆
Auguste Mariette 奥古斯特·马里埃特

B

Ba 巴
Badari 巴达里
Bahiriya 巴赫里亚
Bahr Yusef Canal 巴赫尔·约塞夫水渠
bak 巴克
Barry Kemp 巴里·坎普
Bast 巴斯特
Bat 巴特
Benben 奔奔
Beni-Hasan 贝尼－哈桑
Bernardino Drovetti 贝尔纳迪诺·德罗韦蒂
Bes 贝斯
The Prophecies of a Potter《历史集成》
Bir Kiseib 比尔·凯施巴
Bir Sahara 比尔·撒哈拉
Book of the Dead《亡灵书》
Bousiris 浦西里斯

Bubastis 布巴斯提斯

Buchis 布希斯

Buhen 布赫恩

Buto 布托

Byblos 拜布罗斯

C

Cambyses 冈比西斯

Canopic 卡诺匹克

city state 城邦国家

Classic Egyptian 古典埃及语

Claude Sicard 克劳德·斯卡德

Clemens of Alexandria 亚历山大里亚的克莱蒙特

Cleopatra VII 克利奥帕特拉七世

The Coffin Texts《棺文》

Colin Renfrew 科林·伦福儒

Coptic 科普特语

Coptos 科普特斯

Corpus Hermeticum《赫尔墨斯文集》

D

Dakhla 达赫拉

Damietta 达米塔

Dashur 达淑尔

Deir el-Bahari 戴尔·埃尔-巴哈里

Demotic 世俗体

Den 登

Denkmäler aus Aegypten und Aethiopien《埃及与埃塞俄比亚的古物》

Der el-Barsha 戴尔·埃尔-巴尔沙

Description de L'Égypte《埃及记述》

Diodorus Siculus 西西里的狄奥多罗斯

Dionysus 狄奥尼索斯

Djedefra 杰德夫拉

Djedi 杰迪

Djedkara Isesi 杰德卡拉·以色希

Djer 杰尔

Djet 杰特

Djoser 乔赛尔

Dynastic Race 王朝族群

E

Early Dynasty 早王朝

Edfu 埃德夫

Egyptian Art《埃及艺术》

Egyptian Exploration Society 埃及考古协会

El-kab 埃尔-卡布

El-Amra 埃尔-阿姆拉

Electrical Resistance Meters 电阻率勘测

Electromagnetic Conductivity 电磁传导

Elephantine 象岛

El-Girza 埃尔-格扎

El-Khattara 埃尔-喀塔拉

El-Omari 埃尔-欧马里

En Besor 恩·贝索

Ennead 九神会

Es-Saff 艾斯-萨夫

Everyday Life in Ancient Egypt and Syria《古代埃及与叙利亚的生活》

Ezbet el-Qerdahi 艾兹贝特·埃尔-克达赫

F

Fakhurian Culture 法胡利安文化

Fayum 法尤姆

Friedrich Ludwig Norton 弗里德里克·路德维希·诺顿

G

Gaston Maspero 加斯顿·马斯伯乐

Geb 盖伯

Gebel Sheikh Suliman 盖贝尔·谢赫·苏莱曼

Gebelein 格贝林

Geography《地理学》

George Reisner 乔治·赖斯纳

Gertrude Caton Thompson 格特鲁德·卡顿·汤普森

Gerzean Culture 格尔津文化

Giovanni Battista Belzoni 乔凡尼·巴蒂斯塔·贝尔佐尼

Giza 吉萨

ground axes 扁斧

Ground Penetrating Radar 探地雷达

Günter Dreyer 衮特·戴叶

Guy Brunton 盖·布鲁顿

H

Halfan Culture 哈尔法文化

Hammamiya 哈马米亚

Hathor 哈托尔

Hat-Hor 哈特-荷尔

Heb Sed 赛德节

Hecataeus of Abdera 阿布德拉的赫卡泰乌斯

Hecataeus of Miletus 米利都的赫卡泰乌斯

Heinrich Karl Brugsch 海因里希·卡尔·布鲁格什

heka 赫卡

Heliopolis 赫利奥波利斯

Helwan 赫尔万

Hemenia 赫美尼亚

Hemiun 赫姆伊乌努

Henry Salt 亨利·萨尔特

Hermes Trismegistus 赫尔墨斯·特利斯墨吉斯忒斯

Hermonthis 赫尔蒙提斯

Hermopolis 赫尔墨波利斯

Herneith 赫尔尼特

heset 赫赛特瓶

Hesy-Ra 赫西－拉

Hetepsekhemwy 霍特普赛亥姆威

Hierakonpolis 希拉康波利斯

Hieratic 僧侣体

Hieroglyph 圣书体

Hieroglyphica, sive de sacris Aegyptiorum《埃及象形文字或神圣符号》

Histoire ancienne des peuples de l'Orient classique《古典东方民族的古代史》

Hor 荷尔

Horapollo 赫拉波罗

Horemaket 荷罗姆阿亥特

Hori 霍瑞

Horus 荷鲁斯

Howard Carter 霍华德·卡特

Hu 胡

hut 户特

I

Iamblichus of Chalcis 卡尔基斯的杨布利克斯

Idfuan Culture 伊德夫安文化

Imhotep 伊姆霍特普

Insinger Papryi《因森格纸草教谕》

Iry-Hor 伊利－荷尔

Isfet 伊斯弗特

Isis 伊西斯

J

Jacques de Morgan 雅克·德·摩根

James Bruce 詹姆斯·布鲁斯

James Edward Quibell 詹姆斯·爱德华·奎贝尔

James Henry Breasted 詹姆斯·亨利·布雷斯特德

Jean-Francois Champollion 让－弗朗索瓦·商博良

John Greaves 约翰·格里夫斯

Journal of Egyptian Archeology《埃及考古学报》
Jrtjet 伊尔彻特

K

Ka 卡
Kal Wittfogel 卡尔·魏特夫
Karl Richard Lepsius 卡尔·理查德·莱普修斯
Karnak Temple 卡尔纳克神庙
Kerma Civilization 柯马文明
Khaba 哈巴
Khaemweset 哈姆瓦斯
Khafra 哈夫拉
Khartum 喀土穆
Khasekhemwy 哈赛亥姆威
Khnum 库努姆
Khnumkhufu 库努姆胡夫
Khufu 胡夫
Khufu and the Magician《胡夫与魔法师》
Kom el-Khilgan 孔姆·埃尔－赫尔甘
Kom el-Hisn 孔姆·埃尔－希辛
Kom Ombo 孔姆·欧姆波
Konasiyet es-Sardushi 孔纳斯耶特·艾斯－萨杜斯
Kuban 库班
Kubbaniyan Culture 库巴尼亚文化
Kush Kingdom 库什王国

L

Lachish 拉克
L'archéologie égyptienne《埃及考古学》
Late Egyptian 后埃及语
lens-shaped bifacial arrowhead 透镜状双面箭头
Leo 利奥
Les mastabas de l'ancien empire《古王国时期的马斯塔巴墓》

Leto 利托

Lettre à M. Dacier relative à l'alphabet des hiéroglyphes phonétiques《关于表音象形文字符号的字母表——给达西尔先生的信》

Levallois Flake 勒瓦娄哇石片

Levant 黎凡特

Lingua aegyptiaca restituta, opus tripartitum《重构古埃及语》

Lucius Apuleius 鲁奇乌斯·阿普列乌斯

Ludwig Borchardt 路德维希·博查特

Luxor Temple 卢克索神庙

M

Maadi-Buto 马阿迪-布托

Maat 玛阿特

Macehead 权标头

Manetho 曼尼托

Mastaba 马斯塔巴

ma-wer 玛-威尔

Meidum 麦杜姆

Melik en-Nassir 麦利克·恩-纳西尔

Memphis 孟菲斯

Menes 美尼斯

Menkaura 门卡乌拉

Mereneith 美利尼特

Merimde Culture 梅里姆达文化

Methods and Aims in Archaeology《考古学的方法与目的》

Metjen 麦杰恩

Microliths 细石器

Middle Egyptian 中埃及语

Min 敏

Mnevis 穆尼维斯

Monuments de l'Égypte et de la Nubie《埃及与努比亚古物》

Mousterian Culture 莫斯特文化

N

Nabta Playa 纳布塔·普拉亚
Naneferkaptah 纳奈弗尔卡普塔
Naqada 涅伽达
Narmer Palette 纳尔迈调色板
Narmer 纳尔迈
Narrative of the Operations and Recent Discoveries within the Pyramids, Temples, Tombs, and Excavations in Egypt and Nubia《埃及与努比亚地区金字塔、神庙、墓葬及发掘的最新发现和考古工作报告》
Naukratis 瑙克拉底斯
Nebitka 奈比特卡
Nectanebo II 奈克塔奈波二世
Nefermaat 奈弗尔玛阿特
Nefer-Setekh 奈弗尔-赛特
negative confession 否定誓言
Neith 尼特
Neithhotep 尼特霍特普
Nekhbet 奈赫贝特
Nekhbu 奈亥布
Nekhen 奈垦
Nephthys 奈芙提丝
Niuserra 尼乌瑟尔拉
Nizzanim 尼扎尼姆
nome 诺姆
Notched and winged arrowhead 锯齿形带翼箭头
Nu 努
Nu water 努水
Nut 努特
Ny-Hor 尼-荷尔

O

Obelisk 方尖碑
Ogdoad 八神会

On Egypt《关于埃及》

On Isis and Osiris《伊西斯与奥赛里斯》

Outlines of Ancient Egyptian History《古埃及史纲要》

Osiris 奥赛里斯

P

palermo stone 帕勒莫石碑

Papyrus Chester Beatty《切斯特·比替纸草》

Pasamaitikus 帕萨麦提库斯

Pe-Hor 佩-荷尔

Peiegesis Ges《大地环游记》

Pelusiac 佩洛锡克

Pepi II 培比二世

Peribsen 佩尔伊布森

per-heri-wedjeb 佩尔-赫里-威杰布

per-shena 佩尔-舍纳

Philae 菲莱

Pierio Valeriano Bolzani 皮埃罗·瓦莱里亚诺·波尔扎尼

Plutarch 普鲁塔克

Popular Stories of Ancient Egypt《古埃及通俗故事集》

Pre 普瑞

Predynasty 前王朝

Prodromus coptus sive Aegyptiacus《科普特语或埃及语导论》

Ptah 普塔

Ptolemy 托勒密

Pyramid Texts《金字塔铭文》

Pyramidographia, or a Description of the Pyramids in Ægypt《埃及金字塔志》

Pyramid Temple 金字塔祭庙

Q

Qadan Culture 卡丹文化

Qarunian Culture 卡茹尼安文化

Qau el-Kebir 卡乌·埃尔-克比尔

Qena 基纳

Qustul Dynasty 库斯图尔王朝

R

Ra 拉

Ra-di-ank 拉－迪－安柯

Ra-Horakhty 拉－荷尔阿赫提

Ramses II 拉美西斯二世

Ramesses-ashahebu 拉美西斯－阿萨哈布

Raneb 拉奈布

Richard Pococke 理查德·波科克

River Atbara 阿特巴拉河

Robert Foley 罗伯特·弗利

Robert Leonard Carneiro 罗伯特·莱昂纳德·卡奈罗

Rosetta 罗塞塔

S

Sahura 萨胡拉

Saint Mark 圣马可

Sais 赛斯

Saqqara 萨卡拉

Satju 萨提乌

Sayala 萨雅拉

Sebennytic 瑟本尼提克

Sebilian Culture 塞比利安文化

Sehel 塞赫勒

Seket-Ra 赛克特－拉

Sekhemkasedj 赛赫姆卡塞第

Sekhemkhet 赛赫姆赫特

Sekhmet 赛赫麦特

Selim I 塞利姆一世

sema-tawy 赛玛－塔维

Semainean Culture 塞美尼文化

Semitic 闪族语

Senedjemib-Inty 赛奈杰姆伊布-因提

Ser 瑟尔

serekh 王名框

Seshat 赛莎特

Sesheshet 赛舍舍特

Sesostris 赛索斯特里斯

Seth 赛特

Seth-Ra 赛特－拉

Shabaka Stone 沙巴卡石碑

Shabti 沙布提

Shesemnefer 赛色姆奈弗尔

Shesmet 舍斯迈特

Shu 舒

Shunet el-Zebib 舒奈特·埃尔－泽比布

Silvestre de Sacy 西尔维斯特·德·萨西

Sir William Flinders Petrie 威廉·弗林德斯·皮特里爵士

Siwa 锡瓦

Sneferu 斯奈夫鲁

Sphinx 斯芬克斯

Stan Hendrickx 斯坦·亨德里克斯

Strabo 斯特拉波

Stromata《杂缀集》

T

tabular flint 扁型燧石器

Tacitus 塔西陀

Tanis 塔尼斯

Tarkhan 塔尔汗

Tarifian 塔里费安

Tasia 塔萨

Taur Ikhbeineh 塔乌尔·伊赫贝内

Tebtunis 泰布图尼斯

Tefnut 泰芙努特

Tel Eran 戴尔·艾拉尼

Tell el-Iswid 戴尔·埃尔－伊斯维德

Tell el-Farkha 戴尔·埃尔－法哈

territorial State 疆域国家

Tetiseneb 泰提赛奈布

Thamus 塔姆斯

Thebes 底比斯

The Book of Amduat《冥府之书》

The Book of Beads: A Guide to Treasure Excavation《藏珠之书：藏宝挖掘指南》

The book of Hermes《赫尔墨斯之书》

The Book of Thoth《图特之书》

The Germany Oriental Society 德意志东方学会

The Gospel according to Mark《马可福音》

The Gospel of Truth《真理福音》

The House of Life "生命之屋"

The Hymn to Thoth《图特赞美诗》

The Letters to the Dead《给死者的信》

The monuments of Upper Egyp《上埃及的古迹》

The Oriental Institution 东方研究所

The Prophecies of a Potter《陶工预言》

The Scorpion Macehead 蝎王权标头

The Story of Sinuhe《辛努亥的故事》

The Westcar Papyrus《韦斯特卡尔纸草》

Thomas Young 托马斯·杨

Thoth 图特

Thutmose III 期图特摩斯三世

Tjayty zab tjaty 宰相

TL Dating 热放射测定法

Travels to Discover the Source of the Nile《尼罗河探源》

Tura 图拉

Tutankhamen's Tomb 图坦卡蒙墓

Typhon 泰封

U

Udjahorresne 乌扎荷尔瑞斯内
Umm el-Qa'ab 乌姆·埃尔－卡布
Unis 乌纳斯
Usermaatranakht 乌塞玛阿特拉纳赫特

V

votive offerings 还愿供奉

W

Wadi Abu Suffian 阿布·苏凡旱谷
Wadi Allaqi 阿拉齐旱谷
Wadi Digla 迪格拉旱谷
Wadi Gabgaba 噶布噶巴旱谷
Wadi Ghazzeh 伽赫旱谷
Wadi Halfa 哈尔法旱谷
Wadi Hammamat 哈玛玛特旱谷
Wadi Kubbaniya 库巴尼亚旱谷
Wadjet 瓦杰特
Walter Federn 沃尔特·费登
water of Amen 阿蒙之水
water of Pre 普瑞之水
water of Ptah 普塔之水
Wawat 瓦瓦特
weneg 温内格
Weni 温尼
Werner Kaiser 维尔纳·凯瑟
Werheu 威尔胡

X

Xerxes 薛西斯

Y

Yam 亚姆

Yarmukian Culture 亚尔姆凯安文化

Z

za 团

Zawiyet el-Aryan 扎维耶特·埃尔-阿伊安

Zeitschrift für ägyptische Sprache und Alterthumskunde《埃及语言与考古学报》

参考文献

Adams, M. D. (ed.) *Egypt at its Origins 4: Proceedings of the fourth International Conference, "Origin of the State. Predynastic and Early Dynastic Egypt," New York, 26th-30th July 2011*, Leuven: Peeters, 2016.

Allen, James P. *The Ancient Egyptian Pyramid Texts*, Atlanta: Society of Biblical Literature, 2005.

Baines, John "Practical Religion and Piety," *Journal of Egyptian Archaeology*, vol. 73, 1987, pp. 79-98.

Baines, John "Egyptian Myth and Discourse: Myth, Gods, and the Early Written and Iconographic Record," *Journal of Near Eastern Studies*, vol. 50, no. 2, 1991, pp. 81-105.

Baines, John "Society, morality, and religious practice," in Byron E. Shafer (ed.), *Religion in ancient Egypt: gods, myths and personal practice*, Ithaca and London: Cornell University Press, 1991.

Baines, John "Temples as Symbols, Guarantors, and Participants in Egyptian Civilization," in Stephen Quirke (ed.), *The Temples in Ancient Egypt*, London: British Museum Press, 1997, pp. 216-241.

Baines, John *Visual and Written Culture in Ancient Egypt*, Oxford: Oxford University Press, 2007.

Bard, Kathryn A. "Toward an Interpretation of the Role of Ideology in the Evolution of Complex Society in Egypt," *Journal of Anthropological Archaeology*, vol. 11, 1992, pp. 1-24.

Bard, Kathryn A. *An Introduction to the Archaeology of Ancient Egypt*, New Jersey: Wiley-Blackwell, 2014.

Bard, Kathryn A. "Origins of Egptian Writing," in Renée. F. Friedman and B. Adams (eds.), *The Followers of Horus: Studies in Memory of Michael Allen Hoffman*, Oxford: Oxbow Monograph, 1992, pp. 297-306.

Beinlich, H. *Die Osirisreliquien. Zum Motiv der Körperzergliederung in der altägyptischen Religion*, Wiesbaden: Otto, 1984.

Bestock, L. *Violence and Power in Ancient Egypt: Image and Ideology before the New Kingdom*, Routledge Studies in Egyptology, New York: Routledge, 2018.

Borchardt, Ludwig *Das Re-Heiligtum Des Königs Ne-Woser-Re (Rathures). Herausgegeben Von F. W. Von Bissing*, 2 vols. vol. 1. Berlin: Verlag von Alexander Duncker, 1905.

Boylan, Patrick *Thoth, the Hermes of Egypt: A Study of Some Aspects of Theological Thought In Ancient Egypt*, London: H. Milford, Oxford: Oxford university press, 1922.

Brewer, Douglas J. *Ancient Egypt: The Origins*, Harlow: Pearson Longman, 2005.

Brewer, Douglas J. *Ancient Egypt: Foundations of a Civilization*. Harlow: Pearson Longman, 2005.

Brunton, Guy and Gertrude Caton-Thompson *The Badarian Civilisation and Predynastic Remains near Badari*, British School of Archaeology in Egypt and Egyptian Research Account [46], London: British School of Archaeology in Egypt and Bernard Quaritch, 1928.

Brunton, Guy and G. M. Morant *Mostagedda and the Tasian Culture*. London: Bernard Quaritch, 1937.

Brunton, Guy *Matmar*, London: Bernard. Quaritch, 1948.

Capel, Anne K. and Glenn Markoe (eds.) *Mistress of the House, Mistress of Heaven: Women in Ancient Egypt*, New York: Hudson Hills Press with Cincinnati Art Museum, 1996.

Carneiro, Robert Leonard "The Chiefdom: Precursor of the State," in G. D. Jones and R. R. Kautz (eds.), *The Transition to Statehood in the New World*, Cambridge: Cambridge University Press, 1981, pp. 37-79.

Caton-Thompson, Gertrude, E. W. Gardner, Britain Royal Anthropological Institute of Great and Ireland *The Desert Fayum*, London: Royal Anthropological Institute of Great Britain and Ireland, 1934.

Cauville, Sylvie Jochen Hallof and Hans van den Berg, *Le Temple De Dendara: Les*

Chapelles Osiriennes, Le Caire: Institut français d'archéologie orientale, 1997.

Cervelló-Autuori, Joseph "The Sun-Religion in the Thinite Age: Evidence and Political Significance," in Renée F. Friedman and Peter N. Fiske (eds.), *Egypt at Its Origins 3: Proceedings of the Third International Conference "Origin of the State: Predynastic and Early Dynastic Egypt," London, 27th July-1st August 2008*, Leuven: Peeters, 2011, pp. 1125-1150.

Clark, J. D. "A Re-Examination of the Evidence for Agricultural Origins in the Nile Valley," *Proceedlings of the Prehistoric Society*, no. 37, 1971, pp. 34-79.

Clarysse, W. "Greeks and Egyptians in the Ptolemaic Army and Administration," *Aegytus*, vol. 65, 1985, pp.57-66.

Clarysse, W. "Some Greeks in Egypt," in J. H. Johnson (ed.), *Life in a Multi-Cultural Society: Egypt from Cambyses to Constantine and Beyond*, Chicago: University of Chicago Press, 1992, pp. 51-57.

Clement Of Alexandria, The Stromata, VI.

Depauw, M. *A Companion to Demotic Studies*, Bruxelles: Fondation Égyptologique Reine Élisabeth, 1997.

Du Quesne, T. "Anubis, Master of Secrets (Hry-sStA) and the Egyptian Conception of Mysteries," *Discussion in Egyptology*, vol. 36, 1996, pp. 25-38.

El-Banna, E. S. *Le voyage à Héliopolis: Descriptions des vestiges pharaoniques et des traditions associées depuis Hérodote jusqu'à l'Expédition d'Égypte*, Le Caire : Institut français d'archéologie orientale, 2014.

Emery, Walter B. *The Great Tombs of The First Dynasty*, vol. 2, Oxford: Oxford University Press, 1954, pp. 128-170.

Eyre, Christopher "Who Built the Temple of Egypt? " in Bernadette Menu (ed.), *L'organisation du travail en Égypte ancienne et en Mésopotamie*, Cairo: IFAO, 2010, pp. 117-138.

Eyre, Christopher "Work and the Organization of Work in the New Kingdom," in Marvin Powell (ed.), *Labor in the Ancient Near East*, New Haven: American Oriental Society, 1987, pp. 5-47, 167-221.

Fairservis, Walter Ashlin *Hierakonpolis: The Graffiti and the Origins of Egyptian Hieroglyphic Writing*, New York: Vassar College, 1983.

Fohey, R. "Hominids, Humans and Hunter-Gatherers: An Evolutionary Perspective," In Tim Ingold, David Riches and James Woodburn (eds.), *Hunter and Gatherers 1:*

History, Evolution and Social Change, Oxford: Berg, 1988, pp. 207-221.

Fowden, G. *The Egyptian Hermes: A Historical Approach to the Late Pagan Mind*, Cambridge: Cambridge University Press, 1986.

Friedman, Renée F. "The Ceremonial Centre at Hierakonpolis Locality Hk 29a," In A. Jeffrey Spencer (ed.), *Aspects of Early Egypt*, London: British Museum Press, 1996.

Friedman, Renée F. and B. Adams (eds) *The follower of Horus: studies dedicated to Michael Allen Hoffman*, Oxford: Oxbow Books, 1992.

Friedman, Renée F. and P. N. Fiske (eds.) *Egypt at its Origins 3: Proceedings of the third International Conference "Origin of the State. Predynastic and Early Dynastic Egypt," London, 27th-1st August 2008*, Leuven: Peeters, 2011.

Friedman, Renée F. "Hierakonpolis," in Emily Teeter (ed.) *Before the Pyramids: The Origin of Egyptian Civilization*, Chicago: The Oriental Institute of the University of Chicago, 2011, pp. 33-44.

Gardinar, Alan *Egyptian Grammar: Being an Introduction to the Study of Hieroglyphs*, 3rd Edition, Oxford: Oxford University Press, 1957, pp. 53-84.

Gardiner, Alan H. "The House of Life," *The Journal of Egyptian Archaeology*, vol. 24, no. 2 1938, pp. 157-179.

Gardiner, Alan H. and Kurt Sethe *Egyptian Letters to the Dead*, London: Egypt Exploration Sciety, 1928.

Gardiner, Alan H. *The Attitude of the Ancient Egyptians to Death & the Dead*, Cambridge: The University Press, 1935.

Gatto, Maria C. "The Most Ancient Evidence of the a-Group Culture in Lower Nubia," In Lech Krzyżaniak, Karla Kroeper and Michał Kobusiewicz (eds.), *Recent Research into the Stone Age of Northeastern Africa*, Poznań: Poznań Archaeological Museum, 2000, pp. 105-117.

Gatto, Maria C. and F. Tiraterra "Contacts between the Nubian 'a-Groups' and Predynastic Egypt," In Lech Krzyżaniak, Karla Kroeper and Michał Kobusiewicz (eds.), *Interregional Contacts in the Later Prehistory of Northeastern Africa*, Poznań: Poznań Archaeological Museum, 1996, pp. 331-334.

Gelb, Ignace J. *A Study of Writing*, Chicago: University of Chicago Press, 1969.

Graves-Brown, Carolyn *Dancing for Hathor: Women in Ancient Egypt*, London: Continuum Press, 2010.

Hayes, William Christopher *The Scepter of Egypt: A Background for the Study of the Egyptian Antiquities in the Metropolitan Museum of Art*, New York: Metropolitan Museum of Art, 1990.

Helck, Wolfgang "Die Bedeutung der Felsinschriften, J. Lopez, Inscripciones Rupestres Nr. 27 und 28," *Studien zur Altägyptischen Kultur,* no. 1, 1974, pp. 215-225.

Hendrickx, S. and M. Eyckerman "Visual Representation and State Development in Egypt," *Arché-Nil 12*, 2012, pp. 23-73.

Hendrickx, S. "Predynastic-Early Dynastic Chronology," in E. Hornung, R. Krauss and D. A. Warburton (eds.), *Ancient Egyptian Chronology*, Handbook of Oriental Studies, Section One, The Near and Middle East 83, Leiden: Brill, 2006, pp. 55-93.

Hendrickx, S., Renée F. Friedman, K. M. Cialowicz and M. Chlodnicki (eds.) *Egypt at its Origins: Studies in Memory of Barbara Adams. Proceedings of the International Conference "Origin of the State. Predynastic and Early Dynastic Egypt," Krakow, 28th August-1st September 2002*, Leuven: Peeters, 2004.

Hoffman, Michael A. *The Predynastic of Hierakonpolis: An Interim Report*, Giza: Cairo University and Western Illinois University, 1982.

Janák, Jiří, Hana Vymazalová and Filip Coppens "The Fifth Dynasty 'Sun Temples' in a Broader Contex," In Miroslav Bárta, Filip Coppens and Jaromír Krejčí (eds.), *Abusir and Saqqara in the Year 2010*, Prague: Charles University, 2011.

Jasnow, Richard and Karl-Theodor Zauzich *Conversations in the House of Life: A New Translation of the Ancient Egyptian Book of Thoth*, Wiesbaden: Harassowitz Verlag, 2014.

Jeffrey, D. "The Topography of Heliopolis and Memphis: Some Cognitive Aspects," in Heike Guksch and Daniel Polz (eds.), *Stationen: Beiträge Zur Kulturgeschichte Ägyptens: Rainer Stadelmann Gewidmet*, Mainz: von Zabern, 1998, pp. 61-73.

Jimenez-serrano, Alejandro "Two Proto-Kingdoms in Lower Nubia in the Fourth Millennium BC," In L. Krzyzaniak, K. Kroeper and M. Kobusiewiecz (eds.), *Cultural Markers in the Later Prehistory of Northeastern Africa and Recent Research*, Poznań: Poznań Archaeological Museum, 2003.

Jowett, Benjamin *The Dialogues of Plato in Five Volumes*, 3rd Edition, Oxford: Oxford University, 1892.

Kahl, Jochem *"Ra Is My Lord": Searching for the Rise of the Sun God at the Dawn of Egyptian History*, Wiesbaden: Harrassowitz, 2007.

Kaiser, Werner "Zu Den Sonnenheiligtümern Der 5. Dynastie," *Mitteilungen des Deutschen Archäologischen Instituts, Abteilung Kairo*, no. 14, 1956, pp. 110-111.

Kaplony, Peter *Die Inschriften Der Ägyptischen Frühzeit*, Ägyptologische Abhandlungen, Wiesbaden: Harrassowitz, 1963.

Katary, Sally "Land Tenure," In Juan Carlos Moreno Garcia and Willeke Wendrich (eds.), *UCLA Encyclopedia of Egyptology*, Los Angeles, 2012.

Kemp, Barry *Ancient Egypt: Anatomy of a Civilization*, 2nd Edition, New York: Routledge, 2006.

Klotz, D. *Caesar in the City of Amun: Egyptian Temple Construction and Theology in Roman Thebes*, Brepols: Association Egyptologique Reine Elisabeth, 2012.

Krejčí, Jaromír and Dušan Magdolen "Abusir Sun Temples and the Cult of the Sun God in the Time of the Old Kingdom," In Hana Benešovská and Petra Vlčková (eds.), *Abúsír: Secrets of the Desert and the Pyramids*, Prague: National Museum, 2006, pp. 102-121.

Lacau, Pierre and Jean-Philippe Lauer *La Pyramide À Degrés*, vol. V, Le Caire: Institut français d'Archéologie Orientale-Service des Antiquités de l'Egypte, 1965.

Lang, B. "The Writings: A Hellenistic Literary Canon in the Bible," in A. van der Kooj and K. van der Toorn (eds.), *Canonization and Decanonization*, Leiden: Brill, 1998. pp. 41-65.

Lehner, Mark *The Complete Pyramids*, New York: Thames and Hudson, 1997.

Lichtheim, Miriam *Ancient Egyptian Literature: A Book of Readings III: The Late Period*, Los Angles: University of California Press, 1980.

Lichtheim, Miriam *Maat in Egyptian Autobiographies and Related Studies*, Freiburg, Schweiz: Universitätsverlag, 1992.

Málek, Jaromír *Egyptian Art*, London: Phaidon Press, 1999.

Manetho, *Aegyptiaca*, trans. W. G. Waddell, The Loeb Classical Library, Aberdeen: Aberdeen University Press, 1964.

Marcus, Joyee "The Origin of Mesoamerican Writing," *Annual Review of Anthropology* vol. 5, 1976, pp. 35-67.

Midant-Reynes, B. *The Prehistory of Egypt: From the first Egyptians to the First Pharaohs*, New Jersey: Wiley-Blackwell, 2000.

Midant-Reynes, B. and Y. Tristant (eds.) *Egypt at its Origins 2: Proceedings of the International Conference "Origin of the State. Predynastic and Early Dynastic*

Egypt," Toulouse (France), 5th-8th September 2005, Leuven: Peeters, 2008.

Miniaci, Gianluca "Reuniting Philology and Archaeology: The 'Emic' and 'Etic' in the Letter of the Dead Qau Bowl UC16163 and Its Context," *Zeitschrift für Ägyptische Sprache und Altertumskunde* vol. 143, no. 1, 2016, pp. 88-105.

Moreno Garcia, Juan Carlos "La popultion mrt, une approche du problème de la servitude dans l'Egypte du IIIe millenaire (I), *Journal of Egyptian Archeology* vol. 84, 1998, pp. 71-83.

Moreno Garcia, Juan Carlos "The Territorial Administration of the Kingdom in the 3rd Millenium," in Juan Carlos Moreno Garcia (ed.), *Ancient Egyptian Administration*, Leiden: Brill, 2013, pp. 1029-1065.

Murgano, Roberto "The Sun and Stars Double Cult in the Old Kingdom," In Jean-Claude Goyon and Christine Cardin (eds.), *Proceedings of the Ninth International Congress of Egyptologists: Grenoble, 6-12 Septembre 2004*, Leuven: Peeters, 2007, pp. 1361-1369.

Murray, M. A. "Burial Customs and Beliefs in the Hereafter in Predynastic Egypt," *The Journal of Egyptian Archaeology* vol. 42, 1956, pp. 86-96.

Newberry, Percy E. *Beni-Hasan*, vol. 1. London: Published under the Auspices of the Egypt Exploration Fund, 1893.

Nicholson, Paul T. and Ian Shaw (eds.) *Ancient Egyptian Materials and Technology*, 2 vols, Cambridge: Cambridge University Press, 2000.

Noriyuki Shirai *The Archaeology of the First Farmer-Herders in Egypt*, Leiden:Leiden University Press, 2012.

O'Connor, David "Political Systems and Archaeological Data in Egypt: 2600-1780 BC," *World Archaeology* vol. 6, no. 1, 1974, pp. 15-38.

Pantalacci, L. "Une conception originale de la survie osirienne d'après les textes de Basse Epoque," *Göttinger Miszellen* vol. 52, 1981, pp. 57-66.

Petrie, W. M. F. *The Royal Tombs of the First Dynasty*, 3 vols, London: Egypt Exploration Fund, 1900-1901.

Petrie, W. M. F. *Diospolis Parva: The Cemeteries of Abadiyeh and Hu 1898-1899*, London: Egypt Exploration Fund, 1901.

Petrie, W. M. F. and J. E. Quibell, *Naqada and Ballas*, London: Bernard Quaritch, 1896.

Petrie, W. M. F. *The Making of Egypt*, London: Sheldon Press, 1939.

Piacentini, Patrizia *Les scribes dans la société de l'Ancien Empire I, Les premières dynasties; les nécropoles memphites*, Etudes et Mémoires d'Egyptologie, Paris: Cybèle, 2002.

Quibell, J. E. *The Tomb of Hesy: Excavations at Saqqara 1911-1912*, Le Caire: Institut français d'archéologie orientale, 1913.

Quibell, J. E. and F. W. Green *Hierakonpolis*, vol. 2, London: Bernard Quaritch, 1902.

Quirke, Stephen *The Cult of Ra: Sun-Worship in Ancient Egypt*, London: Thames and Hudson, 2001.

Reisner, George Andrew, H. G. Lyons, Grafton Elliot Smith, F. Wood Jones and Cecil Mallaby Firth *The Archæological Survey of Nubia: Report for 1907-1908*, vols. 1-5, Cairo: National Print, 1910-1927.

Renfrew, Colin *The Emergence of Civilisation: The Cyclades and the Aegean in the Third Millennium BC*, London: Methuen, 1972.

Ricke, Herbert *Das Sonnenheiligtum Des Königs Userkaf, Bd. I: Der Bau*, Cairo: Schweizerisches Institut, 1965.

Ritner, R. K. "Egypt under Roman Rule: The Legacy of Ancient Egypt," in C. F. Petry (ed.), *The Cambridge History of Egypt*, Cambridge: Cambridge University Press, 1998, pp. 1-34.

Ritner, R. K. *The Mechanics of Ancient Egyptian Magical Practice*, Chicago: The Oriental Institute of the University of Chicago, 1993.

Robins, Gay *The Art of Ancient Egypt*, Cambridge: Harvard University Press, 1997.

Ryan, E. M. (ed.) *Egypt at its Origins 5: Proceedings of the fifth International Conference, "Origin of the State. Predynastic and Early Dynastic Egypt," Cairo, 13th-18th April, 2014*, Leuven: Peeters, 2017.

Rydstrom, K. T. "Hry sStA 'in charge of secrets': The 3000-Year Evolution of a Title," *Discussion in Egyptology*, vol. 28, 1994.

Ryholt, K. "On the Contents and Nature of the Tebtunis Temple Library A Status Report," 2005, pp. 141-170.

Ryholt, K. "Libraries in Ancient Egypt," in J. König, K. Oikonomopoulou and G: Woolf (eds.), *Ancient Libraries*, New York: Cambridge University Press, 2012, pp. 23-37.

Sethe, Kurt *Urkunden des Alten Reichs I*, Leipzig: J. C. Hinrichs'sche Buchhandlung, 1933.

Shafer, Bryon E. (ed.) *Religion in Ancient Egypt: Gods, Myths, and Personal Practice*, Ithaca and London: Cornell University Press, 1991.

Shaw, I. (ed.) *The Oxford History of Ancient Egypt*, Oxford: Oxford University Press, 2000.

Silverman, David P. "Divinity and Deities in Ancient Egypt," in Byron E. Shafer (ed.), *Religion in Ancient Egypt: Gods, Myths, and Personal Practice*, Ithaca and London: Cornell University press, 1991, pp. 14-15.

Silverman, David P. and David O'Connor (eds.) *Ancient Egyptian Kingship*, Leiden: Brill, 1994.

Simpson, Williams K. *The Literature of Ancient Egypt*, 3rd Edition, New Haven: Yale University Press, 2003.

Stevenson, A. "The Egyptian Predynastic and State Formation," *Journal of Archaeological Research*, vol. 24, no. 4, 2016, pp. 421-468.

Strudwick, Nigel C. *Texts from the Pyramid Age*, Atlanta: Society of Biblical Literature, 2005.

Strudwick, Nigel *The Administration of Egypt in the Old Kingdom: The Highest Titles and Their Holders*, London and Boston: KPI, 1985.

Tait, J. "Demotic Literature and Egyptian Society," in J. H. Johnson (ed.), *Life in a Multi-Cultural Society. Egypt from Cambyses to Constantine and Beyond*, SAOC 51, Chicago: Oriental Institute, 1992, pp. 306-307.

Tait, W. J. *Papyri from Tebtunis in Egyptian and in Greek*, Texts from Excavations 3, London: Egypt Exploration Society, 1997.

Teeter, Emily (ed.) *Before the Pyramids: The Origins of Egyptian Civilization*, Oriental Instiute Museum Publications 33, Chicago: The Oriental Instiute of the University of Chicago, 2011.

Trigger, Bruce G. *Early Civilizations: Ancient Egypt in Context*, Cairo: American University in Cairo Press, 1996.

Trigger, Bruce G. *Understanding Early Civilizations: A Comparative Study*, Cambridge: Cambridge University Press, 2003.

Verner, Miroslav and Vladimír Brüna "Why Was the Fifth Dynasty Cemetery Founded at Abusir?" in Nigel Strudwick and Helen Strudwick (eds.), *Old Kingdom, New Perspectives: Egyptian Art and Archaeology 2750-2150 BC*, Oxford: Oxbow Books, 2011, pp. 286-294.

Wendorf, Fred and Romuald Schild *Holocene Settlement of the Egyptian Sahara*. vol. 1, New York: Kluwer Academic and Plenum Publishers, 2001.

Wengrow, David *The Archaeology of Early Egypt: Social Transformations in North-East Africa, 10,000 to 2650 BC*, Cambridge: Cambridge University Press, 2006.

Wente, Edward F. *Letters from Ancient Egypt*, Atlanta, Georgia: Scholars Press, 1990.

Wetterstrom, Wilma "Foraging and Farming in Egypt: The Transition from Hunting and Gathering to Horticulture in the Nile Valley," In Thurstan Shaw, Paul Sinclair, Bassey Andah and Alex Okpoko (eds.), *The Archaeology of Africa: Food, Metals and Towns*, New York: Routledge, 1993, pp. 165-226.

Wilkinson, Toby A. H. *The Royal Annals of Ancient Egypt: The Palermo Stone and its Associated Fragments*. London: Kegan Paul International, 2000.

Willems, Harco et al. "An Industrial Site at Al-Shaykh Sa'id/Wadi Zabayda," *Ägypten und Levante: Zeitschrift für Ägyptische Archäologie und deren Nachbargebiete*, vol. 19, 2009, pp. 293-331.

Williams, Bruce B. "Forbears of Menes in Nubia: Myth or Reality?" *Journal of Near Eastern Studies* vol. 46, no. 1, 1987, pp. 15-26.

Williams, Bruce, Keith C. Seele and Nubia International Campaign to Save the Monuments of *The A-Group Royal Cemetery at Qustul: Cemetery L*, Chicago: Oriental Institute of the University of Chicago, 1986.

Williams, Bruce, Thomas J. Logan and William J. Murnane "The Metropolitan Museum Knife Handle and Aspects of Pharaonic Imagery before Narmer," *Journal of Near Eastern Studies* vol. 46, no. 4, 1987, pp. 245-285.

Williams, Bruce "Narmer and the Coptos Colossi," *Journal of the American Research Center in Egypt* vol. 25, 1988, pp. 35-59.

Williams, Bruce "The Lost Pharaohs of Nubia," *Archaeology*, no. 33, 1980, pp. 12-21.

Wittfogel, K. *Oriental Despotism: A Comparative Study of Total Power*, New Haven: Yale University Press, 1957.

（美）伊利亚德：《神圣的存在：比较宗教的范型》，晏可佳、姚蓓琴译，桂林：广西师范大学出版社，2008年。

温静：《埃及文明的起源——前王朝时期的埃及》，余太山、李锦绣主编：《丝瓷之路 III——古代中外关系史研究》，北京：商务印书馆，2013年，第246—287页。